新譯六祖壇經

李中華 注譯
丁敏 校閱

三民書局

刊印古籍今注新譯叢書緣起

劉振強

人類歷史發展，每至偏執一端，往而不返的關頭，總有一股新興的反本運動繼起，要求回顧過往的源頭，從中汲取新生的創造力量。孔子所謂的述而不作，溫故知新，以及西方文藝復興所強調的再生精神，都體現了創造源頭這股日新不竭的力量。古典之所以重要，古籍之所以不可不讀，正在這層尋本與啟示的意義上。處於現代世界而倡言讀古書，並不是迷信傳統，更不是故步自封；而是當我們愈懂得聆聽來自根源的聲音，我們就愈懂得如何向歷史追問，也就愈能夠清醒正對當世的苦厄。要擴大心量，冥契古今心靈，會通宇宙精神，不能不由學會讀古書這一層根本的工夫做起。

基於這樣的想法，本局自草創以來，即懷著注譯傳統重要典籍的理想，由第一部的四書做起，希望藉由文字障礙的掃除，幫助有心的讀者，打開禁錮於古老話語中的豐沛寶藏。我們工作的原則是「兼取諸家，直注明解」。一方面熔鑄眾說，擇善而從；一方面也力求明白可喻，達到學術普及化的要求。叢書自陸續出刊以來，頗受各界的喜愛，使我們得到很大的鼓勵，也有信心繼續推廣這項工作。隨著海峽兩岸的交流，我們注譯的成員，也由臺灣各大學的教授，擴及大陸各有專長的學者。陣容的充實，使我們有更多的資源，整理更多樣化的古籍。兼採經、史、子、集四部的要典，重拾對通才器識的重視，將是我們進一步工作的目標。

古籍的注譯，固然是一件繁難的工作，但其實也只是整個工作的開端而已，最後的完成與意義的賦予，全賴讀者的閱讀與自得自證。我們期望這項工作能有助於為世界文化的未來匯流，注入一股源頭活水；也希望各界博雅君子不吝指正，讓我們的步伐能夠更堅穩地走下去。

新譯六祖壇經　目次

導讀

慧能是我國初唐時代一位著名的高僧。他生於唐太宗貞觀十二年（西元六三八年），卒於唐玄宗先天二年（西元七一三年）。在他出生時，禪學思想輸入中國已經有一百多年。在他的身後，禪宗有了蓬勃的發展，延續至晚唐五代更出現了「一花開五葉」極為繁盛的局面，儼然有了包容整個佛教的態勢。

所以，慧能是中國佛教發展史上一位極為顯要的人物。在《傳法正宗記》中，他被稱為「震旦第三十三祖」。在《五燈會元》中，他被稱為「東土第六代祖師」。記錄慧能一生言行的《六祖壇經》，是古代中國人的佛學著作中唯一稱「經」的一部，在歷史上產生過廣大而又深遠的影響。

為了領會《六祖壇經》深厚內蘊及文化價值，首先須對慧能其人、《壇經》的版本及有關研究狀況作一概要的說明。

一、慧能身世履歷與《壇經》的演化

有關慧能生平事跡最早的系統記述，當屬王維所作〈六祖能禪師碑銘〉一文。此後，在《荷澤神會禪師語錄》、《歷代法寶記》、《曹溪大師別傳》以及柳宗元〈賜謚大鑒禪師碑〉、劉禹錫〈大鑒禪師第二碑〉中，對慧能的生平、履歷、思想與傳聞均有所介紹。綜合上述的資料，有關這位唐代高僧生平行履的主要事跡已經大體明晰。

(一)慧能的生平事跡

慧能（一作惠能），俗姓盧氏，祖籍范陽（今河北涿縣）。其父盧行瑫，因貶官來到嶺南新州（今廣東新興），在此生了慧能。慧能三歲時，父親不幸去世，家境陷於貧困。成年之後，慧能靠賣柴養母度日。有一天，慧能偶然聽客人誦讀《金剛經》，心中有所感動；又聽客人說從蘄州黃梅（縣）（今屬湖北）五祖弘忍大師處得受此經，於是心中萌生了尋師求法的志向。

大約咸亨元年（西元六七〇年）前後，慧能告別了母親，外出求法。他途經韶州（今廣東曲江）曹溪村時，遇劉志略居士，二人情投意合，結為兄弟。在曹溪期間，慧能曾和劉志略一位出家的姑母，名叫無盡藏的女尼討論《涅槃經》，而常有高超的見解。後來他又來到韶州樂昌縣，短期依止高僧智遠和尚學坐禪。而當慧能來到黃梅東山時，五祖弘忍已是年逾古稀了。

弘忍為了選擇衣法傳人，乃令門徒各自呈偈獻心。當時有追隨弘忍多年的首座弟子神秀題偈一首於廊壁，其辭曰：

身是菩提樹，心如明鏡臺。
時時勤拂拭，勿使惹塵埃。

弘忍讀後，雖然欣賞神秀的呈偈，但又認為依照此偈「若覓無上菩提，即未可得」。不識字的慧能聽人讀了神秀偈語後，復改作一偈，亦請人題寫於廊壁間。其辭曰：

菩提本無樹，明鏡亦非臺。
本來無一物，何處惹塵埃？

弘忍見慧能悟性出眾、深得禪心，便當夜為他講說佛法，並密授以祖師袈裟。弘忍囑咐慧能迅速離開東山，暫時隱藏起來，等待時機成熟，再出來弘揚佛法。

慧能回到嶺南後，在四會（今廣東粵海）、懷集（今屬廣東）一帶過了一段隱遯的歲月。儀鳳元年（西元六七六年），慧能來到廣州法性寺，正好遇上印宗法師講說《涅槃經》。時有風吹幡動，一僧說是風動，一僧說是幡動。慧能當時說道：「不是風動，不是幡動，仁者心動。」印宗法師知道面前的這位行者絕非等閒之輩，於是轉而向他請教。在得知慧能的真實身分之後，印宗便為他落髮、授衣，又請名德為之授戒。至此，慧能才算正式出家，在菩提樹下為眾生開講「東山法門」。

慧能在曹溪寶林寺宣講佛法數十年，四方學徒雲集，造成了巨大的社會影響，從而奠定了南宗在中國禪宗史上崇高的地位。神龍元年（西元七〇五年），武后、中宗敕書徵召慧能進京。慧能以老病為由謝絕了朝廷的徵召，並應朝廷使者的請求講說了南宗禪法。朝廷賞賜慧能磨衲袈裟一領及絹五百匹，又下詔修飾寶林寺，並將慧能的新州故宅改建為佛寺，賜名國恩寺。

先天二年七月，慧能預感到自己將不久於人世，於是回到新州故居國恩寺。同年八月三日，慧能去世，享年七十六歲。

慧能去世一百零六年後，唐憲宗追贈他以大鑒禪師的諡號，墓塔名曰靈照之塔。宋太宗時，又加諡慧能為大鑒真空禪師。宋仁宗時，更迎慧能真身及衣缽入皇宮內供養，又加諡為大鑒真空普覺禪師。宋神宗時，再次加諡為大鑒真空普覺圓明禪師。慧能的聲譽也如日中天，達到了極盛。

(二)《六祖壇經》主要之版本

《六祖壇經》是慧能說法度人、一生行誼之記錄。壇指開法、傳禪、授戒的「壇場」。慧能在大梵寺，說「摩訶般若波羅蜜法，授無相戒」，弟子法海記錄下來，就稱為《壇經》，或

《施法壇經》。

慧能授戒說法的主要內容，加上他平時回答信眾請益，以及為門徒釋疑解惑的有關談話，當時便由其弟子筆錄下來，這就構成了《壇經》的主體部分。由於慧能的弟子眾多，因而在他身後，便有大量相關的材料不斷地公諸於世。隨著南宗勢力的蓬勃發展，各種傳聞也應運而起。這些材料與傳聞又被不斷地增補進《壇經》之中。後人對於社會上繁簡、純雜不一的《壇經》進行了多次的整理修訂，從而形成了不同的本子。因此，《壇經》的版本便顯得特別眾多，諸本的體制、風貌、語言之間也存在一定的差異。

據統計，先後流傳於世的《壇經》版本有近三十種之多。其中具有代表性的至少有以下四種：(1)敦煌本；(2)惠昕本；(3)契嵩本，或德異本；(4)宗寶本。

(1)敦煌本是二十世紀上半葉在敦煌發現的《六祖壇經》手鈔本，全稱《南宗頓教最上大乘摩訶般若波羅蜜經六祖惠能大師於韶州大梵寺施法壇經》，是已發現最早的寫本。現存的敦煌本有兩種：一是保存於倫敦大英博物館，編號為「斯五四七五」的本子，學術界稱之為「敦煌本」；二是保存於中國敦煌博物館，編號為「敦博〇七七」的本子，學術界稱之為「敦博本」或「敦煌新本」。兩種敦煌本的鈔寫，大約都是在唐末至宋初這一段時期，風貌古樸，因而具有不容替代的文獻價值。本書將這兩種敦煌本對勘，並且校以其他版本，作為附錄，以供讀者參閱。

(2)惠昕本是經僧人惠昕整理修訂過的本子，全稱《韶州曹溪山六祖師壇經》。惠昕生平不詳。宋晁公武《郡齋讀書志》稱他為「唐僧」，然而惠昕〈六祖壇經序〉中說：

我六祖大師，廣為學徒直說見性法門，總令自悟成佛，目曰《壇經》，流傳後學。古本文繁，披覽之徒，初忻後厭。余以太歲丁卯，月在蕤賓，二十三日辛亥，於思迎塔院，分為兩卷凡十一門。

胡適據陳垣《廿史朔閏表》，考定「太歲丁卯，月在蕤賓」當為宋太祖乾德五年（西元九六七年）五月，可知惠昕大約生活於五代至宋初這一段時期。至於他所云「文繁」之古本，今已不可得見。惠昕本初刻後，流傳至日本國，今存日本興聖寺本、大乘寺本，均為其重刊本。據興聖寺本，所分十一門的標題依次是：一、緣起說法門；二、悟法傳衣門；三、為時眾說定慧門；四、教授坐禪門；五、說傳香懺悔發願門；六、說一體三身佛相門；七、說摩訶般若波羅蜜門；八、問答功德及西方相狀門；九、諸宗難問門；十、南北二宗見性門；十一、教示十僧傳法門。

(3)契嵩本是經北宋僧人契嵩整理修訂的本子，全稱《六祖大師法寶壇經曹溪原本》。契嵩（西元一〇〇七～一〇七二年），俗姓李氏，字仲靈，號潛子，藤州（今廣西藤縣）鐔津人。他是宋代著名的佛教學者，仁宗賜號明教大師。他的佛教著作，有《傳法正宗記》、《傳法正宗論》、《輔教編》等，有《鐔津文集》傳世。據郎簡〈六祖壇經序〉中說，當時的《壇經》流通本「為時俗所增益，而文字鄙俚繁雜，殆不可考」，契嵩「得古本校之，勒成三卷」。契嵩自稱所得之曹溪古本，有人以為即《曹溪大師別傳》，其實此說並不可靠。《曹溪大師別傳》的體制、內涵均與《壇經》有明顯的差別，不可能被誤認為「曹溪古本」。契嵩本應是契嵩重新綜合、整理的改寫本。

又有元代至元二十七年（西元一二九〇年）德異本，序文中稱：

惜乎《壇經》為後人節略太多，不見六祖大全之旨。德異幼年，嘗見古本。自後徧求三十餘載，近得通上人尋到全文，遂刊於吳中休休禪庵，與諸勝士同一受用。

從內容及風貌考察，德異本應該就是契嵩本的重刊本。其章目依次是：〈悟法傳衣〉第一，〈釋功德淨土〉第二，〈定慧一體〉第三，〈教授坐禪〉第四，〈傳香懺悔〉第五，〈參請機緣〉第六，〈南頓北漸〉第七，〈唐朝徵詔〉第八，〈法門對示〉第九，〈付囑流通〉第十。

(4)宗寶本是經元代僧人宗寶整理修訂過的本子，全稱《六祖大師法寶壇經》。宗寶曾任廣州光孝寺住持。他在寫於元至元二十八年（西元一二九一年）的〈六祖大師法寶壇經跋〉中，讚美《六祖壇經》「皆大乘圓頓之旨」，能使「誦者各有所獲」。然後又寫道：

余初入道，有感於斯，續見三本不同，互有得失，其板亦已漫滅。因取其本校讎，訛者正之，略者詳之，復增入弟子請益機緣，庶幾學者得盡曹溪之旨。

宗寶本的主要內容與契嵩本（德異本）基本相同，只是品目一律改為兩字，具體語句有少量的變動。明代以後，宗寶本成為流通最廣、影響最大的《壇經》版本。

總之，慧能之《六祖壇經》在長期流傳過程中，不斷地為後人修訂、增益、整理或改寫。作為禪宗文化的重要典籍，它像一串鏈條，敦煌本、惠昕本、契嵩本、宗寶本，都是其中的一個環節，因此也就具有了各自的意義與價值。

(三)《六祖壇經》研究之簡略回顧

二十世紀以來，隨著《六祖壇經》多種版本的被發現，對於《壇經》的研究與討論始終是佛教典籍與文化研究中的熱點。前輩學者為此傾注了大量的心力，進行了細緻的校勘、整理及研究工作，在不少重要問題上取得成果，從而推動了《壇經》研究向縱深發展。其中涉及《壇經》作者及版本方面的問題，概括起來有以下數端：

(1)關於《壇經》作者之研討

《壇經》是慧能一生說法度人之紀錄，自唐迄清對此並無異議。一九二六年秋，著名學者胡適在歐洲巴黎國立圖書館及倫敦大英博物館所收藏的敦煌殘卷中發現了慧能之嗣法弟子神會的語錄及其《顯宗記》。在對《壇經》及新發現的神會著作進行比較研究之後，胡適在《荷澤大師神會傳》中遂提出《壇經》出於神會或神會一派手筆的新觀點。在該文中，胡適稱《壇經》「是神會的傑作」。他肯定說：「南宗的急先鋒，北宗的毀滅者，新禪學的建立者，《壇經》的作者——這是我們的神會。」在〈神會和尚遺集序〉中，胡適重申道：「神會是南宗的第七祖，是南宗北伐的總司令，是新禪學的建立者，是《壇經》的作者。」胡適的新觀點引起了學術界的討論，學者如錢穆、楊鴻飛等撰文展開論辯。結果大多數的學者仍然堅持《壇經》是慧能說法之紀錄，由其弟子法海集記整理而成，因而代表著慧能的思想這一傳統的觀點。然而胡適的考證對於推動《壇經》研究深入展開無疑起到了重要的作用。

(2)關於《壇經》之改竄與整理

敦煌本《壇經》是現存最古老的本子，然而它並不是法海集記本的原貌。大約在慧能去世不久，《壇經》法海集記本就在其弟子中祕密授受流傳了。敦煌本載《壇經》的授受次序是：

法海——道漈——悟真

惠昕本載《壇經》的授受次序是：

法海——志道——彼岸——悟真——圓會

可知當時《壇經》的傳授極為慎重。然而法海集記本的流傳，應該絕不會止於上述二例。流傳既廣，門人各自依據見聞及理解加以增補或改動，亦屬情理中事。據《景德傳燈錄》（卷二八）記載，慧能弟子南陽慧忠曾經批評有人改換《壇經》的內容，慧忠形容道：

吾比游方，多見此色，近尤盛矣。聚卻三五百眾，目視雲漢，云是南方宗旨。把他《壇經》

改換，添糅鄙譚，削除聖意，惑亂後徒。豈成言教？苦哉，吾宗喪矣！

慧忠所謂「添糅鄙譚，削除聖意」，是對《壇經》內容已知最早的改動。後來在神會及其弟子手裏，《壇經》的內容又有了增補與改換。最明顯的例證，是敦煌本中有慧能的一段預言：「吾滅後二十餘年，邪法撩亂，惑我宗旨。有人出來，不惜身命，定佛教是非，豎立宗旨，即是吾正法。」這一段話，暗示開元二十年左右神會與北宗僧人崇遠法師在滑臺大雲寺的那場大辯論，當然是神會或其門人所增補。又慧能之十大嗣法弟子的排名，敦煌本中神會列在第十，至惠昕本則升至第三，亦顯示著改動的痕跡。

《壇經》之惠昕本、契嵩本（德異本）、宗寶本，都在前人的基礎上有所變動。惠昕本將文字雜亂的古本釐定為兩卷、十一門。契嵩自稱得到曹溪古本，將之勒成三卷。宗寶本將傳世的三種不同版本相互校讎、增刪修定，易為十品。惠昕、契嵩、宗寶所進行的工作，大致表現在三個方面：一是文字的修改潤色，二是增補燈錄所有、而《壇經》失載的某些有關慧能的內容，三是劃分章節、重擬標目。可以認為，他們所做的主要是整理、潤色的工作，以有利於《壇經》的傳播。然而與之同時，他們也因此而改變了《壇經》舊本的風貌。敦煌鈔本風貌古樸，不分章目。惠昕本的標目是散文句式，字數參差不齊。契嵩本（德異本）以基本整齊的四言為標題，宗寶本則一律改為兩字品目。可知《壇經》在流傳中，其結構、風貌亦發生著相應的變化。

有人認為，《壇經》文字演化的總趨勢是由簡趨繁，即古本文字簡略，愈向後來便文字愈繁。亦有人認為《壇經》文字的演化是一個由繁到簡、又由簡復原的過程。從歷史上看，每一種新版本出現之前，世間總有文字繁雜鄙俚，或內容互不一致的版本流傳，因而有人出來修訂、潤色，將之規範為正本。所以，《壇經》的文字演化，實際上是一個由龐雜向雅馴、由古樸向文飾，因而也就由簡約趨向完備的進程。

(3) 關於慧能「得法偈」異文的討論

《壇經》不同版本的文字互異處甚多。這些異文，有的並不妨礙對慧能思想的理解，有的則構成認識上的重大歧義。其中爭論最大的，當屬慧能「得法偈」的異文。

敦煌本慧能「得法偈」共有兩首（第二首疑為衍文），其一曰：

菩提本無樹，明鏡亦無臺。
佛性常清淨，何處有塵埃？

惠昕本慧能「得法偈」則曰：

菩提本無樹，明鏡亦非臺。
本來無一物，何處有塵埃？

宗寶本所載慧能「得法偈」與惠昕本基本相同，只是第四句作「何處惹塵埃」。這裏關鍵的分歧是，敦煌本的「佛性常清淨」在惠昕本、宗寶本中成了「本來無一物」。有的學者對於惠昕本的異文持強烈批評的態度，如郭朋《壇經對勘》說：「惠昕帶頭，把『佛性常清淨』竄改為『本來無一物』。這是從思想上對惠能作了根本性的竄改，把佛性論者的惠能，竄改成為虛無主義者。」「從而為以下更多、更大的竄改，作了極為惡劣的開端。」而楊曾文《敦煌新本六祖壇經》所附〈壇經敦博本的學術價值探討〉一文中則說：「從般若學說來看，『佛性常清淨』與『本來無一物』並無根本差別。因為在般若學說中，佛性也就是『諸法實相』、『法性』、『般若波羅蜜』、『畢竟空』等。」又說：「淨也就是空。」

平心而論，敦煌本《壇經》的「佛性常清淨」應該更近於真實。然而此句在《祖堂集》、《宗鏡錄》中已作「本來無一物」，並非只在惠昕本《壇經》中有此改動。再說二句之語意本不相隔膜，如世親著《佛性論‧破執品》引小乘〈分別部〉云：「一切凡聖眾生，並以空為其本。所以凡聖眾生，皆從空出，故空是佛性。」以空為佛性，則「佛性常清淨」與「本來無一物」便可以相通了。由於當年慧能說法因人而別，加之傳聞異辭，出現上述異文，也就不足為奇了。

總之，《六祖壇經》的各種版本儘管語言風貌各有差別，存在著異文歧義的現象，然而慧能說法的主要內容、基本精神卻是貫穿諸本、並無二致的。即以宗寶本為例，它的〈行由品〉、〈般若品〉、〈疑問品〉、〈定慧品〉、〈坐禪品〉、〈懺悔品〉，及〈付囑品〉的內容，大體上是繼承敦煌本的。其〈機緣品〉、〈頓漸品〉的內容，散見於宋代的各種燈錄。而〈護法品〉（一名

〈宣詔品〉）則本於唐人《曹溪大師別傳》，《祖堂記》的載錄與之略同。

在《壇經》諸本中，敦煌本是現存最早的本子，而宗寶本是流傳最廣、影響最大的版本。今以宗寶本為主本，兼及敦煌本及其他諸本，以闡說《壇經》的基本內容及文化意義。

二、《六祖壇經》中的禪理與禪法

慧能的思想，有賴《壇經》以流傳。從《六祖壇經》中，不僅可以感知慧能卓傑的人格、寬厚的胸襟，亦自然得以領略其思想的精湛與深遠。慧能乃是一個不識字或識字不多的南國百姓。然而通過他對於宗教與人生諸問題深沉的思考，對於其信念堅毅不拔的實踐，終於成為禪門之祖師，同時亦成為中國思想史之巨擘。《壇經》中所闡說的禪理與禪法，亦因之而開創了禪宗史上的新篇章。

《六祖壇經》中的禪理與禪法，可以簡略地概括為以下六個方面：一曰即心即佛的心性觀，二曰萬法在心的般若學說，三曰定慧一體、一行三昧的思想，四曰即世修行、不求出世解脫的理念，五曰頓悟成佛的自修法門，六曰無相戒法的授受儀軌。以下分別說明之。

㈠即心即佛的心性觀

慧能禪學思想的基礎，首先在於確認一切眾生皆具有佛性。對於一切眾生是否具有佛性這一命題，佛學界曾經有過不同的聲音。一種認為眾生中有一類「無性眾生」——例如一闡提——是斷絕善根的惡人，因此不具佛性、不能成佛。另一種則認為一切眾生皆有佛性，皆得成佛。南朝高僧竺道生首倡眾生皆具佛性，提出「一闡提人皆得成佛」的思想，一時被舊學僧黨斥為背經邪說。後來《大般涅槃經》譯出，果然其中稱一闡提人皆有佛性。慧能繼承了這一思想，認為一切眾生所具有的佛性本無不同。《壇經》中曰自性、本性、自心、直心、實性、淨性等，多為佛性之異名。慧能云，「愚人智人，佛性本無差別」，「處凡愚而不減，在賢聖而不增」。也就是說，每個人所具有的佛性是均等的，不論智者還是愚者，凡人還是聖人，在佛性與人格面前人人平等。這就從宗教文化的角度，肯定了平等的人性論與人格觀。

慧能響亮地提出了「我心自有佛，自佛是真佛」的口號。他反覆地向信眾宣講說：「本性是佛，離性無別佛。」「只汝自心，更無別佛！」他批評世俗信眾只知道四處奔走，求神拜佛，說道：「不見自性外覓佛，起心總是大癡人。」他還問道：「若言歸依佛，佛在何處？若不見佛，憑何所歸？」因此，他的結論是：佛教所宣傳的法身佛、報身佛、化身佛，「此三身佛，從自性生，不從外得」，「但悟自性三身，即識自性佛」。

認定佛在自心、佛由覺悟，其目的在於引導眾生洞悉世相、證得佛法，達到人生的通悟與解脫，而這正是禪宗的精神所在。

㈡萬法在心的般若學說

慧能的思想，本有會通大乘、融攝空有的色調，闡說般若亦自然成為慧能說法的重要內容。大體上說，般若學說認為世間一切事物都是四大因緣和合而成，皆屬假名，皆是虛妄，其目的是要破除世俗的執著。而佛性論者顯示真如，倡導眾生皆具佛性，以引導世人解脫成佛。二說著眼點不同，故立論有所差別。而慧能會通上述二說，從而提出了他的自性般若學說。

所謂般若，簡要地說就是佛法的智慧，空觀的智慧。它與一般的人生智慧有著本質的區別。一般的人生智慧，包括世間名相的分別認知，以及世俗的機心權術等，都與般若之智異趣。所以佛經上說，般若智慧是一切智慧中至高無尚、無比無等的智慧。那麼，這種般若智慧的本源何在呢？

慧能認為，這種般若智慧是人的本性所具有的，不假外求。他將之比為天上的雨水。雨水自天而降，一切草木萬物都受其霑溉、蒙其滋潤。然而尋其本源，雨水本是來自大地、百川，匯入海洋，龍王將之引入天上，又普灑在人間。天上的雨水源自山川大地，般若智慧源於人之自性。所以，慧能的結論是「三世諸佛，十二部經，在人性中本自具有」，「若自悟者，不假外求」。

然而世上的芸芸眾生，能悟得般若智慧者畢竟只是少數，其原因是由於世人「邪見障重，煩惱根深」。他又作比方說，「猶如大雲覆蓋於日，不得風吹，日光不現」。如果能「從心地上覺性如來放大光明，外照六門清淨，能破六欲諸天」，那便是般若智慧的顯現。所以般若智慧就是佛性的智慧，它源於人們的本性，而不是從外邊灌輸、注入的。

㈢定慧一體、一行三昧的思想

佛門修行，可以簡要地概括為戒、定、慧三學。戒要求人們純潔行為，斷除邪惡。定要求人們凝神靜慮，專注一境。慧要求人們決斷疑惑，悟解佛法。悟之名慧，靜之名定，二者合而謂之禪。所以禪即是定慧，定慧即是禪。

傳統方法提倡坐禪的修行，主張在凝神靜坐中去體悟並且獲得佛法的智慧。唐代張說在〈大通禪師碑〉中概括神秀禪法曰：

專念以息想，極力以攝心。……趣定之前，萬緣盡閉。發慧之後，一切皆如。

又《壇經・頓漸品》載志誠轉述神秀之語曰：

諸惡莫作名為戒，諸善奉行名為慧，自淨其意名為定。

神秀所論述定慧之修行，大體上代表了傳統的禪法。

慧能則主張定慧一體，認為定是慧的本源，慧是定的作用。二者好像燈光一樣：有燈即有光，燈是光之體，光是燈之用。名雖有二，體則同一。在慧能學說中，這個定慧之體就是人的自性。只有從自性中體悟佛法，並且生起作用，才是真正的戒定慧法。

慧能對志誠宣講偈語曰：

心地無非自性戒，心地無癡自性慧，心地無亂自性定。不增不減自金剛，身來身去本三昧。

慧能認為，只要不離自性，則無論動靜皆在禪中。相反，若是沒有體悟自性，即使長年枯坐，觀心觀淨，也只能「是病非禪」。因此，當朝廷使者向他問及坐禪時，慧能便藉機發揮說：「道由心悟，豈在坐也？……無所從來，亦無所去，無生無滅，是如來清淨禪。諸法空寂，是如來清淨坐。」

慧能將這種不離自性的境界又稱為「一行三昧」。他解釋說：「一行三昧者，於一切處行、住、坐、臥，常行一直心是也。」直心就是自己的本性，就是真如佛性。不諂曲、不虛妄，時時處處展現出真實自在的人之本性，這就是一行三昧，就是定慧一體。慧能要求習禪者修一行三昧，實現定慧一體，就是要求人們保持內心覺悟與外在言行的一致，「心口俱善，內外一如，定慧即等」。

慧能特別提出「無念為宗，無相為體，無住為本」，作為對定慧一體的說明。無念之義，並不是百事不想、斷絕一切心念，而是要清除世俗的妄心雜念。無相之義，是說要認識到萬相皆屬虛妄，以保持自性的虛空清淨。無住之義，是說不執著、不留戀外境，不受世間事物形色聲味的沾染。實現無念、無相、無住，這是禪門的宗旨、修行的根本。做到了上述要求，就能摒棄煩惱，超脫塵俗，來去自如，通達無礙，精神上得到徹底的解脫，心靈中獲得最高的智慧。這正是禪宗理想人生境界的表現。

(四)即世修行、不求出世解脫的理念

出世以求解脫，本是小乘佛教基本的人生態度。大乘佛教流行，開始泯合在世與出世的差別。《維摩詰經・不二法門品》載寶印手菩薩曰：

樂涅槃、不樂世間為二。若不樂涅槃，不厭世間，則無有二。所以者何？若有縛，則有解。若本無縛，其誰求解？無縛無解，則無樂厭，是為入不二法門。

《維摩詰經》提倡「不樂涅槃，不厭世間」，主張不離世間而得佛法，不捨生死而得涅槃，其目的在於普渡眾生，其作用則開了一代之新風。

在慧能之前，禪宗祖師多棲身林谷，遠離塵寰。《楞伽師資記》載，有人問弘忍：「學道何故不向城邑聚落，要在山居？」弘忍的答覆是：

大廈之材，本出幽谷，不向人間有也。以遠離人故，不被刀斧損斫。一一長成大物後，乃堪為棟樑之用。故知棲神幽谷，遠避囂塵，養性山中，長辭俗事。目前無物，心自安寧。從此道樹開花，禪林果出也。

弘忍一方面認為山中清淨安寧的環境適合於學道者修身養性，同時又認為修養的目的仍然在於將來成為大廈之材、棟樑之用，雖然潛形幽谷，寄心仍在人間。

慧能繼承並且發展了弘忍的思想，不主張完全斷絕世事、出世修行。他認為人與人類社會的存在是佛法的前提，「若無世人，一切萬法本自不有」。因此無論在家還是出家，都可以同樣修行佛道。《壇經・疑問品》云：「在家能行，如東方人心善；在寺不修，如西方人心惡。」慧能又有偈語曰：「佛法在世間，不離世間覺。離世覓菩提，恰如求兔角。」

主張在世修行者，有一個絕妙的命題：「煩惱即是菩提」。《壇經・般若品》曰：

煩惱即菩提。……前念著境即煩惱，後念離境即菩提。

《壇經・護法品》亦曰：

煩惱即是菩提，無二無別。

慧能主張煩惱即是菩提，在於說明人之煩惱與覺悟都由於心性本體這一理念。換言之，煩惱與覺悟同在，在煩惱之心性中就蘊涵著覺悟。這種情況就像鑽木取火、鍊鑛成金、淤泥中能夠生長出蓮花一樣：木以喻煩惱，火以喻菩提，鑽木可以得火；鑛石以喻煩惱，純金以喻佛性，熔鍊鑛石可得純金之用；淤泥以喻世事，蓮花以喻覺悟，不離世事可以證得佛的智慧與覺悟。《壇經・疑問品》云：「若能鑽木取火，淤泥定生紅蓮。」指示的便是這一層道理。

慧能宣講煩惱即是菩提，並非要人們沉溺煩惱，不修菩提，而是倡導在世修行以體悟佛法。這一命題與慧能的大乘理想，以及他的直指心源、提倡頓悟的禪學思想又是密不可分的。

(五)頓悟成佛的自修法門

頓漸之爭，在禪學史上由來有自。南朝竺道生力倡頓悟之說，認為理不可分，頓悟即是成佛。吉藏《二諦義》介紹竺道生頓悟說云：

> 果報是變謝之場，生死是大夢之境。從生死至金剛心皆是夢。金剛心後豁然大悟，無復所見也。

竺道生認為人在成佛之前擺脫不了生死果報，既得金剛心便修證成佛，其間不容階級，是為頓悟。不過竺道生提出頓悟說之基礎，在於對佛經的鑽研與領悟。據《高僧傳》記載，竺道生認為「入道之要，慧解為本，故鑽仰群經，斟酌雜論，不憚疲苦」。因此，竺道生的學說是經院式的，是對佛經文字研討、理性思辨的結晶，而慧能則不重文字的研討，更為強調修道實踐的意義。竺道生主張見理，他在注《維摩詰經・弟子品》中云：「情不從理謂之垢也。若得見理，垢情必盡。」而慧能的頓悟說卻主張見性，《壇經・般若品》云：「若識自性，一悟即至佛地。」所以慧能對於竺道生的頓悟學說，在繼承的同時又有所變化、發展。

慧能大力倡導言下便悟，自有其現實的原因。一是由於世俗的名相層層遮蔽著人的本性，若無幡然一悟，頓時掀卸心靈的負累，斬斷糾纏難解的塵緣，便難以步入解脫的坦途。二是唐代佛教宗派林立，典籍浩如烟海，學道者困於知解，紛紛向外尋覓，反而輕忽了心性的修練。世俗對於人類心性之污染既久，負累愈重，積非成是，迷亂惑真，所以慧能要直指人心，提倡當即言下便悟。他認為凡夫與佛的區別，全在於一個悟字。《壇經．般若品》曰：「前念迷即凡夫，後念悟即佛。」〈付囑品〉又曰：「自性若悟，眾生是佛；自性若迷，佛是眾生。」

然而慧能提倡頓悟，並不是要否定漸修的工夫。《壇經．疑問品》云：「今勸善知識，先除十惡，即行十萬；後除八邪，乃過八千。」將除十惡八邪喻為行十萬八千里的路程，實即漸修的工夫。《五燈會元》卷二載慧能偈曰：

聽法頓中漸，悟法漸中頓。
修行頓中漸，證果漸中頓。

這首偈頌以聽法為頓悟之前的漸修，得法則為漸修中的頓悟，日常奉佛為頓悟前之漸修，一旦證得佛果則為漸修中的頓悟。這就將漸修與頓悟結合、統一起來了。

慧能的頓悟思想與自性學說是水乳交融、密不可分的。慧能主張頓悟見性、即心即佛，非但不是要廢棄頓悟前後的修行。相反，他反覆地強調要念念自淨其心，自修其行，自度自戒，自立功德，自成佛道。所以慧能之頓悟法門，實與人生日用密切相關。這也是慧能禪學思想的一個鮮明的特色。

㈥無相戒法的授受儀軌

慧能禪學標舉「無相戒」。無相戒的授受，在其他佛教經籍中未見記載。因為佛性實相無相，所以無相戒其實就是佛性戒，是從人類行為的本源上授戒。慧能所授的無相戒，是從自性上授戒，以使受戒者永遠不離自性、達到解脫的一種創新的戒法。

據敦煌本《壇經》，授無相戒的內容包括以下各項：(1)歸依自法性三身佛；(2)立四弘大願；(3)進行無相懺悔；(4)授無相三歸依戒；(5)說摩訶般若波羅蜜法；(6)傳〈無相頌〉，又名〈滅罪頌〉。宗寶本《壇經》所授無相戒的儀式亦為六項，內容稍有變動，依次序為：(1)傳自性五分法身香；(2)授無相懺悔法；(3)發四弘誓願；(4)授無相三歸依戒；(5)歸依一體三身自性佛；(6)傳〈無相頌〉。

就宗寶本《壇經》所授無相戒的儀式說，傳自性五分法身香算是開場式。受戒者要右膝著地，作胡跪的姿勢，以聆聽法師宣講佛法。因為佛教認為法身是由戒、定、慧、解脫、解脫知見五部分所組成，稱為五分法身，所以先在心中點燃五分法身香，可使信眾受到佛法的內薰，從而容易獲得內心的覺悟。

然後傳授無相懺悔法。受戒者要懺悔三世以來一切因為愚迷、憍誑、嫉妒所犯下的罪過，使得三業（指身業、口業、意業，泛指人的一切活動）清淨，並且決心從此不再重犯這些罪過。

然後要立下四弘誓願。傳統大乘菩薩之四大誓願是：「眾生無邊誓願度，煩惱無數誓願斷，法門無量誓願學，佛道無上誓願成。」慧能在每句之前分別加上「自心」或「自性」二字，從而強調自身心性的修練。《壇經．懺悔品》所載四弘誓願是：

自心眾生無邊誓願度，自心煩惱無邊誓願斷，自性法門無盡誓願學，自性無上佛道誓願成。

在佛門的修行中，立下誓願猶如在心中播植下善的幼苗，在行進中確定一位好的嚮導。修行者借助心中的誓願之力，可以堅定信心，增強毅力，最終實現成就佛道的目標。

立下四弘誓願之後，就要授無相三歸依戒。傳統的三歸依指歸依於佛、歸依於法、歸依於僧。慧能的無相三歸依則是要求受戒者歸依於自身的覺悟，歸依於正道正法，歸依於清淨的本性。這就在傳統的三歸依戒法中注入了新的內涵。

再接下去是歸依一體三身自性佛。受戒者一起隨慧能誦念道：

於自色身歸依清淨法身佛，於自色身歸依圓滿報身佛，於自色身歸依千百億化身佛！

慧能認為：三身佛是世間每個人都具有的，他們就存在於自性中。只是因為世人心迷，所以不能發現自身中的三身佛。慧能反覆要求受戒者觀照自性，禮拜自性佛。他說：「法身本具。念念自性自見，即是報身佛。從報身思量，即是化身佛。自悟、自修自性功德，是真歸依！」用自性的存在、表現及轉化來解說三身佛，這是慧能的創新。

在最後傳授的〈無相頌〉中，慧能又重申道：「學道常於自性觀，即與諸佛同一類！」

又說：「若悟大乘得見性，虔恭合掌至心求！」

給門徒信眾授無相戒，這是由慧能開創的宗教儀式，也是慧能的方便法門。其旨歸仍然在於引導眾人體會自身的本性，將覺悟的根苗植於自性之中，從而達到心性的覺悟，提高人生的品質。

三、《六祖壇經》的思想與文化評析

慧能創立南宗禪，是中國佛教，尤其是禪宗史上的一次重大革新。這次革新得以成功，乃是由於慧能把握了佛教思想演化的脈搏，順應了文化發展與融合的大趨勢，對於佛教內部各種思想予以重新整合，對於中國傳統文化的營養廣為汲納，並加以創造性思維的結果。作為慧能思想體現的《六祖壇經》，因此而具有了重大的思想意義與文化價值。

(一)《六祖壇經》對於佛教內部各種思想的繼承與整合

史載慧能識字不多，亦不甚讀經。然而這絕不是說，慧能的思想乃是橫空出世、無所依傍的。唐初佛風極盛，慧能又悟性非常，使他有可能經由廣泛的途徑學習並直覺地把握佛教思想的旨要。慧能曾聽無盡藏尼讀《涅槃經》，曾向智遠禪師學習坐禪，後來又到黃梅東山從弘忍大師學法，這使他打下了佛學的基礎。後來出山宣講頓教法門，乃能融合佛教的不同主張，而自為新說。回答門人請益，為之釋疑解惑，亦能剖判評析各種佛教典籍，應機施教。所以《六祖壇經》中的思想，並非慧能空心自悟，而是淵源有自的。

《六祖壇經》所涉及到的佛教典籍，有《涅槃經》、《維摩詰經》、《金剛經》、《楞伽經》、《法華經》、《梵網經》、《中論》等多種。其中《大般涅槃經》中「一切眾生皆有佛性」的思想，乃成為《壇經》中的一個基本觀點。《大般涅槃經》（卷二一）云：

> 一切眾生悉有佛性。懺四重禁、除謗法心、盡五逆罪、滅一闡提，然後得成阿耨多羅三藐三菩提，是名甚深秘密之義。

「阿耨多羅三藐三菩提」即無上正等正覺。一切眾生皆可以成就無上正等正覺，即皆可成佛之意。《壇經》云「自性迷即是眾生，自性覺即是佛」，又云「自性內照，三毒即除，地獄等罪一時消滅，內外明徹，不異西方」等，都是對《涅槃經》中這一「甚深秘密之義」的闡發。不過慧能強調自性的覺悟，並且表述更為簡潔明白、通俗易懂而已。

《維摩詰經》中關於「直心是道場」、「心淨為佛土」的論點，以及關於「不二法門」的闡述，對於《壇經》的影響也都是十分明顯的。《維摩詰經・佛國品》云：

> 菩薩隨其直心，則能發行，……隨成就眾生，則佛土淨；隨佛土淨，則說法淨；隨說法淨，則智慧淨；隨智慧淨，則其心淨；隨其心淨，則一切功德淨。是故寶積，若菩薩欲得淨土，

當淨其心。隨其心淨，則佛土淨。

《壇經・疑問品》中關於「悟人自淨其心」、「凡愚不識心中淨土」的一段論述，即本源於此。

《維摩詰經・不二法門品》云：

弗沙菩薩曰：善、不善為二。若不起善、不善，入無相際而通達者，是為入不二法門。

佛經倡導泯合善與不善的區別，乃是對於世俗價值觀及善惡判斷標準的超越。《壇經・行由品》載慧能為惠明說法：「不思善、不思惡，正與麼時，那個是明上座本來面目？」又〈懺悔品〉云「自心無所攀緣，不思善、不思惡」，又〈護法品〉云「但一切善惡都莫思量，自然得入清淨心體」，又〈付囑品〉云「兀兀不修善，騰騰不造惡」等，皆與《維摩詰經》中的這種思想一脈相承。

《金剛經》中云：

凡所有相，皆是虛妄。若見諸相非相，即見如來。

是故須菩提，諸菩薩摩訶薩，應如是生清淨心。不應住色生心，不應住聲、香、味、觸、法生心，應無所住而生其心。

是故須菩提，菩薩應離一切相，發阿耨多羅三藐三菩提心。

《金剛經》之宗旨，在於掃除三心（即過去心、現在心、未來心）、四相（即我相、人相、眾生相、壽者相），這一觀念對於《壇經》產生了根本的作用。《壇經．行由品》記載說：弘忍為慧能傳授《金剛經》，至「應無所住而生其心」，慧能便言下大悟，自見本性。慧能所倡導之「無念為宗，無相為體，無住為本」，皆可視為對《金剛經》上述說法的繼承與發展。《壇經》解釋無念是「於諸境上心不染」，解釋無相是「於相而離相」，解釋無住是「於諸法上念念不住」，其實質在於洞徹世間諸相，使人的心念意識不受世俗的束縛，而達到解脫之目的。在這方面，《壇經》所受《金剛經》的影響是至為明顯的。

龍樹《中論》之首便提出八不緣起曰：

不生亦不滅，不常亦不斷，
不一亦不異，不來亦不去。

此之中道的思想，旨歸在於破除世人對於生滅、斷常、一異、來去的執著，熄滅一切不符合實相的邊見。《壇經．付囑品》中慧能教導弟子「動用三十六對，出沒即離兩邊」、「二道相因，生中道義」，皆緣於中道的思想。在〈護法品〉中，慧能回答朝廷使者薛簡所問時說：

明與無明，凡夫見二，智者了達，其性無二。無二之性，即是實性。實性者，處凡愚而不減，在賢聖而不增，住煩惱而不亂，居禪定而不寂。不斷不常，不來不去，不在中間，及其內外，不生不滅，性相如如，常住不遷，名之曰道。

慧能認為明與無明、斷與常、來與去、生與滅之類對立的現象，都是實相一體兩面的顯現。它們的形相雖然有別，體性唯一無二。這一思想的極致，則是凡聖不二、煩惱即是菩提的命題，《壇經》中頗不乏此種的言談。

在對佛教典籍材料的運用方面，如淤泥生蓮花、舍利弗宴坐林中被訶出自《維摩詰經》，三車、窮子之喻出自《法華經》等，不能一一列舉出來。至於慧能從東土禪宗歷代祖師的說法中得到有益的營養與啟示，更是不言而自明的事實了。

(二)《六祖壇經》對於中國傳統文化的汲納與融攝

慧能的學說雖然以佛家思想為本體，卻又深深地植根於中國傳統文化的土壤之中。從這一意義上說，《壇經》乃是中國化的佛學著作，是中外文化相互交匯、融合的結晶。這可以從儒道二家與《壇經》思想之內在聯繫上顯示出來。

《壇經》中的心性學說，與孟子的性善論不乏近似與相通之處。《孟子・盡心上》云：

盡其心者，知其性也。知其性，則知天矣。存其心，養其性，所以事天也。

人之所不學而能者，其良能也；所不慮而知者，其良知也。

萬物皆備於我矣。反身而誠，樂莫大焉。

而《壇經・般若品》則云：

> 本性是佛，離性無別佛。
>
> 一切般若智，皆從自性而生，不從外入。
>
> 不悟即佛是眾生，一念悟時，眾生是佛。故知萬法盡在自心。

如果能打通儒釋的牆壁說話，則孟子所謂不慮而知、不學而能的良知良能，即相當於慧能所稱人生本有之自性與般若智慧。孟子主張存心養性，慧能主張明心見性，他們對於心性本體的重視也是一致的。孟子申言「萬物皆備於我」，慧能則謂「萬法盡在自心」，說法雖然不同，寓意則可以相通。

孟子主張性善說，認為人生而具有惻隱之心、羞惡之心、恭敬之心、是非之心，這些善良的天性是人類美德的根苗。不同的是君子能保持並且發揚光大這些善性，而小人則「陷溺其心」，因而喪失了這種善性。所以孟子以君子、小人之辨來說明世人道德的差異。慧能主張佛性說，他認為眾生本來具有真如之性與般若之智，不同的是智者能悟見自性，而愚人的心性為客塵所污染。慧能以迷人與悟人來解說世人行為的差異。在修練方法上，孟子提倡心靈的自省，說「誠者天之道也，思誠者人之道也」，「反身而誠，樂莫大焉」。慧能則提倡心靈自悟，主張「自心地上覺性如來，放大光明」。他們雖然學說體系、語言概念有別，其意蘊也不全然相同，然而主張從人的心性上生起覺悟、善意，保存真誠的品質，則是一致的。柳宗元在〈賜謚大鑒禪師碑〉中說慧能「其教人，始以性善，終以性善，不假耘鋤，本其靜矣」。用性善來概括慧能的心性學說，說明儒家思想與《壇經》之間的確有著一定的內在聯繫。

道家也給了慧能思想以無形無名的影響。從對世界認知的意義說，老子所云「玄之又玄，眾妙之門」的道與《壇經》中的佛性相彷彿。道是道家構成萬物的本體，又是人類活動的最高原則。佛性真如則是釋家解說萬物之本體與無上之真諦。道家要依於道，釋家要依於佛性，二者的思維心理態勢是相似的。

作為人格理想與人生態度，老子提倡清靜無為、抱樸守一。《老子》中云：

道常無為而無不為。……化而欲作，吾將鎮之以無名之樸。無名之樸，夫亦將無欲。不欲以靜，天下將自定。（三十七章）

見素抱樸，少私寡欲。（十九章）

致虛極，守靜篤，……歸根曰靜，是謂復命。復命曰常，知常曰明。（十六章）

莊子則提倡「逍遙乎無為之業」。《莊子》中云：

夫得者時也，失者順也。安時而處順，哀樂不能入也。此古之所謂懸解也。（〈大宗師〉）

忘乎物，忘乎天，其名為忘己。忘己之人，是之謂入於天。（〈天地〉）

忘是非，心之適也。不內變、不外從，乃會之適也。始乎適而未嘗不適者，忘適之適也。

〈達生〉）

總之，《老子》的人格理想在於守靜、無欲、歸於素樸之本性，《莊子》提倡忘物、忘己、逍遙齊物，以達到「哀樂不能入」的境界。《壇經》的人格理想，則在於保持直心淨土、一行三昧。他們共同的傾向，都在於超越世俗的欲望執著，平息由於世事擾動所引發的躁動不安的心態，回歸清淨自如的本性，在安寧自適的生活中去體味生命本真的意趣。這種理想的精神與人生境界，老子稱之為「無名之樸」，莊子描述為「逍遙」、「無待」，慧能則概括為「本源清淨，覺性圓明」。老子勸人們少私寡欲，莊子勸人們忘物忘己，慧能要求人們無念、無相、無住，永遠保持自性清淨而不染諸相。儘管道家與禪宗的思想體系不同，言辭意蘊亦不盡相合，然而他們在此所表達的人生態度與精神追求卻是可以相通的。所以有學者認為，慧能禪宗深蘊著老莊思想的精華，開啟了佛教老莊化的進程。

佛教最初傳入中國時，還挾帶著一種不敬君王、不養父母的思想，反映了印度佛教文化的原始個性。晉代高僧慧遠作〈沙門不敬王者論〉，就認為世俗要講究忠君與孝親，而僧人「遁世以求其志，變俗以達其道」，可以「內乖天屬之重」，「外闕奉主之恭」。隋代大業年間，煬帝下詔令僧人拜敬君王，一個叫明膽的和尚說：「法服之下，僧無敬俗之典。」「經中不令拜俗，所以不敢違教。」唐高宗時，為僧尼是否接受父母及尊者禮拜，朝中還發生了一場大辯論。而在《壇經》中，慧能提倡的卻完全是中國傳統的倫理思想。〈疑問品〉云：

恩則孝養父母，義則上下相憐。
讓則尊卑和睦，忍則眾惡無喧。

可知《壇經》的出現，是中外文化相互融合的產物。正是這種融合，啟發了新的文化風氣，拓展了禪宗繁榮昌盛的坦途。

(三)慧能革新禪宗的歷史意義與影響

慧能博採佛門各家之說，並使之與中國固有的儒道思想相結合，提出了一整套新的禪理與禪法，從而揭開了禪宗的新篇章。慧能革新禪宗的歷史文化意義主要表現在以下的四個方面。

(1)是將佛教由向外的追求，轉為向內的追求

對於佛祖、菩薩頂禮膜拜，燒香祈願，求得消災賜福，往生西方極樂淨土，乃是傳統佛教信眾一般的心態。《壇經》將這種向外的求佛引向自心的覺悟。書中反覆申明眾生與佛同一體性，關鍵在於自心的迷悟，「慈悲即是觀音，喜捨名為勢至，能淨即釋迦，平直即彌陀」。書中還把佛教教義中的歸依三寶（指佛、法、僧）解說為歸依覺悟、正法、清淨；將三身佛說成存在於每人的自身之中。《壇經》強調唯心淨土，認為西方佛土就存在於每個人的心中。這就將人的自心覺悟提到了至高無上的地位，引導向外追求轉為向內修行。這一轉變在思想史上具有極為深遠的影響力。

(2)是將出世修行引向入世修行

一般地說，佛教倡導出世，號召人們跳出三界輪迴、生死苦海。出家僧侶多棲身山林，遠離世事，這也成為一種傳統。而《壇經》則將在家與出家、世間與出世間打成一片，主張撤除入世與出世的藩籬，主張在家修行與出家修行同具功德。〈般若品〉云：「正見名出世，邪見名世間。邪正盡打破，菩提性宛然。」既然世間與出世間要一齊打破，那麼為什麼還要強求出世呢？其弟子神會將這一思想表述得更為明確。他說：「若在世間即有佛，若無世間即無佛。」這就引導禪宗深入廣大的民眾，進一步走向了世俗。

(3)是由注重文字知解導向實際的修證

禪宗倡導以心印心，本不重視文字知解的工夫。隨著佛教典籍源源不斷地傳進中國，佛學的文字概念日益繁瑣。讀懂眾多的佛教典籍已成為一大難題。其結果，對佛經的文字知解反而障礙了心性的修行。《壇經》反對執著文字，認為一切經書都是因人才具有價值。〈機緣品〉云：「諸佛妙理，非關文字。」又說：「口誦心行，即是轉經；口誦心不行，即是被經轉。」因此，慧能提倡實際的修證，強調將佛性融化在日常的一切行為之中，時時處處依據直心正道而行。其〈坐禪品〉云：「善知識！於念念中，自見本性清淨，自修、自行，自成佛道。」這就是《壇經》所指示的門徑。

(4)是修行方法上由繁趨簡

早期禪法繁複多端，有所謂數息觀、不淨觀、慈悲觀、因緣觀、念佛觀之五停心觀，有所謂四淨慮、四無量心觀、四無色定之十二門禪，具體入定有六妙法門，修行的階級則有三乘十地之說種種。這些禪法的確立，目的在於通過各種心理的修練，以抑制並最終斷除世俗欲念及煩惱，漸進地實現與佛心相印的境界。但因方法繁雜，又含神秘色彩，故一般民眾難以掌握。《壇經》將之徹底簡化，提倡自心頓悟，認為「迷聞經累劫，悟即剎那間」，可以不讀經、不坐禪，只要能體悟自性，即是心中有佛，舉手投足盡在道場，行住坐臥皆屬三昧。這就為禪宗的普及與發展打開了一道生動活潑、簡捷明瞭的方便法門。

正是由於上述四個方面的原因，《六祖壇經》在中國佛教及文化史上占據了重要的地位，發生了深遠的影響。宋代契嵩〈六祖大師法寶壇經贊〉云：

偉乎《壇經》之作也，其本正，其蹟效，其因真，其果不謬。前聖也，後聖也，如此起之，如此示之，如此復之，浩然沛乎，若大川之注也，若虛空之通也，若日月之明也，若形影之無礙也，若鴻漸之有序也。

元代德異在〈六祖大師法寶壇經序〉中亦云：

大師始於五羊，終至曹溪，說法三十七年。霑甘露味，入聖超凡者，莫記其數。……乃有臨濟、溈仰、曹洞、雲門、法眼諸公，巍然而出。道德超群、門庭險峻，啟迪英靈衲子，奮志沖關。一門深入，五派同源。歷徧爐錘，規模廣大。原其五家綱要，盡出《壇經》。

《壇經》在佛門中傳播之普及、影響之巨大、地位之崇高，藉由上述兩段文字，可以想見其彷彿。

《壇經》的影響所被，其實並不限於佛門之內。隨著禪風的興起，《壇經》中的思想對於士人的文化心理以強烈的薰染，進而漫衍於文學、藝術及學術領域的各個層面。《壇經》影響於宋明理學——尤其是陸王心學，痕跡尤為明顯。陸九淵所謂「宇宙即是吾心」，與《壇經》「萬法盡在自心」相通；所謂「六經注我，我注六經」，不過是《壇經》「十二部經在人性中本自具有」的翻版；所謂「一是即皆是，一明即皆明」，也只是《壇經》「一真一切真」的移植而已。王陽明「致良知」說，乃是《壇經》「悟自性」說法的活用。王陽明在〈答陸原靜書〉中曾寫道：

> 不思善、不思惡時，認本來面目，此佛氏為未識本來面目者設此方便。本來面目，即吾聖門所謂良知。
>
> 良知之體皦如明鏡，略無纖翳。妍媸之來，隨物見形。……佛氏曾有是言，未為非也。

王氏所引述，即《壇經》中慧能對惠明說法及回答韋璩請益中之語意。

又近人楊度有〈我佛偈序〉云：

> 夫使我之與佛是二非一，則不名為佛教。此何以故？佛與眾生，本來平等故；或迷或悟，只

在一心故；迷時眾生，悟時即佛故；佛佛相傳，惟傳心法故；心外無佛，心外無法故；心佛眾生，三無差別故。

這段文字所闡說的，幾乎純為《壇經》中之意旨。《壇經》對於中國學術之影響力，一直延續並滲透於現代文化之中，而未見窮竟。

慧能《六祖壇經》中的思想，歸根結底就是教人超越世俗，回歸到真實、清淨的本性中去。因此，它實質上體現著一種人生的智慧。近代學者章太炎在一場題為〈論佛法與宗教、哲學以及現實之關係〉的演講中曾說：「一切大乘的目的，無非是『斷所知障』、『成就一切智者』，分明是求智的意思。」「細想釋迦牟尼的本意，只是求智，所以要發明一種最高的哲理出來。」閱讀慧能的《六祖壇經》，亦當作如是觀。

世俗世界對於人類本性的扭曲與異化，大體表現在兩個方面：一者執著自我，貪戀物欲，內心躁動不安，鎮日奔競不已，這是「煩惱障」；二者迷惑於世間名相，執於所知，善惡紛紜，積非成是，束縛心靈，這是「所知障」。二障的表現是三毒、四顛倒、八迷、十惡，使得人間充斥著偽善、狡詐、權謀與紛爭。所以需要一種人生的智慧去打破它、去淨化它、去救治它。使人們在正常地從事物質生產與文化生活的同時，也能保有那一片寧靜、沖澹、蕩漾著生機、睿智的心靈淨土。

《六祖壇經》對於人心的價值，也就在於此了。

謹獻偈曰：

世尊拈花，迦葉微笑。
達摩東來，禪燈初照。
爰及六祖，嗣法東山。
標舉頓悟，直明心源。
心源本淨，或迷或悟。
豈有他佛？自修自度。
悟本智慧，斟酌《壇經》。
養頤心識，滋熙人生。

李中華

一九九七年十月廿五日
於武昌珞珈山南麓寓室

行由品第一

【題解】此篇講述慧能求法、得法以及在法性寺開講佛法的事跡由來。

依據文獻記載，六祖慧能出生於唐太宗貞觀十二年（西元六三八年），卒於玄宗先天二年（西元七一三年），世壽七十六歲。關於慧能的身世經歷，諸家載錄不盡一致。但從大體上說，慧能的一生可以劃分為四個時期：一是約二十二歲以前，這是他作為世俗百姓的時期。由於父親早亡，家境貧寒，他只能靠負薪賣柴維持最困苦的生活。二是約二十二歲到二十四歲，這是他離家求法的時期。慧能於二十四歲前往黃梅禮拜五祖，終於得到弘忍大師親傳的衣鉢。三是約二十五歲到三十九歲，這是他隱遁避難的時期。其間慧能「辛苦受盡，命似懸絲」，遭逢之艱辛自不待言。四是約四十歲到七十六歲去世，這是慧能正式出家受戒、開法度人的時期。慧能的門庭極盛，從學者不下千數。由菩提達摩所預言的禪宗「一花開五葉，結果自然成」的興盛局面，終於在慧能之後出現了。

唐高宗儀鳳元年（西元六七六年），慧能在廣州法性寺開始宣講「東山法門」。不久，他回到曹溪之寶林寺，又受韶州刺史韋璩的邀請，到城內大梵寺開堂演說佛法。在演說的開始，慧能回憶了自己求法以來的艱難歷程，算是現身說法，要求聽眾排除疑慮與迷惑，專心學習禪宗的頓悟法門。

時大師至寶林❶，韶州韋刺史❷與官僚❸入山，請師出，於城中大梵寺❹講堂，為眾開緣說法❺。

師升座次，刺史官僚三十餘人，儒宗學士❻三十餘人，僧尼道俗❼一千餘人，同時作禮，願聞法要❽。大師告眾曰：善知識❾！菩提自性❿，本來清淨。但用此心，直了成佛⓫。

【章旨】記慧能開堂講法，並指示佛法大要，在於體悟菩提自性，只要明心見性，便直了成佛。

【注釋】❶寶林　古寺名，在韶州曹溪。慧能前往黃梅東山從弘忍受學前，曾經暫居寶林寺，南歸後，又一度住在該寺。❷韋刺史　韶州刺史韋璩，其身世不詳。璩，一作「據」。❸官僚　官員、屬吏。僚，執役服事者。❹大梵寺　唐開元二年，在六祖慧能講法處建寺，名開元寺，後更名大梵寺，宋紹興三年又改名為報恩光孝寺。❺開緣說法　開講因緣，演說佛法。佛教認為一切事物皆由因緣會合，故稱緣法。❻儒宗學士　泛指儒師、學者。❼道俗　泛稱信佛的道眾與未入佛門的俗人。道，皈依佛門者。俗，未入佛門者。❽法要　佛法要旨。❾善知識　指能講說正法，引導眾人向善，皈依佛門，使得解脫之賢者。佛門有三種善知識：一、教授善知識，即我師；二、同行善知識，即共同修行並且互相策勵之我友；三、外護善知識，即供給修行佛道之檀越。這是對於佛門信徒表示尊敬的稱謂。⑩菩提自性　指每個人先天具有能使人覺悟的本性，即佛性。菩提，對於佛性的覺悟。⑪但用此心二句　禪宗認為人的心性本來是清淨的，因受世俗妄想邪念的遮蔽，所以不能成佛。只要清除邪念，使心性清淨，便可成佛。

【語　譯】當時，慧能大師已經回到寶林寺。韶州長官韋璩刺史與隨從官吏一道進山，請求大師出山。慧能大師於是來到韶州城內的大梵寺講堂，為大眾開講佛法。

慧能大師升上講壇坐定，韋刺史及其同僚屬吏三十餘人，儒士學者三十餘人，比丘、比丘尼、居士及世俗民眾一千餘人，一起向大師敬禮，希望能聽到大師講說佛法要義。慧能大師於是對眾人說道：各位佛門師友、各位施主！你們原本稟有覺悟的自性，它們本來是清淨的。只要保持這種清淨的本心不受污染，便能夠直接了卻一切、成就佛道了。

善知識！且聽慧能行由得法事意。

慧能嚴父❶，本貫范陽❷，左降流於嶺南❸，作新州❹百姓。此身不幸，父又早亡，老母孤遺移來南海❺。艱辛貧乏，於市賣柴。時有一客買柴，使令送至客店。客收去，慧能得錢，卻出門外，見一客誦經。慧能一聞經語，心即開悟。遂問：「客誦何經？」

客曰：「《金剛經》❻。」

復問：「從何所來，持此經典？」

客云：「我從蘄州黃梅縣東禪寺❼來。其寺是五祖忍大師❽在彼主化，門人一千有餘。我到彼中禮拜，聽受此經。大師常勸僧俗，但持❾《金剛經》，即自見性，直了成佛。」

慧能聞說，宿昔有緣，乃蒙一客，取銀十兩與慧能，令充老母衣糧，教便往黃梅參禮五祖。

慧能安置母畢，即便辭違。不經三十餘日，便至黃梅，禮拜五祖。

【章旨】慧能自述聽客人誦讀《金剛經》，便頓時開悟，並立即辭親前往黃梅，禮拜五祖弘忍大師。

【注釋】❶嚴父　敦煌本作「慈父」。據《景德傳燈錄》記載，慧能之父名叫盧行瑫，慧能三歲時，其父去世。❷本貫范陽　原籍為范陽。范陽，今河北涿縣，三國至隋曾設范陽郡。❸左降流於嶺南　被貶官來到嶺南之地。左降，因過失而貶謫官職。嶺南，五嶺以南之地。❹新州　唐州名，今廣東新興。❺老母孤遺句　寡母、孤兒，流落移居於南海郡境內。孤遺，孤兒。南海，唐郡名，治所在今廣州市。❻金剛經即《金剛般若波羅蜜經》。金剛般若，比喻能夠斬斷一切邪念、到達彼岸之智慧。有多種譯本，以後秦鳩摩羅什譯本最為通行。❼蘄州黃梅縣東禪寺　寺在黃梅城西一里許，弘忍曾在此講經說法。唐咸亨年間，乃重新擇地修建東山寺，即今五祖寺。蘄州，唐州名，當時黃梅縣屬蘄州。❽忍大師　弘忍，俗姓周氏，湖北黃梅人。七歲時，從四祖道信出家，十三歲剃度為僧，盡得道信的禪法。道信去世後，由他繼承法席，被尊為禪宗五祖。❾持　誦持、遵奉修行之意。

【語　譯】各位佛門師友、各位施主！且聽我講說自己獲得佛法由來、經過的大概情況吧！

慧能我的父親本來的籍貫是范陽，後來因為貶官而流落到嶺南之地，成為了新州的百姓。我自己遭遇不幸，父親很早去世，只留下年老的母親和我這個孤兒，移居來到南海地界。由於家境貧窮，生活艱辛，慧能只好到集市上賣柴為生。有一天，一位客人買柴，讓我將柴送往客店。客人收下柴後，我拿了錢，正要走出門外，忽然聽見有一位客人誦讀佛經。慧能一聽見佛經中的話，心中頓時就豁然開悟。我便問道：「客人誦讀的是什麼經典？」

客人回答說：「是《金剛經》。」

慧能又問道：「客人是從哪裡請來這部經典？」

客人回答說：「我從蘄州黃梅縣東禪寺請來此經。那是五祖弘忍大師住持的寺院，門下徒眾有一千多人。我前去那裡禮拜五祖，聽他宣講這部經典。弘忍大師經常勸導僧俗大眾，說只要誦持《金剛經》，就能夠見出本身的佛性，直接了卻一切，成就佛道。」

慧能聽說後，知道這是前世種下的因緣。當時承蒙一位客人，取來白銀十兩相贈，讓慧能將這筆銀子作為供養老母衣食的費用，然後前往黃梅參拜五祖大師。

慧能將母親安置妥當，便告別了親人。走了三十多天，來到黃梅，施禮拜見五祖弘忍大師。

祖問曰：「汝❶何方人，欲求何物？」

慧能對曰：「弟子是嶺南新州百姓，遠來禮師，惟求作佛，不求餘物。」

祖言：「汝是嶺南人，又是獦獠❷，若為堪作佛❸？」

慧能曰：「人雖有南北，佛性❹本無南北。獦獠身與和尚不同，佛性有何差別？」

五祖更欲與語，且見徒眾總在左右，乃令隨眾作務❺。慧能曰：「慧能啟❻和尚，弟子自心常生智慧❼。不離自性❽，即是福田❾。未審和尚教作何務？」

祖云：「這獦獠根性大利❿。汝更勿言，著槽廠⓫去。」慧能退至後院，有一行者⓬差慧能破柴踏碓，經八月餘。

祖一日忽見慧能，曰：「吾思汝之見可用，恐有惡人害汝，遂不與汝言。汝知之否？」

慧能曰：「弟子亦知師意。不敢行至堂前，令人不覺。」

【章　旨】慧能自述遠行求師，志在成就佛道的心願，並陳說人身有南北之別，而佛性並無南北差異的道理，因而受到五祖的賞識。

【注　釋】❶汝　你。❷獦獠　指南方土著之少數民族。❸若為堪作佛　怎麼能夠成就佛道。若，猶「何」。❹佛性　指眾生覺悟之性。又名真如、如來藏、自性。禪宗認為一切有生之物都具有佛性。❺隨眾作務　隨同眾人一同勞作與修持。作務，兼有修行、勞作之意。❻啟　稟告；陳述。❼自心常生智慧　意謂自己的心中常常湧生佛性的智慧。智慧，就佛教意義而言，照見萬相曰智，決斷疑念曰慧。故佛性智慧能滌除人生煩惱。❽不離自性　意謂當下體悟自身本有之佛性，而不必他求。自性，即佛性。❾福田　佛教將奉佛比喻為耕作田地，認為經常修行，多行善事，則可以得到福報。❿根性大利　性根非常銳利，悟解敏銳。⓫槽廠　指後院料理生計、服粗役者的活動區。⓬行者　皈依佛門而未剃度出家的人，這裡指管理寺院後勤事務的工頭。

【語　譯】五祖大師問道：「你是何方人，到這裡來想要求得什麼？」

慧能回答說：「弟子是嶺南新州的百姓，從遙遠的地方前來拜見大師，只求成就佛道，不求別的東西。」

五祖大師說道：「你是嶺南人，又是未曾開化的蠻夷，怎麼能夠成就佛道呢？」

慧能回答說：「人雖然有南北的不同，佛性本無南北的區別。南方蠻夷之身雖然與大師不同，而所具有的佛性又有什麼差別呢？」

五祖弘忍大師想繼續與慧能交談，因見身邊徒弟眾多，總是不離左右，便吩咐慧能跟隨眾人一起去做事。

慧能說：「慧能稟告大師：弟子心中經常感覺到佛法智慧的作用。不離自身本有的佛性，這就是耕種福田了。不知大師要我做些什麼事務？」

五祖說道：「這個南方的蠻夷性根倒是非常銳利。你不要再說下去了，到後院槽廠去吧！」

慧能退到後院以後，五祖身邊的一位侍者便派他去劈柴、踏碓舂米。就這樣幹了八個多月的時光。

五祖弘忍大師有一天忽然來看慧能。他對慧能說道：「我認為你的意見有理。但因為擔心有壞人加害於你，所以沒有跟你多談。你明白我的用意嗎？」

慧能回答道：「弟子心中也懂得大師的意思，所以平時不敢到前堂去，令人不覺得我的存在。」

祖一日喚諸門人總來：「吾向汝說，世人生死事大。汝等終日只求福田，不求出離生死苦海❶。自性若迷❷，福何可救？汝等各去自看智慧，取自本心般若之性❸，各作一偈❹，來呈吾看。若悟大意❺，付汝衣法❻，為第六代祖。火急速去，不得遲滯。思量即不中用❼，見性之人，言下須見❽。若如此者，輪刀上陣，亦得見之❾。」

【章旨】記弘忍大師召集門徒，吩咐各人取自本心般若之性，作偈呈驗，以選定禪宗六祖。

【注釋】❶生死苦海　佛教認為生死無際如同大海，人在其中輪迴，痛苦憂愁萬狀，故云。❷自性若迷　若受世俗的障蔽，迷失了自性。自性，指自身本有的佛性。❸取自本心般若之性　依憑各自對於佛性的體悟。般若，佛性之智慧。❹偈　梵語偈陀，本是佛經中的頌詩，簡稱偈。後世佛僧闡述佛說、頌揚佛法之短詩，亦稱偈。每首多為字數相等的四句組成。❺大意　真意。指禪門之宏旨。❻衣法　傳說菩提東來，以一領袈裟作為傳法的信物，禪宗一祖至五祖皆以衣相傳，傳衣即是傳法。❼思量即不中用　意謂世俗思維量度之智不能體悟佛性，要求超離思維，即心領悟。❽見性之人二句　能體悟自心佛性的人，言談之間便明白了，不必勞神思考。❾輪刀上陣二句　意謂揮刀拼殺之際，若得發現自身的佛性，亦能頓悟而成佛，即「放下屠刀，立地成佛」之意。

【語譯】有一天，五祖弘忍法師通知門徒全部集合起來，說道：「我對你們講：人生在世，脫離生死苦海是一件大事。你們每天只知祈求福報，卻不求脫離生死輪迴的苦海。若是迷失了佛性，福報又怎麼能救你們脫離苦海？你們下去後，各自體會佛性的智慧，根據自己心中所體悟的佛性，每人寫一首偈詩，呈送上來給我看。若是誰能徹悟佛法要旨，我便將衣缽及禪法託付給他，成為第六代祖師。你們火急去作，不得遲緩。勞神苦想是沒有用處的，因為見到佛性的人，不假思量當下就見到佛性。若是這樣的人，即使揮刀上陣之際，也能頓悟佛法，成就佛道。」

眾得處分❶，退而遞相謂曰：「我等眾人，不須澄心用意作偈，將呈和尚❷，有何所益？神秀上座❸現為教授師❹，必是他得。我輩謾❺作偈頌，枉用心力。」

諸人聞語，總皆息心。咸言我等已後，依止❻秀師，何煩作偈？

【章　旨】記眾門徒聽到五祖吩咐後，皆寄希望於神秀上座，因而都不作偈詩。

【注　釋】❶處分　吩咐；囑咐。❷將呈和尚　以所作偈頌之詩呈送五祖大師。將，持。❸神秀上座　神秀，俗姓李氏，開封尉氏人。從小閱讀經史，博學多聞。出家後，深受五祖弘忍器重。弘忍曾對他說：「吾度人多矣，至於悟解，無及汝者。」所以門徒都寄希望於神秀。上座，對地位較高僧人的尊稱。❹教授師佛門教授具足戒儀式中三師之一，負責向受戒者傳授有關儀表及言行規範的和尚。❺謾　空泛。含有不當作而空作之意。❻依止　依從有德之禪師，附之不離。禪宗稱僧人依從先輩禪師，受學參禪，其師稱依止師。

【語譯】眾門徒聽了五祖大師的吩咐，便退了下去。他們互相議論說：「我們大家不必專心靜意、勞神費思地寫作偈詩，將它呈送五祖大師。神秀上座如今是我們的教授師，六祖的衣缽非他莫屬了。我們空作一番偈詩，也只是白費心思而已。」

眾門徒聽到這一番話語，都打消了寫作偈詩的心思。大家都說我們以後依從神秀大師學禪就可以了，何必要煩心費神去寫偈詩呢？

神秀思惟：諸人不呈偈者，為我與他為教授師。我須❶作偈將呈和尚。若不呈偈，和尚如何知我心中見解深淺？我呈偈意，求法即善，覓祖即惡❷，卻同凡心奪其聖位❸奚別？若不呈偈，終不得法。大難，大難！

五祖堂前，有步廊三間，擬請供奉❹盧珍畫《楞伽經》變相❺，及五祖血脈圖❻，流傳供養❼。神秀作偈成已，數度欲呈。行至堂前，心中恍惚，遍身汗流，擬呈不得。前後經四日，一十三度呈偈不得。

秀乃思惟，不如向廊下書著，從他和尚看見。忽若道好，即出禮拜，云是秀作。若道不堪，枉向山中數年❽，受人禮拜，更修何道！是夜三更，不使人知，自執燈書偈於南廊壁間，呈心所見。偈曰：

身是菩提樹❾，
心如明鏡臺❿。
時時勤拂拭，
勿使惹塵埃。

秀書偈了，便卻歸房，人總不知。秀復思惟，五祖明日見偈歡喜，即我與法有緣。若言不堪，自是我迷，宿業障重⓫，不合得法。聖意⓬難測，房中思想，坐臥不安，直至五更。

【章旨】記神秀作「身是菩提樹」一偈，將它書寫在南廊牆壁之上，而內心卻揣測不安。

【注釋】❶須　應當。❷覓祖即惡　意謂尋求繼承祖師的地位，則其用心不善。五祖前曰「若悟大意，付汝衣法，為第六代祖」，故云。❸凡心奪其聖位　以世俗之心，奪取聖師之位。佛教稱具有慧眼、法眼、化導三力者為聖師。❹供奉　對於有特種技藝者的尊稱。❺楞伽經變相　指所傳說佛祖釋迦牟尼宣講《楞迦經》場面的畫像。楞伽，通作「楞迦」。《楞迦經》是早期禪宗的重要經典。變相，指演說佛經教義的故事畫。❻五祖血脈圖　指禪宗初祖至五祖次第傳授衣缽的畫像。初祖達摩傳衣於二祖慧可，慧可傳衣於三祖僧璨，僧璨傳衣於四祖道信，道信傳衣於五祖弘忍。代代相傳，如血脈流注貫通。❼供養　供人禮敬、膜拜。敬祀佛祖、供奉僧人，均可稱供養。❽枉向山中數年　意謂枉自來到東山許多年。山，指東山，又稱馮茂山。❾身是菩提樹　意謂人身本是一株具備智慧、能自我覺悟的菩提樹。菩提，梵語，意譯為道、覺悟。❿心如明鏡臺　意謂人心如同明鏡。佛教以心喻鏡，認為能照見萬緣。⓫宿業障重　意謂前世所犯的罪業深重，致為今生的障礙。⓬聖意　聖師之意。指五祖弘忍的心意。

【語譯】神秀想到：眾人所以不向五祖弘忍大師進呈偈詩，是因為我是他們的教授師的緣故。我應當寫作偈詩，進呈五祖大師。若是我不進呈偈詩，五祖大師怎麼知道我心中見解的深淺？我進呈偈詩，意在求得佛法的印證，那是好的，若是希望藉此謀求六祖的地位那就用心不良了。那樣的做法與用凡庸之心去奪取聖師之位又有何區別呢？然而若不進呈偈詩，也就永遠不能得到佛法的印證。這真是太難、太難了！

五祖大師的堂前有三間走廊，擬請畫師盧珍在走廊牆壁上繪製佛祖釋迦牟尼講授《楞迦經》的故事畫像，以及從初祖達摩到五祖弘忍的衣缽授受圖像，以便流傳後世，供人禮敬、供養。神秀作成偈詩之後，幾次想要進呈給弘忍大師。但是每當他走到五祖堂前，便覺得心神恍惚不安，汗流遍身，進呈不得。這樣前後有四天時間，總共十三次走到堂前，結果還是沒有將偈詩呈送上去。

神秀於是想到，不如將偈詩書寫在走廊牆壁上，讓弘忍大師自己看見。如果大師稱讚說好，我就出來禮拜，承認是神秀我所作的。如果大師說偈詩寫得不行，就算我枉自來到這山中多年，虛受了別人的尊敬禮拜，更說不上修成佛道了！

這天半夜三更時分，神秀不讓別人知道，自己手執燈火，將所作的偈詩書寫在南邊走廊牆壁上，表達自己對於佛性的見解。偈詩說道：

人身就是一棵能自我覺悟的智慧樹，
人心猶如一面晶瑩光亮的明鏡臺。
應該時刻不忘勤勞去拂拭，
不要讓智慧的身心染上世俗的塵埃。

神秀書寫完畢後，便回到寢室，旁人都不知道此事。神秀這時又想到：若是五祖大師明天發現偈詩後內心歡喜，那便是我與佛法有緣。若是說偈詩不佳，那就表示我仍迷惑未悟，由於宿業深重，此生不應得到佛法的心要。神秀思來想去，覺得五祖的心意難以預測，他揣想不已，坐臥不安，一直到五更時分。

祖已知神秀入門未得，不見自性。天明，祖喚盧供奉❶來，向南廊壁間繪畫圖相，忽見其偈。報❷言：「供奉卻不用畫，勞爾遠來！經云『凡所有相，皆是虛妄』❸。但留此偈，與人誦持。依此偈修，免墮惡道❹。依此偈修，有大利益。」今門人炷香❺禮敬，盡誦此偈，即得見性。門人誦偈，皆歎善哉！

祖三更喚秀入堂，問曰：「偈是汝作否？」

秀言：「實是秀作。不敢妄求祖位，望和尚慈悲，看弟子有少智慧否？」

祖曰：「汝作此偈，未見本性❻。只到門外，未入門內。如此見解覓無上菩提❼，了❽不可得。無上菩提，須得言下識自本心，見自本性。不生不滅，於一切時中念念自見❾。萬法無滯❿，一真一切真⓫，萬境自如如⓬。如如之心⓭，即是真實⓮。若如是見，即是無上菩提之自性也。汝且去一兩日思惟，更作一偈，將來吾看。汝偈若入得門，付汝衣法。」

神秀作禮而出。又經數日，作偈不成。心中恍惚，神思不安，猶如夢中，行坐不樂。

【章旨】弘忍大師指出神秀的偈詩未見佛性，未能體悟佛門的無上菩提，吩咐神秀重新思惟，再作一首偈詩。

【注釋】❶盧供奉　即畫師盧珍。❷報　告；酬答。❸凡所有相二句　意謂世人所見之相，皆虛而不實，妄而非真。《金剛經》載，佛告須菩提：「凡所有相，皆是虛妄。若見諸相非相，即見如來。」❹惡道　佛說「六道輪迴」中，天道、人道、阿修羅道為三善道，地獄道、餓鬼道、畜生道為三惡道。❺炷香　焚香。炷，點燃。❻未見本性　未能體現佛性。本性，指自身具有的佛性。❼無上菩提　佛門之最高覺悟與智慧。菩提有三種，即聲聞菩提、緣覺菩提、諸佛菩提。諸佛自發菩提心，復勸眾生發菩提心，自得解脫，亦令眾生解脫，為無上菩提。❽了　完全。❾念念自見　每一念之間都能體會到佛性。念念，一剎那間。❿萬法無滯　對於萬物事理，皆能通達無礙。法，自體。指一切事物、現象。⓫一真一切真　萬事萬物都是佛性的顯現。一，指佛性、真如。一切，指萬物、萬相。〈華嚴金師子章〉：「一切即一，皆同無性；一即一切，因果歷然。」⓬萬境自如如　一切境界都是法性的體現。佛教認為一切有情與無情事物的法性平等無二，謂之如如。法性，亦即真如。⓭如如之心　能體悟真如、佛性常駐之心。⓮即是真實　佛教認為萬物體性皆虛妄不實，故不生不滅之真如即是真實。

【語譯】五祖弘忍大師已知神秀尚未入門，未能體悟見到自身的佛性。天亮之後，五祖召喚盧珍畫師前往走廊南壁繪畫圖像，忽然看見了牆上的偈詩。五祖於是告訴盧珍說：「畫師不用再畫了，有勞你遠道而來。《金剛經》上說『凡是所有能見之相，都虛而不實，妄而非真』。且留下這首偈詩，讓人們學習誦讀。依照它修行，免得墮入地獄、餓鬼、畜生三惡道。依照它修行，會大大受益。」五祖又令門徒焚香敬禮，讓門徒都誦讀這首偈詩，說是能夠各見自性。眾門徒誦讀這首偈詩後，都讚歎道：「好啊！」

第二天三更時分，五祖弘忍召喚神秀入堂，問道：「那首偈詩是你所作嗎？」

神秀回答說：「偈詩的確是我所作，但是我並不是以此妄想求得祖師的地位。希望大師以慈悲為懷，看看弟子是否具有少許佛性的智慧呢？」

五祖弘忍說：「你作的這首偈詩，尚未能見到自身本有的佛性，只到門外，尚未進入門內。依照這種見解去尋求佛法中的無上智慧，是完全得不到的。佛法中的無上智慧，應該是不假思慮，當下就見到自己的本心，體驗到自身具備的佛性。這種佛性不生不滅，在任何時候，念念之間都無不顯現，體現為萬物、事理而無滯無礙。佛性真則一切真，各種境界無不是佛性的展現。體會真如之心，即是見到佛性的真實。若是獲得了這種認識，那便是佛門無上智慧的自性了。你且回去好好思考一兩天，重新再作一首偈詩，拿來給我看。若是你新作的偈詩能入門的話，我就傳衣授法給你。」

神秀向弘忍大師施禮後，便出去了。又過了幾天，神秀還是沒有寫成一首新的偈詩。他的心中恍惚不定，精神思慮不安，好像在夢中一樣，行坐之間也都悶悶不樂。

復兩日，有一童子[1]於碓坊過，唱誦其偈。慧能一聞，便知此偈未見本性。雖未蒙教授，早識大意，遂問童子曰：「誦者何偈？」

童子曰：「爾這獦獠不知，大師言：世人生死事大，欲得傳付衣法。令門人作偈來看，若悟大意，即付衣法，為第六祖。神秀上座於南廊壁上書無相偈❷。大師令人皆誦，依此偈修，免墮惡道，依此偈修，有大利益。」

慧能曰：「我亦要誦此，結來生緣❸。上人❹，我此踏碓八個餘月，未曾行到堂前，望上人引至偈前禮拜。」

童子引至偈前禮拜。慧能曰：「慧能不識字，請上人為讀。」

時有江州別駕❺，姓張名日用，便高聲讀。慧能聞已，遂言：「亦有一偈，望別駕為書。」

別駕言：「汝亦作偈，其事希有。」

慧能向別駕言：「欲學無上菩提，不可輕於初學。下下人有上上智❻，上上人有沒意智❼。若輕人，即有無量無邊罪。」

別駕言：「汝但誦偈，吾為汝書。汝若得法，先須度吾，勿忘此言。」

慧能偈曰：

菩提本無樹，
明鏡亦非臺❽。
本來無一物，
何處惹塵埃❾！

書此偈已，徒眾總驚，無不嗟訝。各相謂言：「奇哉！不得以貌取人，何得多時使他肉身菩薩❿？」

祖見眾人驚怪，恐人損害，遂將鞋擦了偈，曰亦未見性。眾以為然。

【章旨】慧能知神秀偈詩未得佛性，於是另題一偈，直指真如，引起眾人的驚訝。

【注釋】❶童子　指小和尚。❷無相偈　稱以闡說佛法為內容的偈詩。佛教認為萬物皆是因緣化生而起的幻相，無真實相，故以無相代稱佛法。❸結來生緣　即修來世之意。❹上人　對僧人的敬稱。❺江州別駕　江州刺史的副佐。江州，今江西省九江市。❻下下人有上上智　意謂地位低賤者也有佛性的智慧。上上智，即無上菩提。❼上上人有沒意智　意謂地位高的人有時也會迷失智慧。上上人，指地位高的人。❽菩提本無樹二句　意謂人的身心都虛幻不實，既無菩提樹，亦無明鏡臺。神秀以菩提樹比喻人的身體，以明鏡臺比喻人的心靈，慧能認為落於色相，未見佛性，故反其意而加以申說之。❾本來無一物二句　意謂世間一切都是佛性的顯現，萬物皆是「假有」。領悟了這番道理，就不會有世俗的塵埃沾染人的本性了。❿肉身菩薩　以父母所生之身而登上菩薩之位的人。即活菩薩。

【語譯】過了兩天，有一個小和尚從碓房經過，口中唱誦著神秀的偈詩。慧能一聽，就知道這首偈詩未得到佛性的真諦。慧能雖然未曾得到五祖的教導傳授，卻早已領悟佛法大旨。他於是問小和尚道：「你唱誦的是什麼偈？」

小和尚回答說：「你這個南方的蠻子不曉得，五祖大師說：人生在世，脫離生死苦海是件大事。五祖大師想要傳付衣法，他令門徒各作偈詩來看。誰若能領悟佛法大意，就傳付衣法，選定他為禪宗六祖。神秀上座在走廊南邊牆壁上書寫了一首闡說佛法的偈詩，五祖大師令人都要誦讀，說依照此偈修行，可以不墮入三惡道，依照此偈修行，會有很大的益處。」

慧能於是說道：「我也要誦讀這首偈詩，來結來世修行佛法的緣分。和尚，我在這裏踏碓舂米已有八個多月，卻未到過五祖堂前。請和尚帶我到這首偈詩前敬禮叩拜。」

小和尚於是引慧能來到神秀偈前叩拜。慧能說道：「我不識字，請和尚讀給我聽。」當時在場的有一位江州別駕，姓張名叫日用，他便高聲朗讀，慧能聽後，說道：「我也有一首偈詩，請別駕您替我書寫出來。」

別駕說道：「你也要寫偈詩？這種事實在很稀奇。」

慧能向別駕說：「要想學得至高無上的佛道，便不可輕忽初學者。地位低賤的人也會具有最高的智慧，地位高的人有時也會迷失智慧。若是輕視別人，就會犯下無邊無量的罪過。」

別駕說道：「你只管將所作的偈詩念出來，我為你寫就是了。你若是獲得佛法要旨，首先要度我脫離苦海，不要忘記今天的話。」

慧能的偈詩說：

人身本非菩提樹，何樹之有？

人心也本非明鏡臺，何鏡之有？

人的身心是五蘊合和的假有，本來無一實體存在，

又到哪裡去沾染塵埃呢？

張別駕寫罷偈詩，在場的僧眾都非常驚奇，無不為之嗟歎。大家互相感慨說：「真是稀奇啊！不可以貌取人。慧能不久的將來恐怕要成了肉身菩薩吧？」

五祖弘忍大師看到大家驚怪不已，恐怕有人嫉恨、暗害慧能，便用鞋將偈詩擦掉，並說此偈也未見佛性。大家以為真的是如此。

次日，祖潛至碓坊❶，見能腰石舂米❷，語曰：「求道之人，為法忘軀，當如是乎？」乃問曰：「米熟也未？」

慧能曰：「米熟久矣，猶欠篩在❸。」

祖以杖擊碓三下而去。慧能即會祖意，三鼓❹入室。祖以袈裟遮圍，

不令人見，為說《金剛經》。至「應無所住而生其心」❺，慧能言下大悟，一切萬法不離自性❻。遂啟祖言：「何期❼自性本自清淨❽！何期自性本不生滅！何期自性本自具足！何期自性本無動搖❾！何期自性能生萬法❿！」

祖知悟本性，謂慧能曰：「不識本心，學法無益。若識自本心，即名丈夫⓫、天人師⓬、佛。」

三更受法，人盡不知，便傳頓教⓭及衣缽，云：「汝為第六代祖，善自護念，廣度有情，流布將來，無令斷絕。聽吾偈曰：有情來下種，因地果還生⓮。無情亦無種，無性亦無生⓯。」

【章旨】記五祖弘忍向慧能講授《金剛經》，並傳衣缽，指定慧能為禪宗六祖。

【注釋】❶碓坊　舂米的作坊。❷腰石舂米　慧能舂米時，足踏翹板，以揚起碓頭。因為慧能身輕無力，故腰間繫一墜腰石，以加重足踏的力量。❸米熟久矣二句　這兩句對話中蘊藏禪機。弘忍以「米熟」隱喻體悟佛性，慧能則以「欠篩」隱喻尚欠祖師的鑒別與傳法。❹三鼓　即三更。❺應無所住而生其心　意謂應使自己的心性不拘泥、不留戀於一切外在之形相，而生其清淨之心。《金剛經》載佛曰：「須菩提、諸菩薩摩訶薩，應如是生清淨心：不應住色生心，不應住聲、香、味、觸、法生心，應無所住而生其心。」❻一切萬法不離自性　一切事物與現象都不離佛性。萬法，總括事物、現象為言。❼何期　此處「何期」表示讚歎，意謂沒有想到。❽自性本自清淨　意謂佛性本清淨無染，無世俗之妄想與煩惱。《梵網經》：「一切眾生，皆有佛性。……是一切眾生戒本源自性清淨。」❾自性本無動搖　佛性無形無相，因而不動不移。❿自性能生萬法　佛教認為佛性對萬物則為一如，對妄見則為真如，萬物皆因佛性而生。⓫丈夫　佛門用以指勇於修行佛法、進取不已的人。⓬天人師　佛之稱號。佛說正法以教導神與人，故名。⓭頓教　禪宗指不必漸修，而由頓悟以成就佛果之法。對於頓悟佛法者，直說大法亦曰頓教。⓮有情來下種二句　意謂在眾生心中播下佛種，因其自身本有之佛性而結出佛果。地，佛說有十地，遵循修行可達果地。⓯無情亦無種二句　無情如草木石瓦之類，是無佛性、無成佛的種子。

【語　譯】第二天，五祖弘忍悄悄來到舂米的作坊，看見慧能腰間繫了一塊石頭，正腳踏碓板在舂米。五祖便說道：「求道之人，為了佛法而忘記了自身的辛勞，不正應當如此嗎？」然後又問道：「米舂好了沒有？」

慧能回答道：「米已經舂熟許久了，只是一直欠缺篩子。」

五祖沒有再說話，只用拐杖將石碓敲了三下就走了。慧能當即懂得了五祖的意思。當天夜晚三更時分，慧能來到五祖大師的禪室。五祖用袈裟遮住門窗，不讓外人看見，為慧能講說《金剛經》。當五祖講到「應無所住而生其心」一句時，慧能當即大徹大悟，體會到一切事物與現象都離不開佛性。慧能於是對五祖說道：「啊！沒有想到本有的佛性是清淨無染的！

沒有想到本有的佛性是不生不滅的！沒有想到本有的佛性是圓滿具足的！沒有想到本有的佛性是永不動搖的！沒有想到佛性能夠化生萬物！」

五祖大師知道慧能已經體悟到佛性了。他於是對慧能說道：「不能認識自身本有的佛性，學習佛法是沒有益處的。若是認識了自己的本心，發現了自身的佛性，就是佛門所稱的丈夫，也就是天人師，也就是佛了。」

慧能三更時得到五祖傳法，別的人都不知道。當時，五祖便傳頓教法門，並授了衣缽。五祖說：「你成為第六代祖師後，要好好地護持此頓教法門，永記不忘，要廣渡眾生超脫苦海，使禪宗頓教法門流傳未來，勿使斷絕失傳。且聽我的偈詩道：有情眾生心中本自具有靈明的佛性，播下佛種，勤自修行只要機緣成熟，因地的佛種就可開花結果，成就佛道。相反地，若是沒有情感及佛性的草木瓦石，因為它們沒有佛性、佛種，也就無法生出佛果了。」

祖復曰：「昔達磨大師❶初來此土，人未之信，故傳此衣，以為信體❷，代代相承。法則以心傳心❸，皆令自悟自解。自古佛佛惟傳本體❹，師師密付本心❺。衣為爭端，止汝勿傳。若傳此衣，命如懸絲❻。汝須速去，恐人害汝。」

慧能啟曰：「向甚處去？」

祖云：「逢懷則止，遇會則藏❼。」

慧能三更領得衣鉢，云：「能本是南中人，素不知此山路，如何出得江口？」

五祖言：「汝不須憂，吾自送汝。」

祖相送直至九江驛❽。祖令上船，五祖把艣自搖。慧能言：「請和尚坐，弟子合❾搖艣。」

祖云：「合是吾渡汝。」

慧能曰：「迷時師度，悟了自度❿。度名雖一，用處不同。慧能生在邊方，語音不正，蒙師傳法，今已得悟，只合自性自度。」

祖云：「如是，如是！以後佛法，由汝大行。汝去三年，吾方逝世。汝今好去，努力向南。不宜速說⓫，佛法難起。」

【章　旨】五祖指示此後勿傳袈裟，以免惹起爭端，並囑慧能回到南方後不必急於弘法，因為佛法的興起有一個艱苦磨難的過程。

【注　釋】❶達磨大師　即菩提達摩，中國禪宗的創始者。傳說他是南天竺人，出家後奉大乘佛法。南朝梁普通年間航海到廣州，後來北上，居嵩山少林寺，以禪法教人。後世尊稱為禪宗初祖。❷信體　信物。指袈裟。❸法則以心傳心　佛法之授受則以心相傳。禪宗祖師繼承，內傳法印，以契證心；外傳袈裟，以昭信體。❹佛佛惟傳本體　意謂諸佛傳承時，只傳法身本體。傳說佛有三身，相對於應身而言的是法身，法身為佛之真身，法性之本體。❺師師密付本心　意謂歷代祖師繼立時，傳授的是對佛性的悟解，即以心傳心。禪之本意不立文字，不著色相，故曰心印。密，秘密；深奧。❻命如懸絲　生命懸於一絲，形容極端危險。❼逢懷則止二句　意謂遇上地名有「懷」字的地方就停下來，遇到地名有「會」字的地方就隱藏起來。後來慧能隱於懷集、四會之間，即與此語相應。❽九江驛　九江對岸之驛站。指渡口。❾合　理應。❿迷時師度二句　意謂迷惑時要靠師父指點，以渡越苦海，覺悟之後就應自己度自己。度，通「渡」。渡越生死海，而至涅槃岸。⓫不宜速說　敦煌本有「三年勿弘此法」語，與此意同。

【語　譯】五祖大師又說道：「從前達摩大師初來中國，人們尚未能相信，因此傳下這件袈裟，作為信物，一代一代地傳下來。佛法授受則是以心傳心，使後繼者自己體悟與領會。自古諸佛相承，只傳法身之本體。歷代祖師的繼任，則只密傳對於佛性的悟解。袈裟是容易引起紛爭的端由，傳到你便停止，以後不要再傳了。若傳這領袈裟，生命就極端危險。你現在必須趕快離開此地，恐怕有人加害於你。」

慧能問道：「我向何處去呢？」

五祖回答說：「遇到地名有懷字的地方就停下來，遇到地名有會字的地方就隱藏起來。」

慧能三更時領受到衣缽。他問道：「慧能本是南方人，一向不認得這裡的山路。如何才能出山到達江邊？」

五祖回答說：「你不必憂愁，我親自來送你。」

五祖大師將慧能一直送到九江對岸的驛站。五祖叫慧能上船，他親自握住船艣搖了起來。慧能說道：「請師父坐著，應該由弟子我來搖艣。」

五祖說道：「應該是我來度你到達彼岸。」

慧能說道：「癡迷時應由師父度我。現在我已經體悟了佛法，就應該自己度自己了。雖然同樣名度，但是用處不同。慧能生長在南方邊遠之地，語音與內地不同。現在承蒙師父傳授佛法，如今已得開悟，就應當自己體悟佛性，自我渡越到彼岸了。」

五祖應聲答道：「應該如此，應該如此！從今以後，要靠你大力弘揚佛法了。你走後三年，我將要離開人世。你如今好好前去，要盡力朝南方走。不要急於出來宣講佛法，因為佛法的傳播興起有一個艱苦磨難的歷程。」

慧能辭違❶祖已，發足南行。兩月中間，至大庾嶺❷。逐後數百人來，欲奪衣缽。一僧俗姓陳，名惠明，先是四品將軍❸，性行粗糙，極意參尋❹。

為眾人先，趁❺及慧能。慧能擲下衣缽於石上，曰：「此衣表信❻，可力爭耶？」

能隱草莽中。惠明至，提掇❼不動，乃喚云：「行者、行者，我為法來，不為衣來。」

慧能遂出，盤坐石上。惠明作禮云：「望行者為我說法。」

慧能云：「汝既為法而來，可屏息諸緣❽，勿生一念，吾為汝說。」

明良久，慧能云：「不思善，不思惡，正與麼時❾，那個是明上座本來面目❿？」

惠明言下大悟。復問云：「上來密語密意外，還更有密意否⓫？」

慧能云：「與汝說者，即非密也。汝若返照，密在汝邊⓬。」

明曰：「惠明雖在黃梅，實未省自己面目⓭。今蒙指示，如人飲水，冷暖自知。今行者即惠明師也。」

慧能曰：「汝若如是，吾與汝同師黃梅⓮，善自護持。」

明又問：「惠明今後向甚處去？」

慧能曰：「逢袁則止，遇蒙則居⓯。」

明禮辭。

【章　旨】惠明和尚追趕而來，向慧能問法，慧能指示惠明要摒除雜念，觀照自心，認清自己的本性，以修持禪法。

【注　釋】❶辭違　告辭；離別。❷大庾嶺　在江西省大庾縣南，廣東縣南雄縣北，為五嶺之一。它是古代南北交通的關口，本名塞上，亦名梅嶺。❸一僧俗姓陳三句　惠明，敦煌本作「惠順」，《五燈會元》作「道明」，並說他是南朝陳宣帝後裔，「國亡落於民間，以其王孫，嘗受署，因有將軍之號」。見《五燈會元》卷二。❹極意參尋　意謂惠明專心盡意坐禪念誦，尋究佛法。禪門中坐禪、說法、念誦，均稱為參。《五燈會元》說惠明「往依五祖法會，極意研尋，初無解悟」，與此意同。❺趁　追逐。❻此衣表信　這件袈裟是佛法的信物。表信，標誌；信物。❼提掇　提取；用雙手拿。❽屏息諸緣　排除一切世俗欲念、妄想。緣，指心緣，對外在事物的思慮。❾正與麼時　正當此時、這時。與麼，這麼。❿本來面目　本心；自性清淨心。指未受後天情識污染的心性。⓫上來密語密意外二句　《曹溪大師別傳》載惠明問曰：「不審和尚初付囑時，更有何言教？願垂指示。」與此意同。密語密意，指五祖秘密傳授的言語、意旨。⓬汝若返照二句　意謂你若能觀照、體悟自心，則奧妙精深之意旨就在你身邊了。返照，觀照自心。⓭未省自己面目　沒有發現、體悟到自我本有之自性。⓮黃梅　指禪宗五祖弘忍大師。⓯逢袁則止二句　意謂遇到地名中有「袁」字的地方就停止，遇到地名中有「蒙」字的地方就居住下來。後來惠明住在袁州蒙山，即與此相應。

【語　譯】慧能告別五祖大師後，出發向南方走去。不到兩個月，來到大庾嶺。在他的身後有數百人追來，想要奪回衣缽。其中一個僧人俗姓陳，名叫惠明，從前有四品將軍的封號。此人的性情行為粗率暴躁，全心全意參尋佛法。他跑在眾人的前面，追趕上了慧能。慧能將衣缽丟在一塊石頭上，說道：「袈裟是佛法傳承的信物，怎麼可以憑藉暴力搶奪去呢？」

慧能於是隱藏在深草叢中。惠明趕到後，雙手怎麼也拿不起那件袈裟。他便呼喊道：「行者、行者，我是為尋求佛法而來，不是為了搶奪衣缽而來。」

慧能於是從藏身處走出來，盤起雙足坐在石頭上。惠明向慧能行禮，然後說：「希望行者你為我講說佛法。」

慧能回答說：「你既然是為了求得佛法而前來，便要摒除一切世俗的思慮，專心一意，不要產生任何的雜念。我來為你講說佛法。」

惠明靜坐了許久。慧能於是說道：「心不思善，也不思惡，正當這麼個時候，你惠明上座本有的面目是如何呢？」

惠明聽到這一番話，當下便開悟了。他於是又問道：「除了上面所傳的密語密意之外，還有其他深密的妙旨嗎？」

慧能回答說：「可以向你講說出來的，就算不得深密的了。你若是能夠凝神靜慮地觀照自性，深密精妙之意旨就顯現在你的身邊了。」

惠明又說道：「惠明雖然一向身在黃梅五祖處，實際上並沒有認識到自己的本來面目。今天承蒙指示，我的感受真是如人飲水，是冷是熱都了然於心頭，如今行者你就是我的師父了。」

慧能說：「你若是這樣想，就讓我與你一道共同尊奉五祖為師，好好地護持佛法吧！」

惠明又問道：「我今後向何處弘法呢？」

慧能回答說：「遇上地名上有袁字的地方就停下來，遇到地名上有蒙字的地方就居留下來。」

惠明行禮後，便離去了。

慧能後至曹溪❶，又被惡人尋逐，乃於四會❷，避難獵人隊中，凡經一十五載❸。時與獵人隨宜說法。獵人常令守網，每見生命，盡放之。每至飯時，以菜寄煮肉鍋。或問，則對曰：「但喫肉邊菜。」

一日思惟，時當弘法，不可終遯❹。遂出至廣州法性寺❺。值印宗法師❻講《涅槃經》❼。時有風吹旛動，一僧曰風動，一僧曰旛動，議論不已。慧能進曰：「不是風動，不是旛動，仁者心動❽。」一眾駭然。

印宗延至上席，徵詰奧義❾。見慧能言簡理當，不由文字。宗云：「行者定非常人。久聞黃梅衣法南來，莫是行者否？」

慧能曰：「不敢。」

宗於是作禮，告請傳來衣鉢，出示大眾。

【章　旨】記慧能避難多年後，出山至廣州法性寺講說佛法，借風吹旛動一事，闡發萬相唯心之理。

【注　釋】❶曹溪　地名，在今廣東韶關市南二十公里處。面對北江支流曹溪，即寶林寺所在地。❷四會　縣名，在廣東境內。❸凡經一十五載　關於慧能隱遯避難的具體時間，諸家記載不同。《曹溪大師別傳》說「經於五年在獵師中」，法海〈法寶壇經略序〉說「南歸隱遯一十六年」，王維〈六祖能禪師碑銘〉亦云「混農商於勞侶，如此積十六載」。❹終遯　一直隱逸下去。遯，逃避；躲藏。❺法性寺　唐代寺名，在廣州故城西北。三國時，學者虞翻居此講學，後來施宅為寺。東晉至唐代，印度僧人來寺傳法者甚多。寺屢易其名，宋後改稱光孝寺。❻印宗法師　唐代禪僧，吳郡人。咸亨元年至長安，後往黃梅見五祖弘忍，通《涅槃經》。開元元年去世。❼涅槃經　即《大般涅槃經》，記錄佛祖釋迦牟尼入涅槃前到鳩尸那迦城外說法之情狀。涅槃，一作「泥洹」。僧人去世、圓寂。❽不是風動三句　慧能的答覆，與禪宗西土第十七祖與伽耶舍多尊者就風吹鈴聲一事相問答的內容相似。據《五燈會元》卷一記載，禪宗第十七祖僧伽難提為伽耶舍多授戒後，聽到風吹殿鈴之聲。僧伽難提問曰：「鈴鳴耶？風鳴耶？」伽耶舍多答曰：「非風鈴鳴，我心鳴耳。」僧伽難提當即稱讚道：「善哉，善哉！繼吾道者，非子而誰？」於是立伽耶舍多為第十八祖。❾徵詰奧義　詢問對佛經中深奧義理的理解。徵詰，徵求意見；詢問。

【語　譯】慧能後來到了曹溪，又被惡人追尋迫害，於是他又到四會地帶，在捕獵者的隊伍中避難，前後共計十五年的歲月。這期間，他經常利用方便機會隨時向獵人們講說佛法。獵人常派他看守捕捉鳥獸的網羅，慧能發現網羅中有活著的動物，便將牠們放生。每當做飯時，他便將蔬菜放在獵人的肉鍋旁邊煮。有人問起來，慧能就回答說：「我只吃肉邊的蔬菜。」

有一天慧能思考到，現在已是弘揚佛法的時候了，不能一直隱藏下去。於是他出山來到廣州的法性寺。正遇上印宗法師講授《涅槃經》，當時一陣風吹來，寺院中的旗幟幡帶都迎風飄動。一個僧人說是風在吹動，另一個僧人說是幡帶在飄動，雙方爭辯不已，未能判斷是非。慧能於是發表意見說：「既不是風在動，也不是幡帶在動，而是你們的心思在動啊！」大家聽到慧能的談論，都感到十分驚訝。

印宗法師於是將慧能請到上席坐下，向他請教對於佛經中深奧義旨的理解。印宗見慧能言辭簡潔明瞭，說理精妙允當，不拘泥於佛經上的文字，而全憑內心的悟解。他於是便說道：「行者你一定不是一個平常的人物。很久以來就有傳言，說是五祖大師的衣缽已經傳到南方來了。這個繼承五祖大師衣缽的人，莫非就是行者你嗎？」

慧能回答道：「不敢當。」

印宗法師得知慧能果然是五祖的傳人，於是再次敬禮，請慧能出示所繼承的衣缽讓大眾瞻仰。

宗復問曰：「黃梅付囑，如何指授[1]？」

慧能曰：「指授即無，惟論見性，不論禪定、解脫。」

宗曰：「何不論禪定、解脫？」

慧能曰：「為是二法，不是佛法。佛法是不二之法[2]。」

宗又問：「如何是佛法不二之法？」

慧能曰：「法師講《涅槃經》，明佛性是佛法不二之法[3]。如高貴德王菩薩白佛言[4]：犯四重禁[5]、作五逆罪[6]、及一闡提[7]等，當斷善根[8]佛性否？佛言：善根有二，一者常，二者無常[9]。佛性非常非無常，是故不斷[10]，名為不二。一者善，二者不善[11]。佛性非善非不善[12]，是名不二。蘊[13]之與界[14]，凡夫見二。智者了達，其性無二[15]。無二之性，即是佛性。」

印宗聞說，歡喜合掌。言某甲講經猶如瓦礫，仁者論義猶如真金[16]。

【章旨】慧能回答印宗法師的提問，講解佛法不二、眾生平等的思想。

【注　釋】❶黃梅付囑二句　問五祖弘忍大師付衣傳法之際，有何指點、秘密授受之事。❷佛法是不二之法　意謂佛法主張一切事理平等如一，本質並無差別，又寓有該法獨立無二、直指心源之意。❸法師講涅槃經二句　這是就《涅槃經》所論來說明佛法不二的義理。《大般涅槃經》卷二一載釋迦牟尼論曰：「如來涅槃非有非無，非有為非無為，非有漏非無漏，非色非不色，非名非不名，非相非不相，非有非不有，非物非不物，非因非果，非待非不待，非明非暗，非出非不出，非常非不常，非斷非不斷，非始非終，非過去非未來非現在，非陰非不陰，非入非不入，非界非不界，非十二因緣非不十二因緣，如是等法甚深微密。」所論即佛法不二之理。❹高貴德王菩薩白佛言　高貴德王菩薩，即光明遍照高貴德王菩薩。《大般涅槃經》第二一至二六卷為〈光明遍照高貴德王菩薩品〉。其中第二二卷載高貴德王菩薩對釋迦牟尼佛問道：「世尊！若犯重禁、謗方等經、作五逆罪、一闡提等有佛性者，是等云何復墮地獄？若使是等有佛性者，云何復言無常樂我淨？世尊！若斷善根名一闡提者，斷善根時所有佛性云何不斷？……如其不斷，何故名為一闡提耶？」以下引語是對高貴德王菩薩此段提問的概略轉述。❺四重禁　僧人違反戒律的四種嚴重罪過：一淫，二盜，三殺人，四妄語。❻五逆罪　指五種極端違背佛理之罪行。小乘之五逆罪是：一殺父，二殺母，三殺阿羅漢，四惡意傷及佛身，五離間眾僧、敗壞法事。佛教宣傳犯五逆罪者，必墮無間地獄。❼一闡提　指不相信佛法的人。《涅槃經》卷一九云：「一闡提者，不信因果，無有慚愧，不信業報，不親善友，不隨諸佛所說教戒。如是之人，名一闡提。」❽善根　佛教指人所以能為善的本性。又身口意三業之善堅固不可拔，亦謂之善根。❾善根有二三句　意謂善根有兩種形態：一為常住的實相，二為生滅遷流無常的狀態。常，常住；常在。無常，遷流不定。❿佛性非常非無常二句　意謂上述惡人，仍然具有佛性，因為佛性非常、非無常，所以不能被斷除。《大般涅槃經》卷二二載釋迦牟尼告訴高貴德王菩薩云：「善根有二種，一者內，二者外。佛性非內非外，以是義故佛性不斷」，「復有二種，一者常，二者無常。佛性非常非無常，是故不斷。」⓫一者善二句　意謂人類思想、語言、行為之表現有兩類：一者為善，如五戒十善;二者為惡,如上述四重禁、五逆罪之類。⓬佛性非善非不善 《大般涅槃經》卷二六云:「善法要從方便而得,而是佛性非方便得,是故非善。何故復名非不善耶?能得善果故。善果者,即是阿耨多羅三藐三菩提(無上菩提)。」⓭蘊 梵語塞建陀,舊譯為陰,意謂蔭蔽。有五蘊:色蘊、受蘊、想蘊、行蘊、識蘊。五蘊能生煩惱,又謂之五取蘊。所以蘊是從煩惱的意義上來概括人類心靈、精神的感受與負累的。⓮界 佛教指事物的種類,根、境、識三緣和合組成了世界萬法,有十八界。界的區分,也包含體性的思想。《大乘義章・八末》:「經名為界,亦名為性。」⓯智者了達二句 智者完全明白,所謂「蘊」與「界」的說法其性質是一樣的。佛說五蘊、十八界,其意思本是相通的。對於利根而執心所法為我者說五蘊,對於鈍根而執色心為我者說十八界。⓰言某甲講經猶如瓦礫二句 謂我講經文不及妙義,粗糙如瓦礫,慧能闡說佛理精純如金。某甲,印宗之謙稱。《宗鏡錄》卷一〇:「妙義如真金,巧言如瓦石。」

【語譯】印宗法師又問道:「五祖大師將衣缽交付時,是怎樣指點、祕授佛法呢?」

慧能回答說:「五祖大師並沒有指點、祕密傳授什麼。他只是談論了體悟自身佛性的問題,沒有談到禪定、解脫的具體法門。」

印宗問道:「五祖為什麼不談論禪定與解脫的方法呢?」

慧能回答說:「因為這是兩種方法,而不是佛法。佛法是不二法門。」

印宗又問道:「什麼是佛法不二法門?」

慧能回答說:「法師你講授《涅槃經》,應當明白佛性本身就是佛法的不二法門。就像高貴德王菩薩問佛祖:那些違犯四重禁、造作五逆罪,以及不信佛法的一闡提,他們身上是否斷絕了善根與佛性呢?佛祖回答說:善根有兩種形態,一是永恆常住的,二是遷流無常的。

而佛性沒有常住與無常的區別，所以佛性是不能斷絕的，名叫不二法門。人們的行為、語言、意識的表現有兩類，一種是善的，一種是惡的。而佛性沒有善與惡的區別，所以叫做不二法門。所謂五蘊與十八界，世俗凡夫認為它們是兩碼事，只有智者知道它們是相通的，其性質並無二致。而這種並無二致的本性，就是佛性。」

印宗聽慧能這一番講說佛法，內心歡喜，合掌敬禮，說道：「我以前講說佛書經文，就如同瓦石一樣平庸不足道。大師你所闡說佛經中所含的義理，就像真金一樣精純無比。」

於是為慧能薙髮❶，願事為師。慧能遂於菩提樹下❷，開東山法門❸。

慧能於東山得法，辛苦受盡，命似懸絲。今日得與使君❹、官僚、僧尼道俗同此一會，莫非累劫之緣❺，亦是過去生❻中供養諸佛，同種善根，方始得聞如上頓教❼，得法之因。教是先聖所傳，不是慧能自智❽。願聞先聖教者，各令淨心。聞了各自除疑，如先代聖人無別❾。

一眾聞法，歡喜作禮而退。

【章　旨】總結慧能得到五祖傳衣授法以來所遭遇的艱難困苦，要求聽眾破除疑惑，專心學習禪宗頓悟法門。

【注　釋】❶薙髮　剃去頭髮，受戒為僧。薙，同「剃」。❷菩提樹下　據法海〈六祖大師法寶壇經略序〉稱：梁天監元年，智藥三藏自西竺國航海而來，將彼土菩提樹一株，植於戒壇畔，並預言「後一百七十年，有肉身菩薩於此樹下開演上乘，度無量眾」。❸東山法門　禪宗四祖道信、五祖弘忍相繼在黃梅雙峰山、馮茂山創建道場，弘揚禪法，門徒數百，聲勢大盛。因為馮茂山在雙峰山以東，又名東山，故後世將弘忍所完成並傳授之禪宗義理、方法與門風尊稱為東山法門。❹使君　指韶州刺史韋璩。❺累劫之緣　無數年代所積累下來的因緣。佛教認為天地由形成到毀滅為一劫。或曰一千六百八十萬年為一小劫，三萬三千六百萬年為一中劫，十三萬四千四百萬年為一大劫。累劫，極言年代之久長。❻過去生　指從前的生生世世。前世。❼如上頓教　指上述不必通過漸次修行，而頓悟自身佛性以成佛的禪宗法門，這是南宗禪的宗旨。❽教是先聖所傳二句　意謂上述頓悟成佛之法是前代聖師所傳授，而不是出於慧能個人的智慧。❾聞了各自除疑二句　意謂聞此頓悟法門後，各自清除痴迷與疑惑，則可達到與先代聖師相同之境界。除疑，敦煌本作「除迷」。

【語　譯】於是印宗法師為慧能剃髮授戒，並且願意尊奉慧能為師。慧能便在法性寺菩提樹下，開始講授五祖大師的東山法門。

慧能說：自從在黃梅東山得到五祖傳衣授法後，歷盡艱難困苦，生命好像懸繫在一根細絲上，隨時都處在危險之中。今天得以和韋使君、各位官員、比丘、比丘尼、居士及世俗民眾共同在此聚會，這是大家累生累世積下的緣分，也是過去生生世世供養諸佛、行善積德所致。因此才能聽到上述得法的因緣。這一禪宗頓悟法門是前代聖師所傳授的，而不是出於慧能自己的智慧。希望各位得以聆聽前代聖師教誨的人，先要清淨自己的內心。若能在聽受教誨之後，除去各自心中的痴迷與疑惑，便可達到與前代聖師同樣的境界。

眾人聽到慧能演講的佛法，都內心充滿了歡喜。他們向慧能敬禮之後，便各自退下。

般若品第二

【題解】此篇講述的是慧能對於佛法般若智慧的存在、作用及獲得途徑的認識。

佛的本義在於「覺悟」。對於生命及所處世界的徹底覺悟，體現為人生的智慧。從佛學的視野說，般若智慧乃是一切人生智慧中「最為第一、無上、無比、無等，更無勝者」的智慧，是正等正覺的智慧。佛說六種波羅蜜，其中般若波羅蜜最為重要。如果只是布施、持戒、忍辱、精進、禪定，而不得般若智慧，便不能解脫生死、渡到彼岸，因此般若波羅蜜是六度的眼目、六度的歸依。所以《大智度論》說：「般若波羅蜜是諸佛母。諸佛以法為師，法者即是般若波羅蜜。」《心經》亦說：「三世諸佛，依般若波羅密多故，得阿耨多羅三藐三菩提。」總之只有得到般若智慧，才能達到解脫，成就佛法。

通常說有三般若：文字般若，即佛教經論所闡說的智慧；觀照般若，即自心觀照身心內外所得的智慧；實相般若，即內證實相、契悟本性真如的智慧。

在慧能看來，一切的般若智慧，都存在於人們的自性之中。他所傳授的「摩訶般若波羅蜜法」，就是要教人們認識自己的本性，從中悟得般若智慧。他說：「一切般若智，皆從自性而生，不從外入。」又說：「三世諸佛，十二部經，在人性中本自具有。」「若自悟者，不假外求。」既然自性本有，人們只要努力自悟自證，即可自得。

慧能告誡眾人說：一旦體悟了般若智慧，還要用這種大智慧「打破五蘊、煩惱、塵勞」，「一切時中，常行智慧，即是般若行」。所以般若智慧不只是悟解，更在於修行，「不修即凡，一念修行，自身等佛」。有的人閱讀了一些佛教的經論，淺嘗了文字般若的義理，便自以為獲得了般若妙諦，那其實是一種誤解。

慧能提倡頓悟成佛，他用「大雲覆蓋於日」來比喻世俗煩惱蔽遮了人們的自性，一旦風吹雲散，自性就會如同太陽放射出光明。所以慧能的般若自性說，與他的頓教法門又是互相關聯、密不可分的。

次日，韋使君請益❶。

師陞座，告大眾曰：總淨心❷念摩訶般若波羅蜜多❸。復云：

善知識！菩提般若之智❹，世人本自有之。只緣心迷，不能自悟，須假大善知識❺示導見性。當知愚人、智人，佛性本無差別。只緣迷悟不同，所以有愚有智。吾今為說摩訶般若波羅蜜法，使汝等各得智慧。志心諦聽❻，吾為汝說。

善知識！世人終日口念般若，不識自性般若❼，猶如說食不飽❽。口但說空，萬劫不得見性，終無有益。

善知識！「摩訶般若波羅蜜」是梵語❾，此言大智慧到彼岸。此須心行❿，不在口念。口念心不行，如幻如化，如露如電。口念心行，則心口相應。本性是佛，離性無別佛。

【章旨】般若智慧存在於自性之中，只有體悟自身本有的般若之智，才能領悟佛法，渡到彼岸。

【注釋】❶請益　已經受教之後，更有所問。❷淨心　摒除外在的干擾，保持清淨無染的心境。❸摩訶般若波羅蜜多　意謂以佛法偉大的般若智慧，引導眾生渡越到彼岸。摩訶，大。般若，佛之智慧。波羅蜜多，到彼岸。佛教稱生死之境界曰此岸，了卻生死、實現涅槃之境界曰彼岸。這句話是梵語的音譯。❹菩提般若之智　能使人覺悟佛法、達到涅槃解脫以證得佛果之智慧。菩提，覺悟之智。❺大善知識　指深通佛法、能指導他人修習佛道的高僧大德。知識，朋友之異名。❻志心諦聽　專心致志，凝神聽講。❼自性般若　指自心中本有之佛性智慧。自性，指人本來之體性、自心之佛性。❽說食不飽　口說食物之名，不能以飽饑腹。比喻參禪悟道，要在自性領悟，而不在口頭言說。《楞嚴經》卷一：「如人說食，終不能飽。」❾梵語　古印度之書面語，相傳為梵天王所製。印度佛教經典多以梵語寫成。❿心行　誠心修行、實踐。

【語　譯】第二天，韋刺史請慧能大師進一步演講佛法。

慧能大師登上講壇，告訴大家說：各位都要排除雜念，澄心淨意念摩訶般若波羅蜜多。

慧能大師接著又說道：

各位可敬的佛門師友、各位施主！能使我們覺悟佛道的大智慧，是世界上每個人自身本來所具有的。只是由於心地被遮蔽而迷惑，所以不能自己悟得，而有待學識精深的高僧大德指示開導方能體悟佛性的存在。要知道不管是愚蠢的人，還是聰明的人，所具有的佛性本來並無差別，只是由於有迷惑或覺悟的差別，所以就有了愚蠢與聰明的不同。我現在為各位演說『摩訶般若波羅蜜多』渡越到彼岸的智慧法門，使你們各位都能體會到佛性的智慧。你們都要聚精會神地聽講，我開始為你們講說。

各位佛門師友、各位施主！世間有人整天在口裏念著般若，卻不能感知自身本有的佛性智慧。這就好像整天口裏說著食物的名字卻不能填飽肚子一樣。光是口頭上談空，卻是經過萬劫之久也不能體悟自身的佛性，終是沒有益處的。

各位佛門師友、各位施主！「摩訶般若波羅蜜」是古代印度語，翻譯成中國的話就是「憑藉佛門大智慧渡越到解脫的彼岸」的意思。這種佛法必須要靠誠心修行，而不在於口頭誦念。若是只念在口頭，卻不躬自實踐、虔誠修行，那就如幻如化，虛妄不真，如同晨露、閃電，轉瞬即逝。若是口頭誦念，同時虔誠地奉持、修行，那就心口相應了。人的本性即是佛，離開自己的本性就不會有別的佛了。

何名「摩訶」？「摩訶」是「大」。心量❶廣大，猶如虛空。無有邊畔❷，亦無方圓大小，亦無青黃赤白，亦無上下長短。亦無瞋無喜，無是無非，無善無惡❸，無有頭尾。諸佛剎土，盡同虛空❹。世人妙性本空❺，無有一法可得。自性真空❻，亦復如是。

善知識！莫聞吾說空，便即著空❼。第一莫著空，若空心靜坐，即著無記空❽。

善知識！世界虛空，能含萬物色像❾。日月星宿，山河大地，泉源溪澗，草木叢林，惡人善人，惡法善法❿，天堂地獄，一切大海，須彌諸山⓫，總在空中。世人性空，亦復如是。

善知識！自性能含萬法是大，萬法在諸人性中。若見一切人，惡之與善，盡皆不取不捨，亦不染著，心如虛空，名之為「大」，故曰「摩訶」。

【章旨】「摩訶」是佛性的境界，它容量廣大，能包含萬物，而又不染不著，心如虛空，故名之為「大」。

【注　釋】❶心量　心的廣度。世俗凡人以心度量外境為心量，佛以離所緣而現量見一切為心量。❷邊畔　邊際；邊界。畔，界；邊側。❸亦無瞋無喜三句　指佛之心量中沒有一切世俗之喜怒、善惡、是非。《楞伽經》卷三曰：「無心之心量，我說為心量。量者自性處，緣性二俱離。性究竟妙淨，我說名心量。」又曰：「離一切諸見，及離想所想。無得亦無生，我說為心量。」❹諸佛剎土二句　意謂佛之淨土，同於虛空之境界。《楞伽經》卷三曰：「非性非非性，性非性俱離。謂彼心解脫，我說為心量。如如與空際，涅槃及法界。」與此二句所說相通，可互參。❺妙性本空　人所具有圓滿殊妙之佛性，本為虛空。佛性圓滿殊勝、不可思議，故曰妙性。❻自性真空　人自身所有不生不滅之本性，亦為虛空。真空，絕對空，一法不立，故云真空。而又蘊含萬物，故云妙有。或云真空即是妙有。❼著空　執著於空。著，執著；固執。禪宗認為執著、留戀某種事物是一種妄心。❽無記空　指空的意識能障礙修習佛法，有遮蔽自性光明的作用。無記雖不緣善惡等事，然非真心，但是昏住。❾色像　形狀；相貌。❿惡法善法　指一切有形無形、或善或惡之萬物。法，泛指一切事物、現象。⓫須彌諸山　須彌山是印度神話中的山名。佛教稱此山高八萬四千由旬，山頂為忉利天，山腰為四天王天，周圍有七香海、七金山等。

【語　譯】什麼叫做「摩訶」？梵語中的「摩訶」在漢語中就是大的意思。人的心體容量範圍廣大，有如虛空一樣。它無邊無際，無方無圓，沒有大小的差異，沒有青、黃、赤、白顏色的不同，也沒有上下、長短的區分。也沒有瞋怒與歡喜，沒有是與非，沒有善與惡，沒有頭與尾。諸佛的淨土，都如虛空之性。世人所具圓滿而不可思議的佛性本也具虛空之性，所以沒有任何一法可以執取獲得。人的自性真空，不染一物，也同樣如此。

各位佛門師友、各位施主！你們不要聽見我講到虛空就執著於虛空。第一要記住的是不可執著於虛空。若是執著虛空，以為是空無一物，以此來空心靜坐，就會落於遮蔽自性的無記空境界中。

各位佛門師友、各位施主！世界是虛空的，它能包含萬物，容納各色物相。日月星辰，山河大地，泉源溪流，草木樹林，惡人與善人，惡事物與善事物，天堂與地獄，一切大海與須彌諸山，都是在虛空之中。世人自性虛空，也同樣是如此的。

各位佛門師友、各位施主！人自身本有的佛性能包容萬事萬物，這就是大。萬事萬物，都存在於自身的佛性中。若是對於世界上所有的人，無論他是善還是惡，都能做到不偏愛、不捨棄，也不執著、不粘染，心地如同虛空般包容一切，這就是大，所以名曰「摩訶」。

善知識！迷人口說，智者心行。又有迷人，空心靜坐，百無所思❶，自稱為大。此一輩人，不可與語，為邪見❷故。

善知識！心量廣大，遍周法界❸。用即了了分明，應用便知一切❹。一切即一，一即一切❺。去來自由，心體無滯，即是般若。

善知識！一切般若智，皆從自性而生，不從外入。莫錯用意，名為真性自用❻。一真一切真❼。心量大事，不行小道❽。口莫終日說空，心中不修此行。恰似凡人自稱國王，終不可得，非吾弟子。

善知識！何名「般若」？「般若」者，唐言「智慧」也。一切處所，一切時中，念念不愚，常行智慧，即是般若行❾。一念愚即般若絕，一念智即般若生。世人愚迷，不見般若，口說般若。心中常愚，常自言我修般若。念念說空，不識真空。般若無形相❿，智慧心即是。若作如是解，即名般若智。

【章　旨】一切般若智慧都從人本有的佛性中來。心體無滯，即是般若；念念破除愚妄，遵照修行，即是般若行。

【注　釋】❶又有迷人三句　慧能認為禪宗的精神在於體悟佛性，而不在於枯心空坐、斷絕心念，故指為迷人。❷邪見　非指五惡見中撥無因果的邪見，而是指謬妄不合於道的邪見。乃指其著於無記空。❸心量廣大二句　意謂心量廣大，無所不及，周遍於宇宙之萬事萬物。法界，指宇宙間一切事物、現象。《摩訶止觀》卷五云：「一法攝一切法，所謂心是。」❹用即了了分明二句　意謂隨著心的作用，世間萬相便了了分明；而適應外在境相變化，心體便得知一切。《楞嚴經》卷一云：「由心生故，種種法生。由法生故，種種心生」，「諸法所生，唯心所現。一切因果，世界微塵，因心成體。」❺一切即一二句　意謂若能了知心外無境，境外無心，心境無二，一切即一心，心即一切，更無掛礙。❻真性自用　自身的佛性真如，自家受用。真性，真實不妄之性，即自身佛性。❼一真一切真　意謂只要獲得了佛性真如，即可真實地體悟一切萬法。❽心量大事二句　大事者，指轉迷開悟。般若以成佛因果為大事。小道，指空心靜坐等。❾般若行　以般若智慧指導佛法的修行。❿般若無形相　〈般若無知論〉云：「般若義者，無名無說，非有非無，非實非虛，虛不失照，照不失虛。」與此義相通，可互參。

【語　譯】各位可敬的佛門師友、各位施主！迷妄的人把這些只是掛在口頭上，有智慧的人卻是誠心遵照修行。又有一種迷妄的人，他們一味追求空寂的體驗，枯心靜坐在那裏，什麼都不思不想，將這自稱為大。這種迷妄之人，不可以和他共語，因為他們心中存有執著無記空的邪妄偏見的緣故。

各位佛門師友、各位施主！心的容量範圍廣大，可以包容整個宇宙。運用它時宇宙萬相便歷歷分明地顯現出來，適應境相的變化心體便認識了一切。一切事物境相都有著同一的本性，都是人心的顯示，人心的顯示便是一切事物境相。心性無牽無掛，來去自由，無滯無礙，這就是佛門的般若大智慧。

各位佛門師友、各位施主！一切的般若智慧，都從人本有的佛性中來，不是從外界獲得的。不要用錯了心意，這就叫作自身佛性真如的作用。獲得了佛性真如，則一切的認識皆真實不妄。佛性真如以思量成佛因果為大事，不行空心靜坐的小門道。不要整天口頭說空，心中卻不遵照修行。這就好比平凡百姓卻自稱國王，終究不能坐上國王的寶座。這樣的人不是我的弟子。

各位佛門師友、各位施主！什麼叫「般若」呢？所謂般若，就是中國語言中智慧的意思。

無論在任何處所，任何時候，念念之間都不要陷於愚妄，堅持不懈地遵循般若智慧行事，這就是修行般若的法門。只要一念愚妄，般若便消失絕跡；若是一念智慧，般若又生發顯現。世間迷妄不悟的人，他們並未體悟到般若智慧。他們口頭上念著般若，但是心中卻只有愚痴。他們常常自稱「我修般若」，口中念念不忘說空，但是卻不識真空。般若無形無相，智慧之心便是它的形相。若是能有這樣的認識，就叫做般若智慧。

何名「波羅蜜」？此是西國語❶，唐言「到彼岸」，解義「離生滅」❷。著境生滅起，如水有波浪，即名為此岸❸。離境無生滅，如水常通流，即名為彼岸❹。故號波羅蜜。

善知識！迷人口念，當念之時，有妄有非❺。念念若行，是名真性❻。悟此法者，是般若法。修此行者，是般若行。不修即凡，一念修行，自身等佛❼。

善知識！凡夫即佛❽，煩惱即菩提❾。前念迷即凡夫，後念悟即佛。前念著境即煩惱，後念離境即菩提。

【章　旨】「波羅蜜」就是超離生死，渡到彼岸。只要堅持修行，超離世俗，一定能夠覺悟成佛。

【注　釋】❶西國語　指西方古印度之梵語。❷解義離生滅　「波羅蜜」意義的解釋，就是能脫離生滅、解脫生死到彼岸。❸著境生滅起三句　意謂執著於世間境相，追求世俗欲念的滿足，則落入生死海中。五蘊煩惱，皆因之而起，如水之有波浪，而阻礙渡越，這就是此岸。《楞伽經》卷一載釋迦牟尼說法偈云：「凡夫無智慧，藏識如巨海。業相猶波浪，依彼譬類通。」❹離境無生滅三句　意謂超越世間境相，則能了卻生死，無種種煩惱，如水平流而不起波浪，故可渡至彼岸。通流，水流無礙。❺有妄有非　有妄心，有是非之心。妄心所現皆虛妄不實，指一切世俗之事物。❻真性　佛性真實不變，故曰真性。敦煌本作「真有」。❼一念修行二句　一念之間，修行般若，便可即身成佛。〈大乘無生方便門〉云：「一念淨心，頓超佛地。」❽凡夫即佛　凡夫本有佛性，言其內因；依賴修行以成佛，言其結果。凡夫有正因而未具佛果，佛則因果圓滿具足。《大乘玄論》卷三：「因中名為佛性，至果便成性佛。」❾煩惱即菩提　煩惱與菩提二者不可分離：迷時則為煩惱，悟時則為菩提；隨於無名則為煩惱，順於法性則為菩提。其主旨是要求信眾不出世間而頓悟佛法。《五燈會元》卷一六云：「美玉藏頑石，蓮花出淤泥。須知煩惱處，悟得即菩提。」

【語　譯】什麼叫做「波羅蜜」？它是西方古印度的梵語，中國話就是到達彼岸的意思，佛教的解釋就是要超脫生死。執著於世間境相就會落入生死循環之中，就像水面波浪起伏阻礙渡越一樣，所以叫在此岸。超越世間境相就無生無滅，就像水面無波，通流無礙，這就是到達了彼岸。所以叫做「波羅蜜」。

各位佛門師友、各位施主！迷妄不悟的人口念般若波羅蜜，心裏卻懷有愚痴的妄想。只有每一心念都能落實修行，才算是具有真正的佛性。領悟這種方法，就懂得了般若法門。遵照它去修行，就奉行了般若法門。不這樣修行的，就是世俗凡人。念念不忘而修行不懈的，就等同於佛身了。

各位佛門師友、各位施主！普通凡夫就具有潛在的佛性，世俗煩惱中便蘊涵著菩提智慧。如果前一念落入痴迷，就是凡夫；而後一念覺悟，就是佛。前一念執著於世間境相，那就是煩惱；後一念超越世間境相，那就是覺悟了。

善知識！摩訶般若波羅蜜最尊最上最第一，無住無往亦無來❶，三世諸佛從中出❷。當用大智慧打破五蘊、煩惱、塵勞❸。如此修行，定成佛道，變三毒為戒定慧❹。

善知識！我此法門，從一般若生八萬四千智慧❺。何以故？為世人有八萬四千塵勞。若無塵勞，智慧常現，不離自性。悟此法者，即是無念、無憶、無著❻，不起誑妄❼，用自真如性，以智慧觀照。於一切法，不取不捨，即是見性成佛道。

【章　旨】「摩訶般若波羅蜜」尊貴無比，可以破除五蘊煩惱，生出無窮智慧。

【注　釋】❶無住無往亦無來　意謂此法不生不滅，永恆長存，隨緣而起，遍在萬物。無住，從不停止。無往，從不消逝。無來，從不產生。❷三世諸佛從中出　過去、現在、未來三世諸佛都是通過學習此法而生出佛果，成就佛法。佛經說過去莊嚴劫一千佛，現在世賢劫一千佛，未來星宿劫一千佛，總稱三世諸佛。《道行般若經・累教品》云：「過去不可復計佛，悉從其中成就得佛，般若波羅蜜亦不增亦不減。甫當來不可復計佛，悉從般若波羅蜜成就得佛，般若波羅蜜亦不增亦不減。十方今現在不可復計佛，悉從般若波羅蜜成就得佛，般若波羅蜜亦不增亦不減。」❸塵勞　世俗之煩惱。❹變三毒為戒定慧　將貪、瞋、痴三毒轉化為持戒、禪定與般若智慧。貪是貪婪，由貪欲生煩惱，毒害身心。瞋是瞋怒，憤怒如火，能燒毀一切功德。痴是無明，心性愚痴，闇於事理。佛教認為三毒是一切煩惱之本。戒定慧，指佛教之三學：戒學、定學、慧學。要求修道者持戒，即遵守戒律，以防邪惡；習禪即凝神靜慮，觀照佛理；修行般若智慧即斷除疑惑，達到解脫。❺一般若生八萬四千智慧　形容般若智慧廣大，其作用無窮無盡。佛經稱物事之眾多，常舉八萬四千之數，如八萬四千法門、八萬四千病、八萬四千相好之類。❻無念無憶無著　指對於世俗之事物不繫念、不追憶、不執著。《百論》：「無相智慧最第一。無相名一切相不憶念，離一切受，過去、未來、現在心法無所著。」❼誑妄　虛偽；妄謬。

【語　譯】各位佛門師友、各位施主！摩訶般若波羅蜜是最為尊貴、最為崇高、第一無比的佛法。它遍及萬物、不生不滅、永恆常在，過去、現在、未來三世諸佛都從其中產生出來。修行佛道者應當用這種佛法的偉大智慧打破由五蘊而生發出的一切塵世煩惱與苦難。只要堅持如此修行，必定能夠成就佛道，將貪欲、瞋怒、愚痴三毒轉變為持戒、禪定與佛法的智慧。

各位佛門師友、各位施主！我所宣講的這一法門，能從一般若中生出八萬四千種智慧。這是為什麼呢？因為人間有八萬四千種塵世的煩惱。若是沒有世俗的煩惱，人心就會經常顯示出般若智慧，而不會離開自身本有的佛性。若是能夠領悟這一法門，就能做到對於世俗事物不繫念、不追憶、不執著。就能不起虛偽妄想之心，用自身具有的真如佛性，以般若智慧的光輝去觀照世界。對於萬事萬物，既不有所求取也不捨棄，這就是見性成佛之道。

善知識！若欲入甚深法界❶，及般若三昧❷者，須修般若行，持誦《金剛般若經》❸，即得見性。當知此經功德無量無邊，經中分明讚歎❹，莫能具說。此法門是最上乘，為大智人說，為上根人說❺。小根小智人聞，心生不信。何以故？譬如天龍下雨於閻浮提❻，城邑聚落❼，悉皆漂流，如漂草葉。若雨大海，不增不減。若大乘人，若最上乘人，聞說《金剛經》，心開悟解。

故知本性自有般若之智❽。自用智慧，常觀照故，不假文字❾。譬如雨水不從無有，元是龍能興致❿，令一切眾生，一切草木，有情無情，悉皆蒙潤。百川眾流，卻入大海，合為一體。眾生本性般若之智，亦復如是。

【章　旨】要了解般若智慧的精妙之義，就要誦持《金剛經》，以自心本有的般若智慧觀照萬物，而不假文字。

【注　釋】❶甚深法界　指佛性中的精深奧妙之義。法界，法性；佛性。❷般若三昧　指明見自性而得般若智慧，念念不迷而定慧一體之境界，亦即般若之智與三昧之定的統一。慧能認為這是佛法中精深奧妙之義的一部分。❸金剛般若經　全稱《金剛般若波羅蜜經》，以金剛的堅固鋒利比喻般若智慧能斬斷一切煩惱的功用，故名。❹當知此經功德無量無邊二句　《金剛經》上說，如果有人得聞是經，信心清淨，就可以成就「第一希有功德」；如果受持誦讀此經，「皆得成就無量無邊功德」；如果不僅自己受持誦讀，而且廣泛宣傳演說，「皆得成就不可量、不可稱、無有邊、不可思議功德」。❺此法門是最上乘三句　意謂《金剛經》講說的是最上乘佛法，是專門講給稟賦優越、上等根器者聽的。佛教稱對於佛法悟解力強者為利根、上根人，悟解力低者為鈍根、小根人。《金剛經》上說：「是經有不可思議、不可稱量、無邊功德，如來為發大乘者說，為發最上乘者說。」為此二語所本。❻閻浮提　指人間世界。佛教稱四大洲，其一為閻浮提，亦譯作「南贍部洲」。據稱中國、印度等均在此洲。❼聚落　世人聚居之處；村落。❽本性自有般若之智　般若之義，在於顯示人類未經沾染的本有心性，消除對於世俗的執著妄想，以達到佛知見的智慧。《華嚴經·如來出現品》云：「無一眾生，而不具有如來智慧，但以妄想顛倒執著，而不證得。」可知人的本性之中具有般若智慧的種子。❾自用智慧三句　意謂般若乃是運用自心智慧，以觀照萬相，而不依靠文字知解。⑩譬如雨水不從無有二句　以龍能興雲佈雨滋潤有情無情之萬物，比喻般若智慧亦能觀照人間諸法萬相。

【語　譯】各位佛門師友、各位施主！若是想要深入了解佛性的精深奧妙之義，進入定慧一體的般若三昧境界，就應當修行般若法門，誦讀、奉持《金剛般若波羅蜜經》。這樣就能夠得見自身的佛性。要知道誦讀、奉持《金剛經》的功德是無量無邊的，經書中對此的讚歎，記載得清清楚楚，不能一一細說。般若法門是最上乘的法門，是專門為具有大智慧的人，為具備優越稟賦、上等根器的人講說的。若是器識狹小、悟性較差的鈍根人聽到，心中是不會相信的。這是為什麼呢？這就好比龍神在人間降下了大雨，洪水淹沒了城鎮與村落，萬物漂流在洪水中，如同漂去小草樹葉一個樣。但是如果這場雨水降落在大海裏，則大海看上去水量既未增加也未減少。如果是具有大乘智慧的人，若是天賦資質最上等的人，他們一聽到《金剛經》，就豁然開悟、心領神會了。

可知人的本性中具有佛性智慧的種子。自己運用這種智慧，經常觀照萬事萬物，而不必假借文字的知解。這就好比雨水並不是無中生有的，而是因為神龍能夠興雲佈雨，使得世界上的一切生靈，一切草木，一切有情與無情的萬物，都能受到滋潤。世間的一切江河流水，最後都要匯入大海，與廣闊的大海融為一體。眾生所具有的般若智慧，也是具有如此相同的作用。

善知識！小根之人，聞此頓教，猶如草木根性小者，若被大雨，悉皆自倒，不能增長。小根之人，亦復如是。元有般若之智，與大智人更無差別，因何聞法不自開悟？緣邪見障重❶，煩惱根深❷。猶如大雲覆蓋於日，不得風吹，日光不現。般若之智亦無大小，為一切眾生自心迷悟不同。迷心外見，修行覓佛❸。未悟自性，即是小根❹。若開悟頓教，不執外修，但於自心常起正見❺。煩惱塵勞，常不能染，即是見性。

善知識！內外不住❻，去來自由。能除執心，通達無礙❼。能修此行，與《般若經》❽本無差別。

【章　旨】世俗邪見煩惱如同浮雲覆蓋陽光，障蔽了人的自性。若能聞此頓教，開悟自性，則可成就般若法門。

【注　釋】❶邪見障重　意謂種種邪惡之見，障蔽了人們的本心。佛教稱邪心妄見、不信因果、斷諸善根為邪見，是「五見十惡」之一。障，遮蔽。❷煩惱根深　佛教認為人生之貪欲、瞋恚、愚痴為一切煩惱之本。佛經載有百八煩惱、八萬四千煩惱等，植根世俗習性之中，故云根深。《大智度論》卷七云：「能令人心煩，能作惱故，名為煩惱。」❸迷心外見二句　世俗眾生痴迷，不是向內悟見自己的本性，而是向外尋覓、修行，祈求成佛之道。❹未悟自性二句　未能悟見自身的佛性，即是根機愚鈍者。小根，稟性愚蠢、根器小者。❺自心常起正見　心中經常體會到佛法，領悟到諸法實相及佛性智慧。正見，佛說八正道之一，見苦、集、滅、道四諦之理，以無漏慧為體，是八正道之主體。❻內外不住　意謂既不住執於內心之煩惱，又不留戀於外在之物相。不住，不執著；不持想；不動於心。《道行經・道行品》云：「菩薩行般若波羅蜜，色不當於中住，痛癢、思想、生死、識不當於中住」，「設住其中者，為不隨般若波羅蜜教。」❼能除執心二句　能除虛妄之心，不執著於物相，不受世俗的束縛，便能達到圓通無礙的般若境界。執心，虛妄、執著之心。❽般若經　即《金剛般若波羅蜜經》。

【語　譯】各位佛門師友、各位施主！稟賦低劣、根器遲鈍的人聽到這種頓教法門，就像根性柔弱的草木一旦遇到大雨就都自己倒伏，不能繼續生長一樣。那些稟賦低劣、根器遲鈍的人，也是如此。那些下等根器的人，他們自身也原具有般若智慧，與上等根器者並無差別。那麼，為什麼他們聽到佛法後不能自己開悟呢？這是由於有種種邪見障蔽了他們的認識，有眾多的煩惱深深植根於他們的心中。就好似大片雲層遮住了太陽，若是沒有大風將雲層吹散，太陽的光芒就不會照射出來。每個人所具有的般若智慧並沒有大小的區別，只是因為眾生之心有的迷惑、有的開悟，如此不同而已。心地迷惑的人只想通過向外的修行以覓得佛性，而沒有體悟到自身本有的佛性，這便是下等根器者的作為。若是能夠悟得頓教法門，不執著於外在的修行，而是經常在心中興起佛法正見，那麼種種的世俗煩惱都不能沾染他的心地，那就是見到了自己的佛性。

各位佛門師友、各位施主！既能斬斷內心的煩惱，又不留戀外在的物相，精神自由自在，如此便能破除虛妄固執之心，通達一切圓融，無滯無礙。若能修行如此，就與《金剛般若波羅蜜經》中所說的沒有差別了。

善知識！一切修多羅及諸文字❶，大小二乘十二部經❷，皆因人置。因智慧性，方能建立。若無世人，一切萬法本自不有。故知萬法本自人興，一切經書因人說有❸。緣其人中，有愚有智。愚為小人，智為大人❹。愚者問於智人，智者與愚人說法。愚人忽然悟解心開，即與智人無別。

善知識！不悟即佛是眾生，一念悟時眾生是佛。故知萬法盡在自心❺，何不從自心中，頓見真如本性？《菩薩戒經》❻云：我本元自性清淨❼。若識自心見性，皆成佛道。《淨名經》❽云：「即時豁然，還得本心❾。」

【章旨】一切萬法皆因人而立，一切佛性皆在自性之中，故不悟則佛是眾生，頓悟則眾生是佛。

【注　釋】❶修多羅及諸文字　印度佛典中有「九分教」(又稱「九部經」)之分類法。小乘之九分教包括：一、修多羅，意譯為契經；二、伽陀，意譯為諷誦；三、伊帝日多伽，意譯為本事；四、闍陀伽，意譯為本生；五、阿浮陀達摩，意譯為希有法；六、尼陀那，意譯為因緣；七、阿波陀那，意譯為譬喻；八、耆夜，意譯為重頌；九、優波提舍，意譯為論議。大乘之九分教與上述內容有同有異。❷十二部經　印度佛典之十二類別，是在小乘九分教的基礎上，另加大乘九分教增添之數類而成十二部。漢傳佛教通常用以代指全部《大藏經》。又稱「十二分教」。❸一切經書因人說有　意謂一切佛經都是為了向人們講說佛法而立的，而並非佛法本身。佛法本在人心中，只可領悟，不可言說。《楞伽經》卷二云：「言教唯假名，彼亦無有相。」又以佛法比喻為天上之明月，以文字解說比喻為指月之手指，云：「如愚見指月，觀指不觀月。計著名字者，不見我真實。」謂不可錯認文字為佛法。❹愚為小人二句　愚鈍者為下等根器的人，聰悟者為上等根器的人。小人，即所謂「小根之人」。大人，即所謂「上根人」。❺萬法盡在自心　意謂天下萬事萬物都是五蘊化合、意識之顯現，故盡在心中。《楞嚴經》卷一云：「諸法所生，唯心所現。一切因果，世界微塵，因心成體。」❻菩薩戒經　即《梵網經盧舍那說菩薩心地戒品第十》，又稱《佛說梵網經》。❼我本元自性清淨　意謂人之自性本源是清淨的。《梵網經》卷下云：「光明金剛寶戒，是一切佛本源，一切菩薩本源，佛性種子」，「是一切眾生戒本源自性清淨。」我，疑「戒」字之訛。❽淨名經　即《維摩詰經》。維摩詰，意譯為淨名、無垢稱，故有是名。❾即時豁然二句　當下豁然開悟，體會到自身本心，即自身本有之佛性。《維摩詰經．弟子品》云：「時維摩詰即入三昧，令此比丘自識宿命。……回向阿耨多羅三藐三菩提，即時豁然，還得本心。」

【語　譯】各位佛門師友、各位施主！一切九分教的經籍及各種著述文字，大乘、小乘與十二類別的佛經著作，都是因人而設立的。因為人類智慧的本性，這些佛經才能夠成立。若是沒有世人，一切佛法與經典也就不存在了。故此可知一切佛教經書，也是因為人的宣講而存在的。因為人類中有愚鈍者，有聰悟者。愚鈍者為下等根器的人，聰悟者為上等根器的人。愚鈍者向聰悟者請教問疑，聰悟者為愚鈍者講說佛法。愚鈍的人一旦豁然開悟，也就與聰敏的人沒有區別了。

各位佛門師友、各位施主！若是未能開悟，那麼佛就是芸芸眾生；若是一念之間得以開悟，那麼芸芸眾生也就是佛了。故此可知萬事萬物一切現象，都在自己的本心之中。既然如此，人們何不從自心之中，頓時悟見佛性真如呢？《梵網經》上說：人的自性本源是清淨的。若能見到心中的自性本源，就都能夠成就佛道。《維摩詰經》上說：「當時就豁然開悟，認得了心中本源的自性。」

善知識！我於忍和尚❶處，一聞言下便悟，頓見真如本性。是以將此教法流行，令學道者頓悟菩提，各自觀心，自見本性。若自不悟，須覓大善知識❷、解最上乘法者，直示正路。是善知識有大因緣❸，所謂化導，令得見性。一切善法，因善知識能發起故❹。

三世諸佛、十二部經，在人性中本自具有❺。不能自悟，須求善知識指示方見。若自悟者，不假外求。若一向執謂須他善知識望得解脫者，無有是處❻。何以故？自心內有知識自悟❼。若起邪迷，妄念顛倒，外善知識雖有教授，救不可得。若起正真般若觀照，一剎那間，妄念俱滅❽。若識自性，一悟即至佛地❾。

【章　旨】學道者若未能自悟，便須由精通上乘佛法之大師化導開示，以生起內心般若智慧，見性成佛。

【注　釋】❶忍和尚　即禪宗五祖弘忍大師。❷大善知識　指深通佛法，能幫助、指導他人修道學佛的大師、良友。❸是善知識有大因緣　意謂此等佛門中的良師益友具有開導眾生，使眾生得以領悟佛法之廣大因緣。《法華經》稱善知識為大因緣，因為能化導眾生，發菩提心。《華嚴經》將善知識比喻為車乘、渡船、橋梁、燈炬，引導眾生趨向佛門。❹一切善法二句　意謂善知識能開示化導，使眾生心中生起一切善法。《華嚴經・賢首品》云：「若能親近善知識，則能修習廣大善。」❺三世諸佛二句　意謂三世諸佛之般若智慧，十二部經所闡說之佛法，在人性中本來是存在的。《般若波羅蜜多心經》云：「三世諸佛，依般若波羅蜜多故，得阿耨多羅三藐三菩提（即無上菩提）。」❻若一向執謂須他善知識二句　意謂倘若一心地執著於必須全靠師友的指導才能獲得解脫，這樣的見解是不對的。一向，一心；一味地。❼自心內有知識自悟　人心之中有佛性知識與智慧，可以自己開悟。知識，這裡指般若智慧。敦煌本此句作「識自心內善知識，即得解脫」。❽若起正真般若觀照三句　意謂若能從自心中生起般若智慧，以觀照世俗事物，則能即刻消除一切妄念。天台宗說三種般若，其二為觀照般若，指觀照諸法真實之智慧。正真，疑為衍文。❾若識自性二句　若能識得自性，可以立即進入佛的境界。佛教有十地之說，其最高境界為佛地。《大乘無生方便門》云：「一念淨心，頓超佛地。」

【語　譯】各位佛門師友、各位施主！我在弘忍大師那裏，一聽到他講說佛法，當下便大徹大悟了，頓時體會到自身本有的佛性真如。因此我要傳播這種佛法，使奉佛學道者能夠頓時覺悟，各自觀照自心，認識本有的佛性。若是不能自己開悟，那就必須尋求精通最上乘佛法的高僧大德，請他們直接指示領悟佛法的正確途徑。這些佛門高僧大德有著弘揚佛法的大因緣，也就是所謂引導教化，使眾生得以體悟佛性。眾生心中的一切善法得以建立，就是因為這些高僧大德開導啟發的緣故。

過去、現在、未來三世諸佛的般若智慧，十二部經所蘊涵的佛法義理，這些在人性中本來已經具備。若是不能自己悟得，就必須尋求良師益友的開示指導才能見性。若是能夠自己悟得，就不必借助外人的開導了。但是如果只是一心執著於完全依賴師友的指導以希望得到解脫，這樣的態度也是不對的。為什麼這樣說呢？因為人心之中本有佛性，可以自己領悟而得。若是生起邪迷之念障蔽了自性，妄念顛倒錯雜充斥胸中，即使外有良師傳授誘導，還是不能相救助。若能在心中生起真正的般若智慧來觀照，那麼便能在剎那之間，消除一切妄念。只要識得自身中的佛性，便能即刻開悟，立即進入佛的境地。

善知識！智慧觀照，內外明徹❶，識自本心。若識本心，即本解脫❷。若得解脫，即是般若三昧。般若三昧，即是無念。

何名無念？知見一切法，心不染著，是為無念。用即遍一切處，亦不著一切處❸。但淨本心，使六識出六門❹，於六塵中無染無雜❺。來去自由，通用無滯，即是般若三昧，自在解脫，名無念行❻。若百物不思，當令念絕，即是法縛❼，即名邊見❽。

善知識！悟無念法者，萬法盡通。悟無念法者，見諸佛境界。悟無念法者，至佛地位。

【章　旨】用佛性智慧觀照萬物，內外明徹，識自本心而得解脫，這就是般若三昧的境界，也就是無念的境界。

【注　釋】❶智慧觀照二句　以佛性智慧觀照世間萬相，則內在之心境與外在之物象一片澄明。智慧，指般若智慧。❷解脫　解除世俗煩惱的束縛，超脫生死輪迴的苦海，而達到自由自在的境界。❸用即遍一切處二句　意謂般若智慧的作用可以遍及於一切處所，而又不執著於任何處所。《道行般若經・曇無竭菩薩品》云：「般若波羅蜜亦無所不至，亦無所不入，亦無所至，亦無所入」，「般若波羅蜜者，亦入於地，亦入於水，亦入於火，亦入於風」，「亦入於一切有形，亦入於一切無形。」❹使六識出六門　意謂使六識通過眼、耳、鼻、舌、身、意六門而出。六識，指視覺、聽覺、嗅覺、味覺、觸覺、思慮等感覺與認識。六門，即六根。❺於六塵中無染無雜　對於六塵之境相不受沾染、不為干擾。六塵，指色、聲、香、味、觸、法六種境相，能污染心識，有如塵埃，故名。❻無念行　修行無念法門，即以無染無雜之本心對待一切事物。❼法縛　執著於法；為法束縛。縛，繫縛人之身心，使不得自在。❽邊見　片面、極端的見解。是佛教所說五種惡見中的一種。

【語　譯】各位佛門師友、各位施主！用般若智慧觀照萬物，就會感到內外一片澄明景象，認識到一切都來自本有的佛性。若能認識自己的本心，就是對於世俗煩惱的解脫，也就是定慧一體的般若三昧。定慧一體的般若三昧，就是無念。

什麼叫做無念？認知世界的一切事物與境相，內心不沾染、不執著，這就是無念。般若智慧的作用可以遍及一切處所，而又不執著於任何處所。只是清淨自己的心地，使六識從眼、耳、鼻、舌、身、意等六門中出生作用，卻不受六塵境相的干擾與污染，來去自由，周流萬物而無所阻滯，這就是佛性智慧與禪定境界統一的般若三昧。一切自由自在，無所束縛，這就叫做修行無念法門。若是心中百事萬物一概不想，就會使人心念斷絕，這就是受到法的束縛，也就是失於片面的邊見。

各位佛門師友、各位施主！領悟了無念法門的人，一切的佛法就都通達了。領悟了無念法門的人，就能認識諸佛境界。領悟了無念法門的人，就能進入佛的地位。

善知識！後代得吾法者，將此頓教法門，於同見同行❶發願受持，如事佛故，終身而不退者，定入聖位❷。然須傳授從上以來默傳分付❸，不得匿其正法❹。若不同見同行，在別法❺中，不得傳付。損彼前人，究竟無益。恐愚人不解，謗此法門。百劫千生，斷佛種性❻。

【章旨】後代得此無念法者應當終身發願奉持不退，並向志同道合者傳授此項法門，不得隱匿正法。

【注釋】❶同見同行　志同道合者。同見，見解信念相同的人。同行，奉持修行相同法門的人。❷定入聖位　意謂一定能修成正果。聖位，聖者之位。佛教中佛、菩薩、辟支佛、阿羅漢等，皆可稱聖者。❸然須傳授從上句　意謂必須遵照前代禪門祖師以心印心、默契授受之囑咐，將此法門傳授下去。默傳，以心傳心。❹不得匿其正法　其正法眼藏，不得隱匿不傳。正法，禪宗之清淨法眼、教外別傳之心印。❺別法　指別的教派、不同法門。❻斷佛種性　意謂中斷了佛性，不能成佛。佛種，生佛果之種子。

【語譯】各位佛門師友、各位施主！後代若有人得到我所講述的佛法，並將這種頓教法門與志同道合者共同發起誓願修持，如同奉事佛祖那樣虔誠而終身不懈，他就一定能夠修成正果，成為佛、菩薩那樣的聖者。但是必須遵照前代祖師以心印心、默契授受之囑咐，將此法門傳授下去，不得將正法眼藏隱秘不傳。如果所遇到的不是志同道合者，這種人信奉修持的乃是其他法門，那就不得傳授我的頓悟法門，否則有損於前輩大師，最終沒有什麼好處。因為擔心愚人不能理解，因而妄加誹謗這一法門。倘若如此，那就會使他們累生累劫，永遠斷絕了佛性，而不能成佛。

善知識！吾有一〈無相頌〉，各須誦取。在家出家，但依此修。若不自修，惟記吾言，亦無有益。聽吾頌曰：

說通及心通❶，如日處虛空❷。惟傳見性法，出世破邪宗❸。
法即無頓漸，迷悟有遲疾。只此見性門，愚人不可悉❹。
說即雖萬般❺，合理還歸一。煩惱暗宅中，常須生慧日❻。
邪來煩惱至，正來煩惱除。邪正俱不用，清淨至無餘❼。
菩提本自性，起心即是妄。淨心在妄中❽，但正無三障❾。
世人若修道，一切盡不妨❿。常自見己過，與道即相當。
色類自有道⓫，各不相妨惱⓬。離道別覓道，終身不見道。

波波度一生⑬，到頭還自懊。欲得見真道，行正即是道。
自若無道心⑭，暗行不見道。若真修道人，不見世間過。
若見他人非，自非卻是左⑮。他非我不非，我非自有過。
但自卻非心，打除煩惱破。憎愛不關心，長伸兩腳臥。
欲擬化他人，自須有方便⑯。勿令彼有疑，即是自性現。
佛法在世間，不離世間覺⑰。離世覓菩提，恰如求兔角⑱。
正見名出世，邪見名世間⑲。邪正盡打卻⑳，菩提性宛然。
此頌是頓教，亦名大法船㉑。迷聞經累劫，悟則剎那間。

師復曰：「今於大梵寺說此頓教，普願法界眾生言下㉒見法成佛。」

時韋使君與官僚道俗，聞師所說，無不省悟。一時作禮，皆歎：「善哉，何期嶺南有佛出世！」

【章旨】慧能通過〈無相偈〉講說頓悟法門，要求修行佛道者打破煩惱，體悟自性，不離世間，成就佛法。

【注 釋】❶說通及心通　禪門中以自悟徹底謂之宗通，即心通。以通達佛說、能自在演說佛理謂之說通。說通指菩薩貫通了九部教法，用各種方便說法度脫眾生。《楞伽經》卷三云：「我謂二種通，宗通及言說。說者授童蒙，宗為修行者。」❷如日處虛空　意謂宗說皆通，則如日處當空，光明普照。《宗鏡錄》卷七九云：「說通宗不通，如日被雲蒙。宗通說亦通，如日處虛空。」❸邪宗　指邪見、妄想之類。《楞伽經》卷三云：「遠離言說文字妄想……遠離一切虛妄覺想、降伏一切外道眾魔，緣自覺趣光明輝發，是名宗通相。」與此句意同。❹愚人不可悉　愚人心地為邪見煩惱所蔽，則不知此頓悟見性法門。悉，知曉。❺說即雖萬般　佛教學說之著述雖有萬般之別。說，對佛理的解釋、說明之辭。❻慧日　佛菩薩之智慧無所不照，故比擬為日。《無量壽經》云：「慧日照世間，清除生死雲。」❼清淨至無餘　心地清淨至極，到達不生不滅的無餘涅槃的最高境界。❽淨心在妄中　意謂清淨之佛性與迷妄相依存，與前說「煩惱即菩提」意旨相同。其意有二：一者迷妄包圍、遮蔽清淨之心；二者染著於境即為迷妄煩惱，無染無雜即為菩提清淨。二者為一體之二面。淨心，自性清淨心，即佛性。❾三障　修行佛法以求得解脫之三大障礙。據《大智度論》卷五說，三障是：一、貪瞋痴之煩惱障；二、由身語意所造之業障；三、報障。❿一切盡不妨　意謂無論在家修行，還是出家修行，都無妨於佛道。〈疑問品〉云：「若欲修行，在家亦得，不由在寺。」與此意同。⓫色類自有道　意謂眾生萬物自身本有佛法。色類，指眾生、萬物。道，指佛性、佛法。⓬各不相妨惱　意謂各自修行體悟自身之佛性，均可證得無上菩提，彼此並無妨礙，亦無求而不得之煩惱。妨惱，妨礙、煩惱。⓭波波度一生　波波，猶言奔波。形容眾生奔波度一生。⓮道心　奉道修行、求佛果之心，名道心。又行八正道之心，即正心，亦名道行。此句敦煌本作「自若無正心」。⓯自非卻是左　自己亦不行正道，此種行為即為不當。左，偏邪；不合正道。⓰自須有方便　大乘以佛、菩薩度化眾生的各種方法手段，包括說法、神通等稱為方便。般若與方便，常被認為是體用不二的關係。⓱不離世間覺　意謂佛法本在人世間，不可以離世間而得到佛法之覺悟。《荷澤神會禪師語錄》云：「若在世間即有佛，若無世間即無佛」，「不動意念而超彼岸，不舍生死而證泥洹。」與此意旨相同。⑱離世覓菩提二句　意謂離開人世間而到深山枯坐覓道，必然無所得。兔角，愚人誤兔之耳為角，以此喻必無之物。《楞伽經》卷一：「但言說妄想，同於兔角。」⑲正見名出世二句　意謂奉習佛道者通常認為正見就是出世的思想，邪見就是人世間的思想。慧能不同意這種認識，他主張泯滅世間與出世間的差異，而提倡心靈的徹悟。⑳邪正盡打卻　意謂不要存有正邪的成見，將出世入世打成一片。《維摩詰經·不二法門品》云：「世間、出世間為二。世間性空，即是出世間。於其中不入不出，不溢不散，是為入不二法門。」㉑大法船　佛法能普渡眾生脫離苦海，故為比喻。㉒言下　聞言之時；當即。

【語譯】各位佛門師友、各位施主！我有一篇〈無相頌〉，各位必須誦讀、記住。不管是在家修持還是出家為僧，都要依照修行。若不親身實踐修持，只是記住我的言辭，那也沒有益處。且聽我的偈頌道：

既能講說佛法而又心地圓通，便如同一輪明日照在當空。只有傳授頓悟見性的法門，才能超脫世俗，破除旁門邪宗。

佛法本無頓悟、漸悟的區別，只是或迷或悟有遲鈍或疾速的差異。這是見性成佛的殊勝法門，愚痴者對此卻全不能知悉。

講說佛法的學說雖有千萬種之多，然而契合佛理還是要萬般歸一。人生煩惱多端猶如處身暗宅，應該常有智慧的明日在心中升起。

邪念出現則煩惱即刻來到，正見產生則煩惱消除無跡。若是對於邪正都不刻意追求，自心清淨就會進入最高的無餘涅槃境地。

菩提覺悟源於人類的本性，離而他求，起心即是虛妄。迷惑中便植有自性清淨的根苗，只要端正心念，就可掃除三障。

世人若是虔誠地修行佛道，無論在家還是出家並都無妨。只要在心中經常反省自己的過失，與佛道的境界也就庶幾相當。

世間眾生一切本有佛性，各自見性成佛，互不相妨。若是脫離自性妄圖另求佛法，那便終身不見佛法的光芒。

終生奔忙，紛紛擾擾度一生，到頭來還是要自怨自艾，悔恨懊惱。若是真心誠意欲見真如，只要正道直行，那便是真正的佛道。

倘若沒有立下決心去追求佛果，就好比夜行不見正道，只在暗中摸索。倘若誠心修持，追求佛法，那就不要雙眼盯著他人的過錯。

若是只看見別人的不是，自己離開正道，那就錯處更多。別人雖犯過失，我仍正道而行，我若違反正道，那就自心有過。

只要自己排除心中的邪念，就能將人生的煩惱一齊打破。世俗的是非愛憎毫不縈懷，就能自由自在，高枕而臥。

若要教化眾人信佛行善，便需有方便法門啟發心源。不要讓他人對佛法有疑惑，那便是心中佛性自在的顯現。

佛法本來存在於人世之間，不離世間亦可得佛光照亮心房。若想離開人世而覓得菩提，那必然是兔頭求角，空忙一場。

有人說只有出世才能獲得正見，身處塵世便只能產生邪惡的心念。其實若將正邪觀念一起打破，此時佛性菩提就宛然呈現在心間。

這篇偈頌講的是頓悟法門，所以又叫普渡眾生的大法船。邪說迷人已經累生累世，開悟佛性卻只在剎那之間。

慧能大師又說道：「今天我在大梵寺講述了這種頓教法門，希望普天之下一切眾生聽到之後，當下即能領悟佛法，見性成佛。」

當時韋刺史與隨從官吏以及僧俗大眾，聽到慧能的講說，無不在內心有所領悟。他們一起向大師行禮，都歎息說：「真是太好了，沒有想到嶺南之地竟然有活佛出世啊！」

疑問品第三

【題　解】此篇是回答聽者的疑義，解除世人對於修習佛道的錯誤認識。

世人多認為布施供養、造寺設齋就是做功德。而在慧能看來，施捨財物、追求果報並不是真正的功德。東土禪宗初祖菩提達摩曾對梁武帝蕭衍說：真正的功德是「淨智妙圓，體自空寂，如是功德，不以世求」。慧能則更具體地闡明道：「見性是功，平等是德，念念無滯，常見本性，真實妙用，名為功德。」又說：「功德須自性內見，不是布施供養之所求。」這樣，就引導信眾將修行功德由布施財物提昇向體悟佛法的層面，這是它的意義所在。

世人又多念佛求生西方佛土。在慧能看來，西方佛土只是世尊釋迦牟尼的方便說法，佛土其實就在每個人的自心之中。只要人們從心中清除十惡八邪等不善的念頭，常行十善，念念修行，自性內照，一片明澈，那就是西方淨土。

慧能不主張出世修行。他曾說過：「佛法在世間，不離世間覺。離世覓菩提，恰如求兔角。」在本品中，他又比喻說：「在家能行，如東方人心善；在寺不修，如西方人心惡。」後來他的弟子神會說：「若在世間即有佛，若無世間即無佛。」也是繼承了他的這一說法。

可知慧能的思想，是以在世修行、體悟自性為宗旨，而不是以幽棲山谷、枯坐靜修為倡導的。

一日，韋刺史為師設大會齋❶。齋訖，刺史請師陞座，同官僚士庶肅容再拜。問曰：「弟子聞和尚說法，實不可思議❷。今有少疑，願大慈悲❸特為解說。」

師曰：「有疑即問，吾當為說。」

韋公曰：「和尚所說，可不是達摩大師宗旨❹乎？」

師曰：「是。」

公曰：「弟子聞達摩初化梁武帝❺，帝問云：『朕一生造寺度僧，布施設齋，有何功德？』達摩言：『實無功德。』弟子未達此理，願和尚為說。」

師曰：「實無功德，勿疑先聖之言❻。武帝心邪，不知正法❼。造寺度僧，布施設齋，名為求福。不可將福便為功德。功德在法身中，不在修福❽。」

【章　旨】慧能回答韋刺史提問，說明梁武帝造寺度僧、布施設齋，是謂追求福報，不是真正的功德。

【注　釋】❶大會齋　大型的齋會。會集僧眾供養飯食，稱為齋會。❷不可思議　形容佛法精微奧妙，非思辨言說所能及。佛之智慧，稱不思議智。真如之境界，稱不思議界。❸大慈悲　指佛菩薩慈愛眾生，救苦救難之心。佛以與人歡樂為慈，救他人之苦為悲。❹達摩大師宗旨　指初祖達摩所說之禪宗意旨。達摩，南天竺僧人。原名菩提多羅，後改名為菩提達摩。南朝宋末航海來到中國，宣傳大乘佛教。所傳佛教以二入（理入、行入）、四行（報怨行、隨緣行、無所求行、稱法行）為宗旨，被奉為東土禪宗之初祖。❺達摩初化梁武帝　蕭衍（西元四六四～五四九年），南朝梁開國皇帝，諡曰武帝。他一生篤信佛教，多次捨身佛寺，視佛教為國教。在他的倡導下，佛教一時達到極盛。傳說梁武帝曾經會見達摩，二人有所問答。達摩講解說追求果報乃是「有漏之因，如影隨形，雖有非實」，而「淨智妙圓，體自空寂」才是真功德。梁武帝聽後，未能領悟，於是達摩渡江北上，到達嵩山少林寺。事見《五燈會元》卷一。❻先聖之言　指初祖達摩大師的話。佛門稱佛、菩薩、辟支佛、阿羅漢，皆曰聖者。❼武帝心邪二句　意謂梁武帝心地為邪見遮蔽，故不悟真正之佛法。正法，正法眼藏，禪門妙旨。❽功德在法身中二句　意謂功德在於自身徹悟真如，而不在於外在的施捨行善以求得果報。佛有法身、報身、化身三身，法身具體一切佛法，亦稱「自性法身」。慧能認為功德在於證得佛性，不可外求，故云。

【語　譯】有一天，韋刺史為六祖大師設立了場面盛大的齋會。齋會結束後，韋刺史請大師升座。韋刺史同眾官僚、學者、百姓恭敬地敬禮叩拜，然後問道：「弟子我聽大師講說佛法，實在精微玄妙，不可思議。現在我有些小小的疑問，還望大師慈悲為懷，特地為弟子講解一番。」

慧能大師說：「有疑問就提出來，我當為你們解說。」

韋刺史問道：「吾師所宣講的，是不是達摩大師的宗旨呢？」

慧能回答：「是的。」

韋刺史又問道：「弟子我聽說達摩開始度化梁武帝時，武帝問達摩說：『我一生營造寺廟，剃度僧尼，施捨錢財，設立齋會，有何功德呢？』達摩回答說：『這些其實並沒有什麼功德。』弟子我不懂其中的道理，希望吾師對此作出解釋。」

慧能說道：「梁武帝的這些作為的確並無功德，希望你不要懷疑前代聖師的話。梁武帝心念受到障蔽，不懂得佛法真諦。他營造寺廟、度牒僧尼、施捨錢財、設立齋會，這叫做追求福報。不能將福報認作功德。功德在於體悟法身中的佛性，而不在於修行求得福報的善事。」

師又曰：「見性是功，平等是德❶。念念無滯，常見本性。真實妙用❷，名為功德。內心謙下是功❸，外行於禮是德。自性建立萬法❹是功，心體離念❺是德。不離自性是功，應用無染❻是德。若覓功德法身，但依此作，是真功德。若修功德之人，心即不輕，常行普敬❼。心常輕人，吾我不斷，即自無功❽。自性虛妄不實，即自無德❾。為吾我自大，常輕一切故。

「善知識！念念無間❿是功，心行平直是德。自修性是功，自修身是德⓫。

「善知識！功德須自性內見，不是布施供養之所求也。是以福德與功德別⓬。武帝不識真理，非我祖師有過。」

【章旨】體悟自身的佛性，運用佛性觀照萬物是功；斷除輕慢的劣習，行為正直謙虛是德。功德應是向內覓得，不是布施供養的福德可求的。

【注釋】❶見性是功二句　佛教對於功德的闡釋，多從兩個方面展開論說：一是從外在的作用上，認為施捨財物、供養三寶為功德，如世人所說功德田便是；二是從內在的心性上，認為斷除煩惱、體悟真如、普渡眾生為功德，如《攝大乘論》所說佛有二十一種功德即屬此類。慧能所提倡的功德，是從內在心性的意義上而說的。❷真實妙用　本體真實，而運用靈妙。真實，指真而不妄、實而不假之本體、本性，是世俗虛妄之反義詞。妙用，形容其作用變化神妙。❸內心謙下是功　佛教戒律僧人入眾五法，其二是謙下自卑，謂僧人應態度謙和，不能傲慢自大，應自持卑下。❹自性建立萬法　從自性中悟得佛性，建立萬物皆為佛性顯現之認識。佛教認為佛性真如為世界萬物之本體，隨緣而生萬法之相。〈般若品〉云「自性能含萬法是大」、「萬法盡在自心」，均與此所說相通。❺心體離念　從心中離絕愚痴的妄念。心體，指心之本體。《五燈會元》卷三云：「心性無染，本自圓成。但離妄緣，即如如佛。」❻應用無染　心性的應用要不離真如，而不沾染世俗愚妄。《五燈會元》卷三云「以無著心應一切物，以無礙慧解一切縛」，即應用無染也。❼心即不輕二句　意謂無輕慢之心，而普遍敬重一切眾生。輕，輕視他人，態度輕慢。❽吾我不斷二句　不能斷除我執，便不會有佛性功德。吾我，即對於自我的執著。❾自性虛妄不實二句　自性被世俗虛妄邪念所遮蔽，違背本性，即無功德。❿念念無間　念念之間都不忘、不離開自身之佛性。無間，無離；無間隔。⓫自修性是功二句　自修性是體會、契悟真如，自修身是規範言行，實踐真如。性指心性，身指行為。⓬福德與功德別　此之福德，指為了求得來世的福報而行善舉，目的在於求福；此之功德，指為了體悟本有的佛性而獲得精神的超越，目的在於解脫，故曰二者有別。

【語　譯】慧能大師又說道：「發現自身所有的佛性是功，實踐眾生平等是德。每一心念都通達無滯，經常體會到自有的佛性，並且運用佛性真如達到靈妙圓成的境界，這就叫做功德。內心謙遜退讓是功，行為符合禮法是德。從自性中悟得萬物皆是真如是功，在內心離絕一切愚痴之念是德。念念之間不離自身佛性是功，應用自性不染世俗虛妄是德。若想尋求自身中的佛性功德，只要照此施行，就可以建立真正的功德。只要是修行功德的人，就不會懷有輕浮驕慢的心思，總是對人抱著普遍敬重的態度。倘若待人輕慢，不能斷除對自我的執著，那就不會有功。倘若自性為虛妄的邪念所障蔽，那就不會有德。那是因為心中總是想著自我，驕傲自大，輕視一切所造成的。

「各位佛門師友、各位施主！時刻想到佛法、念念不忘本性是功，內在心念與外在行為都公平正直是德。自我體會、契悟佛性是功，自我實踐真如、規範行為是德。

「各位佛門師友、各位施主！功德應該是從自身的佛性中去證得，不是布施財物、供養僧侶所能求得的。這便是福德與功德的區別。梁武帝不懂得佛門真諦，而並非是我禪門祖師說錯了。」

刺史又問曰：「弟子常見僧俗念阿彌陀佛❶，願生西方。請和尚說，得生彼否？願為破疑。」

師言：「使君善聽，慧能與說。世尊在舍衛城中，說西方引化❷。經文分明，去此不遠❸。若論相說里數，有十萬八千，即身中十惡八邪❹，便是說遠。說遠為其下根❺，說近為其上智❻。人有兩種，法無兩般。迷悟有殊，見有遲疾。迷人念佛求生於彼，悟人自淨其心。所以佛言：隨其心淨，即佛土淨❼。

「使君！東方人但心淨即無罪。雖西方人，心不淨亦有愆❽。東方人造罪，念佛求生西方，西方人造罪，念佛求生何國？凡愚不了自性，不識身中淨土，願東願西，悟人在處一般。所以佛言：隨所住處恆安樂❾。

「使君！心地但無不善，西方去此不遙。若懷不善之心，念佛往生❿難到。今勸善知識，先除十惡，即行十萬；後除八邪，乃過八千⓫。念念見性，常行平直。到如彈指，便覩彌陀⓬。

「使君！但行十善，何須更願往生？不斷十惡之心，何佛即來迎請⓭？若悟無生頓法⓮，見西方只在剎那。不悟，念佛求生，路遙如何得達？」

【章　旨】慧能答韋刺史問，說明佛國樂土就在心中。只要斷除惡行邪念，則西方淨土就在眼前；不除邪惡之行，光靠念佛不能往生西方淨土。

【注　釋】❶阿彌陀佛　又稱無量光佛、無量壽佛，略稱彌陀。大乘佛教所奉佛名，為掌管西方極樂世界之教主。❷世尊在舍衛城中二句　意謂佛祖釋迦牟尼在舍衛城中，宣講西方極樂世界，目的在於引導教化世人。世尊，釋迦牟尼的名號之一。舍衛城，古印度憍薩羅國的都城，傳說釋迦牟尼在此居住了二十五年。❸經文分明二句　《觀無量壽經》中云：「爾時世尊告韋提希：『汝今知不？阿彌陀佛去此不遠。汝當繫念，諦觀彼國，淨業成者。』」❹十惡八邪　概指各種惡行、邪念。十惡指殺生、偷盜、邪淫、妄語、綺語、兩舌、惡口、貪欲、瞋恚、愚痴。八邪指邪見、邪思維、邪語、邪業、邪命、邪方便、邪念、邪定。❺說遠為其下根　意謂說西方極樂世界距離遙遠，這是說給下根之人聽的。因為根器愚鈍者沾染有許多世俗弊病，悟解力差，所以說遠。遠，敦煌本作「近」。❻說近為其上智　意謂上智之人一念之間悟得佛性清淨，即至佛國淨土，所以說近。近，敦煌本作「遠」。❼隨其心淨二句　意謂只要心地清淨，當即便是佛國淨土。《維摩詰經・佛國品》云：「若菩薩欲得淨土，當淨其心。隨其心淨，則佛土淨。」❽僁　罪過。同「愆」。❾隨所住處恆安樂　意謂隨身所住之處，即可成為安樂之佛土。安樂，指西方極樂世界。《無量壽經》云：西方佛土，「其國名曰安樂」。❿往生　佛教專指離去娑婆世界，前往彌陀極樂淨土，是淨土宗常用語。⓫先除十惡四句　十萬八千里乃是形象化的比喻，並非指實際道里的距離。敦煌本云：「除十惡即行十萬，無八邪即過八千。」⓬便覩彌陀　得見如來，是往生西天的象徵。⓭不斷十惡之心二句　意謂不斷除邪惡的心思，怎能往生西方淨土哩？《阿彌陀經》中說：善男信女若誦持阿彌陀佛的名號，一心不亂，「其人臨命終時，阿彌陀佛與諸聖眾現在其前」，「即得往生阿彌陀佛極樂國土」，此二句即對此種言論而發。⓮無生頓法　真如之理，涅槃之體，遠離生滅，故曰無生。頓悟無生之理，以破生滅之煩惱，為無生頓法。

【語　譯】韋刺史又問道：「弟子常見僧尼百姓口中誦念阿彌陀佛，祈求來世往生西方極樂世界。請大師解說，靠口誦阿彌陀佛能夠往生西方淨土嗎？請為我解除這一疑惑。」

慧能大師答道：「刺史大人請留神聽著，慧能我為你解說。世尊當年在舍衛城中宣講西方淨土，引導度化眾生。經上說得清清楚楚，西方佛國距此並不遙遠。若論外在的道路里程，則有十萬八千里之說，這是相對世俗之人有十惡八邪而言的。這又是說西方佛國距離遙遠了。說西方佛國距離遙遠是說給下等根器者聽的，說西方佛國距離很近則是說給上等聰明者聽的。

世人雖然有聰明與愚鈍的區別，但是佛法並沒有什麼兩樣，只是有人迷惑，有人覺悟，對佛性的體悟有快有慢。迷惑的人誦念佛的名號以祈求往生西方，而覺悟的人卻清淨自心以進入佛國。所以佛祖說：隨著心地的清淨，佛土相應也清淨了。

「刺史大人！東方之人只要內心清淨無染便無罪過，即便是西方之人若是內心沾染邪念也會有罪過。東方之人犯有罪過，誦念佛的名號便得以往生西方樂土，西方之人犯下罪過，若是求佛念佛又往生哪個國度呢？平庸愚昧之輩不悟自身本有佛性，不認識心中一片清淨的佛土，只知祈求往生東方西方，而覺悟真如的人無論何處都是一樣的。所以佛祖說：隨身所住之處，即可成為安樂的佛土。

「刺史大人！只要你在心中沒有不善的念頭，西方極樂世界便距此不遠了。倘若懷有不善的心念，想要靠著誦念佛名往生西方那是困難的。我勸各位佛門師友及施主，先要戒除十惡，那就好像往西方佛土走了十萬里的路程。然後再戒除八邪，那又好像往西方佛土走了八千里的行程。只要念念不忘自身的佛性，常存平等、正直之心，那麼彈指之間就能到達西天佛土，立即得見阿彌陀佛。

「刺史大人！只要多行善事，何須誦念佛名以祈求往生西天？倘若不根除邪惡之心，即使誦念佛名又怎麼會有佛祖前來迎請你往生佛國呢？如果體悟了無生無滅的頓悟法門，那麼剎那之間就能見到西方淨土。如果不能領悟這一法門，只靠誦念佛名求生西方，路途遙遠怎麼能夠到達呢？」

「慧能與諸人移西方於剎那間❶，目前便見。各願見否？」

眾皆頂禮❷云：「若此處見，何須更願往生？願和尚慈悲，便現西方，普令得見。」

師言：「大眾！世人自色身是城❸，眼、耳、鼻、舌是門，外有五門❹，內有意門❺。心是地，性是王❻。王居心地上，性在王在，性去王無。性在身心存，性去身心壞。佛向性中作❼，莫向身外求。自性迷即是眾生，自性覺即是佛。慈悲即是觀音❽，喜捨名為勢至❾，能淨即釋迦❿，平直即彌陀⓫。人我是須彌⓬，邪心是海水，煩惱是波浪⓭。毒害是惡龍⓮，虛妄是鬼神⓯，塵勞是魚鱉。貪瞋是地獄，愚癡是畜生⓰。

「善知識！常行十善，天堂便至。除人我，須彌倒。去邪心，海水竭。煩惱無，波浪滅。毒害忘，魚龍絕。自心地上覺性如來，放大光明⓱。外照六門清淨，能破六欲諸天⓲。自性內照，三毒即除，地獄等罪一時消滅，內外明徹，不異西方。不作此修，如何到彼？」

大眾聞說，了然見性，悉皆禮拜。俱歎：「善哉！」唱言：「普願法界眾生，聞者一時悟解！」

【章　旨】佛向性中作，莫向身外求。消除世俗的煩惱、虛妄、貪嗔、愚癡，就能證得自性覺悟，就是心中的西方佛土。

【注　釋】❶移西方於剎那間　意謂剎那之間，將西方佛土移到眾人的目前。《道行般若經・累教品》說修行般若波羅蜜的菩薩能夠「持手舉一佛境界，移著還復他方剎土」。《維摩詰經・見阿閦佛品》中維摩詰就曾經運用神通法力，將遠方的妙喜世界移至眾生眼前，使眾生親眼得見清淨佛土，獲得無上菩提心。慧能此說，是用作比喻。❷頂禮　兩膝、兩肘與頭部著地，表示禮敬，又稱五體投地。❸世人自色身是城　世人的血肉之軀如同一座城。色身，指由四大、五蘊所合成的有形軀骸。《大般涅槃經》卷一云：「是身如城，血肉筋骨皮裹其上。手足以為卻敵樓櫓，目為竅孔，頭為殿堂，心王處中。」❹五門　指眼、耳、鼻、舌、身五種感官，產生萬相，作用如同城門。❺意門　意識之門，又稱意根。佛教認為心生意識，有意識而生種種煩惱，故與前五根（五門）而並稱六根。❻心是地性是王　人心如同土地，人之本性如同城中的君王。性，此指本性、自性。《心地觀經》云：「眾生之心猶如大地，五穀五果，從大地生」，「三界唯心，心名為地。」❼佛向性中作　佛教認為人有三類佛性：自性住佛性、引出佛性、至得果佛性。一切眾生本有自性住佛性，依修行之功逐漸為引出佛性。修行圓滿，本有之佛性了了顯發，即諸佛之佛性，故云。❽慈悲即是觀音　意謂只要慈悲為懷，便是觀世音菩薩。佛經稱觀音大慈大悲，世間眾生受諸苦難，菩薩觀其音聲皆前往拯救，故名。❾喜捨名為勢至　有無量喜捨之心，便為大勢至菩薩。佛經說慈、悲、喜、捨為四無量心。因眾生幸福而生欣悅，是喜無量心。能捨去一切、待眾生平等無別曰捨無量心。大勢至，彌陀的侍者，西方三聖之一。《觀無量壽經》說他「以智慧光普照一切」。❿能淨即釋迦　能保持清淨自性，便是釋迦牟尼佛。釋迦牟尼，舊譯能寂、能仁，能淨之義與之相通。⓫平直即彌陀　以眾生平等為懷，救濟一切眾生，便是阿彌陀佛。平直，平等、正直之心。⓬人我是須彌　意謂固執實有人我之見，其為害之大有如須彌山。人我，人見、我見，固執人我為實有。須彌山，佛教傳說是凡器世界的中心。山高八萬四千由旬，山頂為忉利天，山腰為四天王天，日月繞在山腰。⓭邪心是海水二句　世俗之心猶如海水，種種煩惱如同波浪連綿無窮。《楞伽經》卷一曾將世俗擾動人心比喻為「猶如猛風吹大海水」，又有偈曰：「凡夫無智慧，藏識如巨海。業相猶波浪，依彼譬類通。」⓮毒害是惡龍　毒害之心如同惡龍，能興起災害。惡龍能生旱澇災害，故以為喻。⓯虛妄是鬼神　虛妄之心如同鬼神，能障蔽人的本性。《釋摩訶衍論》云：「障身為鬼，障心為神。」⓰貪瞋是地獄二句　貪瞋、愚痴之心則使人墮入地獄，化身畜生，陷於輪迴之中，而不得超生。⓱自心地上覺性如來二句　意謂在心中覺悟到自性，會感受到如來佛的光明普照。《荷澤神會禪師語錄》第十四條云，得到般若波羅蜜者，能在心中「得如是金色身，三十二相，大光明，不可思議智慧，諸佛無上三昧」，與此意旨相通。⓲六欲諸天　欲界有六重天，一四天王天，二忉利天，三夜摩天，四兜率天，五樂變化天，六他化自在天，為具有食色欲望的眾生所居住。

【語　譯】慧能說道：「我現在為諸位將西方佛土移到面前，只在剎那之間就讓大家親眼得見。諸位願意看一看嗎？」

大家都頂禮膜拜，說道：「若是在這裏便能見到西方佛土，何必要發願前往投生？希望大師慈悲為懷，現在便顯示西方佛土，使我們大家都能看到。」

慧能大師演說道：「諸位聽眾，世人自己的血肉之軀就像是一座城，眼、耳、鼻、舌就像是城門。外面有五個城門，內裏有意識之門。人心就像城內的土地，人的本性就像城中的君王，君王就居住在土地之上。本性在則王在，本性喪失王也就不存在了。本性在則身心存活，本性喪失則身心毀壞。佛是從人的自性中產生的，不要向身外去尋覓。人若是迷惑了自性，他就是世俗眾生，人若是自性覺悟了，他就成為了佛。若是憫念眾生、慈悲為懷，他就是觀世音菩薩；若是給人歡喜、樂於施捨，他就是大勢至菩薩；若是自性清淨、得無上正覺，他就是釋迦牟尼；若是平等為懷、正直不妄，他就是阿彌陀佛。執著人我之見，其為害之大就像是須彌山；邪心妄想就像大海水；煩惱連綿不斷，就像是不息的波浪。毒害之心就像興起災難的惡龍，虛妄之念就像障蔽身心的鬼神，世俗塵勞就像是水中的魚鱉。貪婪瞋怒就像墮入地獄中，愚昧癡心就像畜生一般。

「各位佛門師友、各位施主！常行十件善事，天堂就會出現在面前；破除人我之見，須彌山便會倒塌。克服邪念妄想，海水就會枯竭；斷滅種種煩惱，波浪就會平息；忘記毒害之心，魚鱉毒龍就會絕跡。從自己心中體悟到佛性，就會感到自性中的佛光大放光明。這種光明能將人體外在的眼、耳、鼻、舌、身、意六門照耀得一片清淨，能將欲界六天一齊照破。自性中的佛光內照，能破除貪婪、恚怒、愚痴三毒，能消除墮入地獄的罪過。內外光明澄澈，與西方佛土的境界沒有區別。若是不作這種修行，怎麼能到達西方極樂世界呢？」

大家聽罷慧能的一番演說，對於自身所具有的佛性便清楚地感悟了。他們都頂禮膜拜，一起讚歎說：「講得好極了！」又齊聲祝禱道：「但願普天下一切眾生，都能聽講之後悟得佛法！」

師言：「善知識！若欲修行，在家亦得，不由在寺。在家能行，如東方人心善；在寺不修，如西方人心惡。但心清淨，即是自性西方❶。」

韋公又問：「在家如何修行？願為教授。」

師言：「吾與大眾說〈無相頌〉❷，但依此修，常與吾同處無別。若不作此修，剃髮出家，於道何益？頌曰：

心平何勞持戒，行直何用修禪？
恩則孝養父母，義則上下相憐❸。
讓則尊卑和睦，忍則眾惡無諠❹。
若能鑽木取火❺，淤泥定生紅蓮❻。
苦口的是良藥，逆耳必是忠言❼。
改過必生智慧，護短心內非賢❽。
日用常行饒益❾，成道非由施錢。
菩提只向心覓，何勞向外求玄❿？

聽說依此修行，天堂只在目前。」

師復曰：「善知識！總須依偈修行，見取自性，直成佛道。法不相待⓫！眾人且散，吾歸曹溪。眾若有疑，卻來相問。」

時刺史、官僚、在會善男信女，各得開悟，信受奉行。

【章　旨】慧能宣講〈無相頌〉，闡說在家居士必須遵循的道德倫理原則，指出居士若能清淨心性，亦能獲得自性菩提。

【注　釋】❶自性西方　自我本性中的西方佛土。❷無相頌　即佛法頌。佛教認為萬物皆是假有，無真實相，故以無相代稱佛法。❸恩則孝養父母二句　《無量壽經》載佛說五種惡行，其中有「不孝二親，輕慢師長，朋友無信，難得誠實」，「橫行威勢，侵易於人」，是儒教之孝義觀念，亦為佛家所接受並倡導之。❹忍則眾惡無喧　意謂有忍辱之心，則眾惡亦當自行平息。喧，哄鬧。《金剛經》云：「知一切法無我，得成於忍。」❺鑽木取火　木喻世俗煩惱，火喻本有佛性，通過修行以斷除煩惱，便顯示了佛性。《大般涅槃經》云：「譬如木性火性，俱時而生。值燧人鑽搖，火之與木，當時各自」，「木者喻若煩惱，火者喻如佛性。」❻淤泥定生紅蓮　意謂雖處煩惱塵世，必能獲得佛法，如同低濕淤泥之中，能開出紅色蓮花。《維摩詰經・佛道品》云：「譬如高原陸地，不生蓮花，卑濕淤泥，乃生此花」，「煩惱泥中，乃有眾生起佛法耳。」❼苦口的是良藥二句　《孔子家語・六本》云：「良藥苦口而利於病，忠言逆耳而利於行。」乃此二語所本。❽改過必生智慧二句　改正過失，除去迷妄，就會從自性中生出般若智慧；為己護短，則非賢者之心。《維摩詰經．香積佛品》云菩薩成就八法，其一云「常省己過，不訟彼短」。❾日用常行饒益　平時常為造福於眾生之事。饒益，指有益於眾生，為之謀福利。《維摩詰經．方便品》云維摩詰「雖獲俗利，不以喜悅，游諸四衢，饒益眾生」。❿菩提只向心覓二句　意謂覺悟在於自心，不必外求佛法。《華嚴經．淨行品》云：「知一切法，即心自性。成就慧身，不由他悟。」⓫法不相待　意謂萬物遷流變化，時不我待。相待，等待。

【語　譯】慧能大師說道：「各位佛門師友、各位施主！若是想要修行佛道，在家中也是可以的，不一定非要出家到寺廟去。居家若能奉行佛法，就好像東方之人一心向善；出家在寺廟中而不奉行佛法，就好像西方之人心思邪惡。只要心地清淨，就是自性中的西方佛土。」

韋刺史又問道：「在家居士如何修行佛道？希望大師給以指教。」

慧能大師回答：「我給諸位講說一首〈無相頌〉。只要依照其中所說的修行，那就好像與我同處沒有區別。若是不照此修行，即使剃髮出家，對於證得佛法又有何補益呢？〈無相頌〉道：

如果能心念眾生平等又何需刻意持戒？行為正直不妄何用默坐習禪？
報答佛恩就要孝養父母，遵循仁義就要上下相憐恤。
提倡謙讓，尊卑長幼就和睦一家，相互容忍，怨惡之眾也將寂然無諱。
若能精進修持，有如鑽木取火，淤泥之中，定然開放出紅色的蓮花。
苦口的一定是醫病良藥，逆耳的必然是忠言規勸。
勇於改錯定能生出般若智慧，怙惡護短則心中必非賢善。

平日要常行有益眾生，為眾生謀福利之事，成就佛道並非由於施捨錢財。菩提覺悟只可向自己心中求得，何必離開自性，辛勤向外尋找玄奧妙道？聽講之後只要照此修行，西方極樂世界即刻呈現眼前。」

慧能大師又說道：「各位佛門師友、各位施主！大家都要依照這一偈頌修行，發現、證得自身佛性，直接成就佛道。萬物遷流變化不已，時間不會等待！大家且散去，我要回到曹溪。諸位若是還有疑問，再來相問。」

當時韋刺史、各位官員屬吏，以及參與齋會的善男信女，各自都得到開悟，表示誠信接受，決心遵照修行。

定慧品第四

【題 解】此篇講說的是慧能對於定慧本質及其相互關係的新闡釋。

佛門三學，曰戒、曰定、曰慧。戒要求人們斷除邪惡、純潔言行；定要求人們凝神息慮、心志專一；慧要求人們觀照萬相、契悟佛法。當時普遍流行的觀念主張是依止於戒，心乃得定；依止於定，智慧乃生，也就是因戒生定、因定發慧，先修禪定，後得智慧。

慧能不同意這種認識。他認為定慧本為一體，不能將之分裂為二。定是慧的本體，慧是定的作用。這就好像燈光一樣，燈是光的本體，光是燈的作用。在這種定慧一體的境界中，人的本性自然呈現，內外相照，表裡一片澄澈。

要做到這些，就要但行直心，勿有執著，要以「無念為宗，無相為體，無住為本」。無念為宗，是說消除世俗的妄念、雜念，這是修行的宗旨；無相為體，是說要認識萬相無相，這是修行的本體；無住為本，是說不要沾著世間萬物，這是修行的根本。做到了「無念為宗，無相為體，無住為本」，即是自性清淨，亦即是定慧同體。《五燈會元》卷一載慧能回答神會所問說：「常生清淨心，定中而有慧。於境上無心，慧中而有定。定慧等無先，雙修自心正。」所闡說的就是同一種意思。

師示眾云：

善知識！我此法門，以定慧為本❶。大眾勿迷，言定慧別❷。定慧一體，不是二❸。定是慧體，慧是定用❹。即慧之時定在慧，即定之時慧在定。若識此義，即是定慧等學。諸學道人，莫言先定發慧，先慧發定❺，各別。作此見者，法有二相❻。口說善語，心中不善，空有定慧，定慧不等❼。若心口俱善，內外一如❽，定慧即等。自悟修行，不在於諍❾。若諍先後，即同迷人。不斷勝負，卻增我法❿，不離四相⓫。

善知識！定慧猶如何等？猶如燈光。有燈即光，無燈即暗。燈是光之體，光是燈之用。名雖有二，體本同一。此定慧法，亦復如是。

【章　旨】佛門的禪定與智慧本為一體，定是慧的本體，慧是定的作用。名稱雖然有二，實質不可分離。

【注　釋】❶定慧為本　意謂修習禪定與智慧乃是奉持佛法的根本。佛教以戒、定、慧為三學：定指心神專注，觀照佛理；慧指體悟佛智，達到解脫；戒指奉行戒律，防止邪惡。❷言定慧別　佛學通常認為定是止息妄念，慧是觀察判斷，二者有所區別。《大乘義章》：「守心住緣，離於散亂為止。止心不亂，故復名定。於法推求簡擇名觀，觀達稱慧。」❸定慧一體二句　慧能認為定慧二者不能分開。止息妄念，則心性明朗，寂而常照，照而常寂，故曰定慧一體，止觀不二。❹定是慧體二句　禪定是智慧的本體，智慧是禪定的作用。《神會語錄》對此加以發揮云：「念不起，空無所有，即名正定。以能見念不起，空無所有，即名正慧。若得如是，即定之時，名為慧體；即慧之時，即是定用。即定之時不異慧，即慧之時不異定。即定之時即是慧，即慧之時即是定。即定之時無有定，即慧之時無有慧。何以故？性自如故。」❺先定發慧二句　有人主張先由禪定，凝神息慮，然後起心外照，生發出般若智慧；也有人主張先悟得佛性，然後才能進入禪定境界。前者即先定發慧，後者即先慧發定。❻作此見者二句　持上述意見者，皆認為佛法有二相，而慧能認為佛法不二。❼空有定慧二句　意謂上述之人空說定慧之名，而未能認識到定慧平等一體。❽內外一如　意謂內在的本體與外在的作用二者融而為一。如，本相；真如。❾諍　指爭論是非。《中阿含經》云：「若以諍止諍，至竟不能止。唯忍能止瞋，是法可尊貴。」又《寶積經》九十二偈云：「戲論諍論處，多起諸煩惱。智者應遠離，當去百由旬。」❿不斷勝負二句　對於定慧孰先孰後既不能確定，反而增添了對於我法二執的煩惱。我法，即我執與法執，將實際非我執著為實我，佛法視為無明，是煩惱的根源。⓫不離四相　佛教認為不脫離四相，則不能修成菩薩。四相指我相（認為自我為實體）、人相（認為自我為人與其他眾生不同）、眾生相（執著於眾生之妄見）、壽者相（執著於我之生命長短）。

【語　譯】慧能大師開示聽眾說道：

各位佛門師友、各位施主！我所宣講的頓教法門，以修練禪定與般若智慧為根本。當大家聽到有人說定慧有所區別時，不要為之迷惑。定慧本是一體，而不是兩種事物。禪定是般若智慧的本體，而智慧是禪定的作用。當般若智慧發生之時，禪定便包含在智慧之中；當凝神靜慮進入禪定之時，智慧便包含在禪定之內。若能明白這一層義理，就懂得定慧同體的學說了。各位修習佛道的人，不要說先入禪定然後產生佛性智慧，或者說先有佛性智慧然後才有禪定，將二者區別開來。若是持有這種認識，便將佛法割裂開了。口中說的都是好話，心中卻懷有不善的念頭，空有定慧的虛名，卻沒有認識到定慧等同一體的道理。若是口中所言與心中所想都合於善，內外都顯示了佛性，定慧便融為一體了。佛法的自我領悟與修行，不在於以口舌爭論是非。若是去爭論定慧誰先誰後，那就同迷妄之人一樣了。這種爭論勝負之心不斷，只能增添由於我法二執所引起的煩惱，不能超脫四相，修成菩薩聖果。

各位佛門師友、各位施主！定與慧的關係與什麼相類似呢？它就好像燈與光一樣。有了燈就有了光明，沒有燈就是一片黑暗。燈是光的本體，光是燈的作用。燈與光的名稱雖然有二，但是它們作為一個整體卻不可分開。我所說的定慧法門，也同樣是如此的。

師示眾云：

善知識！一行三昧❶者，於一切處行、住、坐、臥，常行一直心❷是也。《淨名經》❸云：直心是道場❹，直心是淨土❺。莫心行諂曲，口但說直，口說一行三昧，不行直心。但行直心，於一切法勿有執著❻。迷人著法相❼，執一行三昧，直言常坐不動，妄不起心，即是一行三昧。作此解者，即同無情❽，卻是障道因緣❾。

善知識！道須通流❿，何以卻滯？心不住法，道即通流。心若住法，名為自縛⓫。若言常坐不動是，只如舍利弗宴坐林中，卻被維摩詰訶⓬。

善知識！又有人教坐，看心觀靜⓭，不動不起，從此置功⓮。迷人不會，便執成顛，如此者眾。如是相教，故知大錯。

【章　旨】一行三昧的真諦是在一切處所都按照真如本心去修行，而不是常住不動，身同無情之木石。

【注　釋】❶一行三昧　於行、住、坐、臥一切處都能常行直心。一行，專注於一事，此指直心。三昧，指心定於一處而不動，又稱三摩提，譯言定。❷直心　質直無諂的誠實心。❸淨名經　即《維摩詰經》。維摩詰，意譯為淨名、無垢稱，故有是名。❹直心是道場　意謂真實之心即是奉佛之道場。《維摩詰經・菩薩品》云：「直心是道場，無虛假故。」❺直心是淨土　意謂本心自然的表現即是佛國的淨土。《維摩詰經・佛國品》云：「直心是菩薩淨土。」❻於一切法勿有執著　對於一切事物境相都不執著、不留戀。《金剛經》云：「一切有為法，如夢幻泡影，如露亦如電，應作如是觀。」❼迷人著法相　迷妄者執著於外在的物相。法相，指世間不同事物的相狀、名義等。❽無情　指木石之類無情感意識之物。❾障道因緣佛教說二障，一曰事障、理障。由邪見障礙正見，謂之理障。又可分為煩惱障、所知障，法執能障蔽菩提，稱為所知障。皆為無明、煩惱，能障礙信眾修行佛道。❿道須通流　道的本義在於通行不礙，佛的本義在於引導人覺悟，所以道即流通，不住不礙。《物不遷論》云：「如來功流萬世而常存，道通百劫而彌固。」⓫心若住法二句　心若留滯於世間事物，就名為自我束縛，落於煩惱中。自縛，敦煌本作「被縛」。《宗鏡錄》卷九六云：「若住一切法，不住般若波羅蜜；不住一切法，方住般若波羅蜜。」與此意旨相通，可互參。⓬舍利弗宴坐林中二句　據載：佛弟子舍利弗曾經在林中清淨處靜坐習禪，維摩詰見後說：靜坐習禪不在打坐，而在於「不捨道法而現凡夫事」，「心不住內，亦不在外」，「不斷煩惱而入涅槃」。宴坐，安坐，指習定入禪。事見《維摩詰經・弟子品》。⓭看心觀靜　凝神內視，保持心情的寂靜。靜，敦煌本作「淨」。⓮置功　獲得佛力、佛法。置，通「致」。

【語　譯】慧能大師又開示聽眾說道：

各位佛門師友、各位施主！所謂一行三昧，就是說在任何處所，無論行、住、坐、臥，都要按照自己真實自然的本心去行事。《維摩詰經》上說：真實自然的本心就是成佛的道場，真實自然的本心就是佛國的淨土。不要心懷虛假邪曲的意念，只在口頭上講說真實的本心，口說一行三昧，卻又不按照真實的本心行事。遵照真實的本心去行事，對於一切事物境相不要執著留戀。迷妄的人執著事物境相，執著於一行三昧的名義，便說常坐不動，心中不起妄念，就是一行三昧。如果依照這種解釋，那麼一行三昧的境界就與無情的木石沒有區別了。這種認識障礙了修行者體悟真正的佛法。

各位佛門師友、各位施主！道的本義是要通流無礙，為什麼反而卻要固滯不通呢？如果內心不執著事物境相，佛法便暢通無阻；如果內心執著事物境相，那就名為自我束縛。若是說常坐不動就是一行三昧，那就如同舍利弗在林中靜坐習禪，要受到維摩詰的訶責一樣了。

各位佛門師友、各位施主！又有人指導別人坐禪，說要凝神內視，看心觀靜，不起心念，不要行動，用這種方法來獲得佛法功力。那些心地迷惑的人由於未能領會一行三昧的真諦，因而執著於形相，便顛倒了是非，這樣的人為數眾多。用這種方法指導別人，可知要構成大錯了。

師示眾云：

善知識！本來正教❶，無有頓漸。人性自有利鈍，迷人漸修，悟人頓契❷。自識本心，自見本性，既無差別。所以立頓漸之假名❸。

善知識！我此法門，從上以來，先立無念為宗❹，無相為體❺，無住為本❻。無相者，於相而離相❼。無念者，於念而無念❽。無住者，人之本性❾。於世間善惡、好醜，乃至冤之與親，言語觸刺欺爭之時，並將為空，不思酬害。念念之中，不思前境❿。若前念、今念、後念，念念相續不斷，名為繫縛⑪。於諸法上，念念不住，即無縛⑫也。此是以無住為本。

善知識！外離一切相，名為無相。能離於相，則法體清淨⑬。此是以無相為體。

善知識！於諸境⑭上心不染，曰無念。於自念上，常離諸境，不於境上生心。若只百物不思，念盡除卻，一念絕即死，別處受生。是為大錯。學道者思之，若不識法意，自錯猶可，更勸他人。自迷不見，又謗佛經。所以立無念為宗。

【章旨】正確的修練方法，在於認識自己的本心，發現自身固有的佛性，要以無念為宗，無相為體，無住為本。

【注釋】❶正教　正確的佛教教義，合於佛理，故曰正教。❷人性自有利鈍三句　意謂人所稟賦之根器不同，對佛法的領悟有的敏捷，有的遲鈍，故有漸修與頓悟之別。頓契，頓時心領神會，契合無間。❸假名　假借之名；虛設之詞。《楞伽經》卷二：「言教唯假名，彼亦無有相。」❹無念為宗　對於一切事相諸境不染著，是為修行之宗旨。❺無相為體　以認識無相之旨為修行的主體。相，各種現象界的差別法。無相，是能認識一切五蘊化合而成的名相都是虛妄不實的而不生染著心。《金剛經》云：「凡所有相，皆是虛妄」，「離一切諸相，即名諸佛。」❻無住為本　指心念不拘泥、不留戀世間事相，是為修行佛道之根本。《維摩詰經・觀眾生品》云「以無住本立一切法」，《金剛經》云「應無所住而生其心」，所論即此旨。❼於相而離相　意謂遭遇一切境界，面對各種事物的相狀，而能不執著、不愛戀。離相，超然脫離外在相狀。《金剛經》云：「如來說一切諸相，即是非相。」❽於念而無念　當心中生起各種心念時，要能超越這些心念。《金剛經》〈般若品〉云「知見一切法，心不染著，是為無念」，與此意同。❾無住者人之本性　意謂修行佛法，不留戀於外在之物相，不執著於內在之心念，亦本於人身自有之佛性。本性，指實性、佛性。❿念念之中不思前境　意謂人的心念不斷產生，不要固執於前有之心念，要任其遷流，自在超脫。⓫念念相續不斷二句　指心念繫掛於世俗情事連綿不斷，如同繩索般束縛了人的身心。繫縛，又用為煩惱之異名。⓬無縛　解除束縛；解脫。《大般涅槃經・師子吼菩薩品》云：「有煩惱故名為繫縛，無煩惱故名為解脫。」⓭法體清淨　人所具有之法性本體免受外相的沾染，故得清淨。法體，法性本體，即真如。⓮諸境　佛教以眼、耳、鼻、舌、身、意所感覺的對象統稱為境，並認為一切境皆虛妄不實。

【語　譯】慧能大師開示聽眾又說道：

各位佛門師友、各位施主！正確的佛法本來沒有頓悟與漸悟的區別。只因世人稟性有所差異，對於佛法的領悟有敏捷與遲鈍的不同。迷惑的人要通過長期漸進的修行才能成就佛果，聰明的人卻能頓時悟得佛法。但是認識自己的本心，發現自身本有的佛性，在這方面二者並無區別。所以頓悟與漸修，只不過是假借的名義而已。

各位佛門師友、各位施主！我的這種頓教法門，從佛祖一直到如今，都是首先確立無念為宗旨、無相為主體、無住為根本的。所謂無相，就是面對萬事萬物的名相而又超然脫離其名相。所謂無念，就是對於一切事相諸境不生染著。所謂無住，是人自有的本性。對於世間一切善與惡、好與醜，乃至於冤家與親友，以及言語衝撞、欺侮爭鬥之時，都要將這些認作虛幻不實，不要想到報復。在每一心念之中，都不要追思留戀已往的事情。如果總是留戀既往、執著當前、掛念將來，一個心念又一個心念接連不斷，這就叫做自我繫縛，徒然增添煩惱。如果對於各種事物境相，每一心念都能不執著、不愛戀，就是解除了束縛，無所煩惱。這就是以無住為根本的意思。

各位佛門師友、各位施主！超然脫離外在的一切名相，就叫做無相。能夠脫離外在的名相，法性本體也就清淨無染了。這就是以無相為主體的意思。

各位佛門師友、各位施主！各種事物境相都不沾染自己的心念，就是無念。就是說在自己的心念中，要永遠超越世間的事物境相，不為塵俗的境界而生起妄想心念。但是如果任何事情都不思考，各種心念徹底掃除乾淨，心理活動完全斷絕，那就是生命滅亡，靈魂就要往別處託生，因此這樣理解無念是大錯特錯了。奉佛修道的人要正確地理解這個問題，若是未能正確懂得佛法，自己犯錯誤也就罷了。再用這種錯誤的認識去勸導他人，那就既不知道自己的迷妄，又犯了曲解、毀謗佛經的罪過。所以要以無念作為修行的宗旨。

善知識！云何立無念為宗？只緣口說見性，迷人於境上有念，念上便起邪見。一切塵勞妄想[1]，從此而生。自性本無一法可得[2]，若有所得，妄說禍福，即是塵勞邪見。故此法門，立無念為宗。

善知識！無者無何事，念者念何物❸？無者無二相❹，無諸塵勞之心，念者念真如本性❺。真如即是念之體，念即是真如之用❻。真如自性起念，非眼、耳、鼻、舌能念。真如有性，所以起念。真如若無，眼、耳、色、聲當時即壞。

善知識！真如自性起念，六根❼雖有見聞覺知，不染萬境❽，而真性常自在。故經云：「能善分別諸法相，於第一義而不動❾。」

【章旨】無念的本質是要從真如自性中生起正念，清除一切邪見與妄想，超離世俗境界，使得真性常得自在。

【注釋】❶塵勞妄想　指世間煩惱與虛妄之想。俗世事物污染心識，有如塵埃，擾亂身心，故曰塵勞。❷自性本無一法可得　指自身之佛性本來具有，此外無一法可得。《華嚴經・淨行品》云：「知一切法，即心自性。成就慧身，不由他悟。」❸無者無何事二句　慧能闡說無念，包含二義：一為清除世俗妄念，二為念念不忘佛性真如。這裡將無、念二字分別析義，乃是慧能之方便說法。《荷澤神會禪師語錄》第二十條載：「又問曰：無念者無何法，是念者念何法？答曰：無者無有二法，念者唯念真如。」即承其師說。

❹二相　佛教指一切對立、相區別的兩種事物或現象，如生滅、有無、人我、是非、善惡等。❺念者念真如本性　意謂修行無念法，並非除盡一切心念，而是要心念佛性真如。《荷澤神會禪師語錄》第十四條載云：「無念法中，得如是金色身，三十二相，大光明，不可思議智慧」，「能見無念者，六根無染，見無念者，得向佛智。」即念真如本性中的心理感受。❻真如即是念之體二句　佛性是念的本體，念是佛性的作用。《荷澤神會禪師語錄》第二十條云「所言念者是真如之用，真如者即是念之體」，即本於此二句。❼六根　指眼、耳、鼻、舌、身、意的六種感覺認識。❽不染萬境　即不受任何世俗境界的沾染。萬境，指一切世俗事物、境相。❾能善分別諸法相二句　意謂能夠認識世界上各種事物境相的人，知道一切法相都是真如的顯現，因此他對於真如佛性是堅信不疑、絕不動搖的。第一義，第一真理、真如。語見《維摩詰經・佛國品》。

【語　譯】各位佛門師友、各位施主！為什麼要確立無念為宗旨呢？只因為人們口頭上說體悟了佛性，而迷妄者面對世俗境相仍存有欲念，有了欲念就會產生邪見，一切煩惱與妄想皆由此而引起。佛性本自具有，此外無法可以覓得。若是感覺有所獲得，因而隨心所欲地妄說禍福，那便是煩惱邪見。所以這一法門，要確立無念為宗旨。

各位佛門師友、各位施主！我所說的無是無何事，所說的念是念何物呢？所謂無，是說不要執著生死、人我、是非、善惡等對立的名相，不要有世俗煩惱、妄想之心。所謂念，就是要觀照真如本性。佛性是觀照的本體，觀照便是佛性的作用。從對真如佛性的觀照中生起正念，不是眼、耳、鼻、舌的感覺所能得到的心念。真如之性存在，所以能生起心念。若是沒有真如之性，眼睛、耳朵的感覺，顏色、聲音的認識，也即刻便不復存在了。

各位佛門師友、各位施主！如果從真如自性的觀照中生起心念，眼、耳、鼻、舌、身、意等六根雖然有所見聞感覺，但是卻不被外在的眾多名相所沾染，真如佛性自然常在。所以《維摩詰經》上說：「若能善於分辨觀察諸般法相，對於佛性真如的認識就能堅定不移。」

坐禪品第五

【題解】此篇講說的是慧能對於坐禪習定的新觀念。

坐禪習定，是禪門最重要的修行方法之一。東土禪宗初祖達摩曾在嵩山「面壁而坐，終日默然」，達摩禪亦以壁觀而著稱。二祖慧可認為成佛需要靜坐安心，「若有一人不因坐禪而成佛者，無有是處」。三祖僧璨「隱思空山，蕭然靜坐」。四祖道信教導門人「努力勤坐，坐為根本」，他自己脇不至席達六十年。五祖弘忍「晝則混跡驅給，夜便坐攝至曉，未嘗懈倦，精至累年」。但是，這些只是一個方面。另一方面，達摩禪的「理入」，要求人們「深信含生同一真性」，達到「無自無他，凡聖等一」，「與道冥符，寂然無為」。道信的安心法門，第一項就是「知心體：體性清淨，體與佛同」。弘忍把「守本真心」作為修行的要法，他說：「眾生佛性本來清淨，如雲底日，但了然守本真心，妄念雲盡，慧日即現。」而六祖慧能，則將這兩個方面結為一體，從而引出「本性自淨自定」的新思維。

慧能說：「外於一切善惡境界心念不起，名為坐；內見自性不動，名為禪。」慧能的這種解說，又是對於當時普遍流行之禪法的矯正。當時北宗大德「教人凝心入定，住心看淨，起心外照，攝心內證」，提倡看心、看淨。慧能則主張外離相即禪，內不亂即定，「若見諸境心不亂者，是真定也」。

按照慧能的說法，人們只要自見清淨的本性，對境不亂，自修自行，那就是真正坐禪的境界，就能自成佛道。

師示眾云：此門坐禪，元不看心，亦不看淨❶，亦不是不動。若言看心，心原是妄❷。知心如幻，故無所看也。若言看淨，人性本淨，由妄念故，蓋覆真如❸。但無妄想，性自清淨。起心看淨，卻生淨妄❹。妄無處所，看者是妄❺。淨無形相❻，卻立淨相，言是工夫。作此見者，障自本性，卻被淨縛❼。

善知識！若修不動❽者，但見一切人時，不見人之是非、善惡、過患，即是自性不動❾。

善知識！迷人身雖不動，開口便說他人是非、長短、好惡，與道違背。若看心看淨，即障道也。

【章　旨】有人教導習禪者看心看淨，常坐不動，這違背了佛道，障礙了佛法的修行。

【注　釋】❶元不看心二句　意謂既不執著於觀看心的相狀，亦不執著於觀看淨的相狀。二「看」字，敦煌本均作「著」。❷心原是妄　心原本就是虛妄的。因緣湊合，故曰妄心。《金剛經》云：「如來說諸心，皆為非心，是名為心。」❸人性本淨三句　意謂真如本性，原本清淨，只為妄念遮覆，故未得顯現。真如，即自身之佛性。❹起心看淨二句　若是著意追求清淨，就會生出虛幻不實的淨妄境界。淨妄，妄想中的淨境。❺妄無處所二句　虛妄不實，故無處所。既無處所而又追求觀想，所以為妄念。❻淨無形相　淨是涅槃四德之一，無形無相，不去不來。❼作此見者三句　意謂事先立下看淨的心念，反而障蔽了本性，為追求看淨而生出煩惱。縛，煩惱之異名。煩惱使人不得自在，如同繫縛，故云。❽不動　此為慧能活用，代指禪定工夫。〈付囑品〉有偈云：「若覓真不動，動上有不動。」與此意旨相通。❾不見人之是非二句　此處所云不見人之是非、善惡、過患，不僅要求口不議論他人之是非，而且要求在心中泯滅世俗是非、善惡、罪福的區別，視為同一不二。即認識到一切都是因緣化合，俱屬幻相，方能增進定力，自性不動。

【語　譯】慧能大師開示聽眾說道：這種頓教法門的坐禪，原本既不執著於看心，也不執著於看淨，也不是要常坐不動。如果說坐禪就是要看心，而心原本就虛妄不實。既然知道心屬虛幻，所以就沒有什麼可以觀看的。如果說坐禪就是要看淨，人的自性本來是清淨的，只是由於有虛妄心念的緣故，因而遮蔽了人身本有的真如之性。只要不生妄想，人的本性自然清淨。若是生起追求清淨的心念，就會出現虛妄的清淨境界。虛妄沒有確定的處所，執著觀看便是妄念。清淨無形無相，有人卻要設立清淨的相狀，說看淨是奉行佛法的必修工夫。持有這種見解的人，遮蔽了自己的本性，反而被清淨束縛而生出煩惱。

各位佛門師友、各位施主！若修禪定之功，只要在對待任何人的時候，都不要著眼於別人的是非、善惡、過失，這就是自性不動的禪功。

各位佛門師友、各位施主！迷妄的人雖然身體常坐不動，但是開口便說別人的是非、長短、好壞，這種作為違反了佛道的要求。若是追求看心看淨，這種做法也障礙了佛法的修行。

師示眾云：

善知識！何名坐禪？此法門中，無障無礙❶，外於一切善惡境界心念不起❷，名為坐；內見自性不動❸，名為禪。

善知識！何名禪定？外離相為禪，內不亂為定❹。外若著相，內心即亂。外若離相，心即不亂。本性自淨自定，只為見境思境即亂❺。若見諸境心不亂者，是真定也。

善知識！外離相即禪，內不亂即定。外禪內定，是為禪定。《菩薩戒經》❻云：我本性元自清淨❼。善知識！於念念中，自見本性清淨，自修、自行、自成佛道。

【章　旨】外則超脫世俗萬相不被染著，內則體悟真如自性不受惑亂，這就是真正的禪定。

【注　釋】❶無障無礙　自心圓融，無障阻，無遮蔽。佛門或以理障、事障為二障，或以煩惱障、業障、報障為三障，或以欺、怠、瞋、恨、怨為五障，所舉皆為阻礙修行佛道者。❷外於一切善惡句　意謂處於任何境界，無論世俗之善惡，皆不動心念。此即在認識上擺脫世俗、不落邊見之義。《維摩詰經・不二法門品》云：「善不善為二。若不起善不善，入無相際而通達者，是為入不二法門。」❸內見自性不動　意謂體悟自身內在的佛性，而不受外界的擾動。❹外離相為禪二句　外則超脫物相而不染，內則保持自性清淨而不亂，即是禪定。❺本性自淨自定二句　人的自性本來清淨、安定，因受世俗事物染著，因而被擾亂。境，人之眼、耳、鼻、舌、身、意所感覺的一切對象，皆可稱為境。❻菩薩戒經　又稱《佛說梵網經》。❼我本性元自清淨　意謂人的本性是清淨無染的。《梵網經》卷下云：「光明金剛寶戒，是一切佛本源，一切菩薩本源，佛性種子」，「一切眾生戒本源自性清淨。」為此語所本。我，疑為「戒」字之訛。

【語　譯】慧能大師開示聽眾，又講說道：

各位佛門師友、各位施主！什麼叫做坐禪呢？在這種頓教法門中，自性的顯現坦坦蕩蕩，無障無礙。向外對於一切善惡境界，都不動心起念去攀附，就名為坐；向內見到自身佛性如如不動，就名為禪。

各位佛門師友、各位施主！什麼叫做禪定呢？外則超脫世俗物相而不染著為禪，內則保持自性清淨而不亂為定。若是執著外在事物的相狀，內心就會迷惑散亂。若是超離外在事物的相狀，內心就不會迷惑散亂。人的自性本來是清淨安定的，只因為看到世俗境相並且為之思慮牽掛，因而內心被迷亂。若能面對各種世俗境界而內心不受迷惑，不被擾亂，那就是真正的禪定了。

各位佛門師友、各位施主！外則超脫世俗物相而不染就是禪，內則保持自性清淨而不亂就是定。外禪內定，就是禪定。《梵網經》上說：人性的本源是清淨無染的。各位佛門師友、各位施主！念念之間都要觀照自身清淨的本性，自己修習，自己奉持，自己去成就佛道。

懺悔品第六

【題解】此篇以無相懺悔為中心，向信眾傳授清除世俗業緣、實現心性解脫的佛教儀式與有關義理。

中國佛教確立懺悔儀式，大抵源於晉代，經過南北朝的演變，到隋唐時已具備詳細的儀規，因而盛行於世。《廣弘明集》卷二八〈悔罪篇序〉云：「諸佛大慈，善權方便。……因立悔罪之儀，布以自新之道」，「道安、慧遠之儔，命駕而行茲術。至於侯王宰伯，咸仰宗科；清信士女，無虧誡約。」南朝、隋唐一度流行的懺悔儀規，有藥師懺法、請觀世音懺法、金光明懺法、華嚴懺法、法華三昧懺儀等多種。

慧能傳授的是無相懺悔。其實質在本於自身的佛性，懺悔三世眾業，以達到淨化心靈、超脫世俗的目的。

本品中共進行了六項佛教儀式：

一是燃起自性中的五分法身香。佛教認為法身是由戒、定、慧、解脫、解脫知見五種法所成就，稱之為五分法身。在自心中點燃戒香、定香、慧香、解脫香、解脫知見香，可以使人受到佛法的內薰，從而證得菩提境界。

二是進行無相懺悔，即懺悔三世之罪，使得三業清淨，並且決心此後永遠不再重犯這些罪業。

三是立下四弘誓願。《無量壽經起信論》云：「願如良苗，非苗不實故；願如良導，非導不行故。」在佛法修行中，誓願猶如種下善的幼苗，確立好的嚮導。信眾借助誓願的心力，可以堅定信心，增強毅力，最終達到成就佛道的目標。

四是授無相三歸依戒，就是要人們從自性中體悟三寶，歸依於自身的覺悟，歸依於自身奉行正法，歸依於清淨的本性，這就是無相三歸依。

五是授歸依一體三身自性佛法。慧能認為佛之三身，即法身、報身、化身都存在於人的自性中，歸依三身佛也就是歸依於自己的本性。

最後一項是傳授〈無相頌〉，又名〈滅罪頌〉。

在上述授戒說法中，慧能始終不離自性，要求人們認識、體悟並歸依於自身本有的佛性。

時大師見廣、韶洎❶四方士庶，駢集山中聽法❷。於是陞座告眾曰：

來，諸善知識！此事須從自性中起，於一切時，念念自淨其心，自修其行。見自己法身❸，見自心佛❹，自度自戒，始得不假到此。既從遠來，一會於此，皆共有緣。今可各各胡跪❺，先為傳自性五分法身香❻，次授無相懺悔❼。

眾胡跪。師曰：

一、戒香❽，即自心中，無非、無惡、無嫉妒、無貪嗔、無劫害，名戒香。二、定香❾，即覩諸善惡境相，自心不亂，名定香。三、慧香❿，自心無礙，常以智慧觀照自性，不造諸惡，雖修眾善，心不執著，敬上念下，矜恤孤貧，名慧香。四、解脫香⓫，即自心無所攀緣，不思善，不思惡，自在無礙，名解脫香。五、解脫知見香⓬，自心既無所攀緣善惡，不可沉空守寂，即須廣學多聞，識自本心，達諸佛理，和光接物，無我無人，直至菩提，真性不易，名解脫知見香。

善知識！此香各自內薰，莫向外覓⓭。

【章　旨】慧能傳授自性五分法身香，指出應從各自心中點燃戒、定、慧、解脫及解脫知見香，自淨其心，自修其行，直到菩提境界。

【注　釋】❶洎　及。❷駢集山中聽法　眾人聚集曹溪山中，希望聽慧能講說佛法。駢，並列。❸見自己

法身　見到自己的真如之體。❹見自心佛　見到自己心中的佛。禪宗認為眾生自性即佛，故云。❺胡跪　右膝著地，豎左膝危坐，倦則兩膝姿勢互換，是古代西域僧人拜座之法。❻傳自性五分法身香　佛教指通過修行戒、定、慧、解脫、解脫知見五種功德以成就法身，叫五分法身。五者的關係是：由戒生定、由定得慧、由慧得解脫、由解脫得解脫知見。慧能加上「自性」二字，強調修行中要體悟自身本性這一主題。傳香，即傳法。❼無相懺悔　體悟真如佛性，懺悔所犯罪業的軌則與儀式。無相，指真如、佛性。❽戒香　佛經說：奉持戒律、不染諸般惡行，其功德「如是之香，有風無風，遍聞十方」。《戒香經》云：「世間所有諸華果，乃至沉檀龍麝香。如是等香非遍聞，唯聞戒香遍一切。」❾定香　凝神靜慮，專注一心，脫離一切世俗妄念的染著，以其功德比喻為禪定之香。❿慧香　以般若智慧觀照一切，自心圓通，無滯無礙，以其功德比喻為智慧之香。⓫解脫香　解除一切塵俗的繫縛，脫離生死輪迴，達到涅槃自在境界，以其功德比喻為解脫香。〈香偈〉云：「戒香定香解脫香，光明雲臺遍法界。供養十方無量佛，見聞普薰證寂滅。」⓬解脫知見香　解脫塵俗繫縛之後，掃除障蔽，返照觀心，以其功德比喻為解脫知見香。有人認為五分法身超脫五陰：戒超色陰，定超受陰，慧超想陰，解脫超行陰，解脫知見超識陰，故有次第。⓭此香各自內薰二句　意謂以此五分法身香修養內心，而不要向外尋找佛法。禪宗認為眾生心中有本覺之真如，薰染內心，使人追求涅槃之樂，謂之內薰。

【語　譯】當時慧能大師看見廣州、韶州以及四方的學者百姓，都聚集到曹溪山中，希望聽講佛法。於是他登上法壇，對眾人說道：

來吧，各位佛門師友、各位施主！修行佛法這件事要從體悟自身的佛性做起，要在一切時候、每一心念之間都自己清淨本心，自己虔誠修行，觀照自身的真如，看到自己心中的佛，自我度越，自我守戒。這樣才算不枉來此山中學習佛法。各位既然從遠方而來，共同聚會到這裏，都有著共同的緣分。現在各位可以分別以右膝著地跪下，我先為大家傳授自性五分法身香，然後再傳授無相懺悔法。

眾人都右膝著地跪下。慧能大師講道：

五分法身香是：一、戒香，就是在自己的心中，沒有為非的心念，沒有邪惡的動機，沒有嫉妒的情緒，沒有貪欲與嗔怒，沒有劫奪與傷害他人的想法，這就名曰戒香。二、定香，就是看到各種善惡的境相，自心不受染著，不為惑亂，這就名曰定香。三、慧香，就是自心坦蕩無礙，經常用般若智慧觀照自身的本性，不做任何壞事。雖說修行眾多的善行，然而內心超脫而不執著。尊敬長者，關懷幼弱，同情幫助孤單貧窮的人，這就名曰慧香。四、解脫香，就是自心不攀緣任何世相，不思善，不思惡，自由自在，無牽無掛，這就名曰解脫香。五、解脫知見香，就是自心既不牽掛世間的善惡因緣，又不能沉溺於空虛的境界，枯守寂滅；而必須廣泛學習，增長見聞，認識自己的本心。通達各種佛說的義理，和光同塵，平易待人，不執著於人我的區別，直至進入覺悟的境界，保有真如佛性而永不改變，這就名曰解脫知見香。

各位佛門師友、各位施主！應該用上述五分法身香修養內在的心性，使香氣內薰，而莫要向外界尋覓佛法。

今與[1]汝等授無相懺悔，滅三世罪[2]，令得三業清淨[3]。善知識！各隨我語。

一時道：

弟子等，從前念、今念及後念，念念不被愚迷染，從前所有惡業愚迷❹等罪，悉皆懺悔，願一時銷滅，永不復起。弟子等，從前念、今念及後念，念念不被憍誑染，從前所有惡業憍誑❺等罪，悉皆懺悔，願一時消滅，永不復起。弟子等，從前念、今念及後念，念念不被嫉妒染，從前所有惡業嫉妒❻等罪，悉皆懺悔，願一時消滅，永不復起。

善知識！已上是為無相懺悔。云何名懺？云何名悔？懺者，懺其前愆❼。從前所有惡業，愚迷、憍誑、嫉妒等罪，悉皆盡懺，永不復起，是名為懺。悔者，悔其後過❽。從今已後所有惡業，愚迷、憍誑、嫉妒等罪，今已覺悟，悉皆永斷，更不復作，是名為悔。故稱懺悔。

凡夫愚迷，只知懺其前愆，不知悔其後過。以不悔故，前罪不滅，後過又生。前罪既不滅，後過復又生，何名懺悔？

【章　旨】無相懺悔就是既要請求寬恕從前所犯的全部過失，又決心永遠斷除此後的罪過。如果前罪不滅，後過又生，不能名為懺悔。

【注　釋】❶與　向；對。❷三世罪　指世世代代所犯的罪過。佛教認為過去世所犯罪業，現在世會得到報應；現在世所犯罪業，未來世會得到報應。如此循環不已，統稱為三世罪。❸令得三業清淨　使得人的一切思想、言語及行為都免除罪過，達到清淨的境界。佛教以身之活動為身業，口之言說為口業，心之思想為意業，總稱三業。《華嚴經・普賢行願品》云：「我昔所造諸惡業，皆由無始貪瞋癡。從身語意之所生，一切我今皆懺悔。」與此意同。❹惡業愚迷　指由於心性愚昧、闇於事理而犯下的惡行。業有善惡之分，善業得善報，惡業得惡報。❺惡業憍誑　指由於傲慢自負、欺騙他人所犯的惡行、過失。憍，憑恃所長而自高凌物。❻惡業嫉妒　指由於妒忌他人而犯下的惡行、過失。佛教所指三重障，一曰我慢，二曰嫉妒，三曰貪欲。❼懺者懺其前愆　懺，為梵文「懺摩」之略，有坦白所犯罪過、請求寬恕之意。前愆，從前所犯罪業與過錯。❽悔者悔其後過　認為悔是在請求寬恕前罪的基礎上，又決心斷除今後類似的罪過。

【語　譯】慧能大師接著說道：現在我就向你們各位傳授無相懺悔法，消除過去、現在、未來三世所犯的罪過，使得你們各位在一切思想、言語、行為方面能做到三業清淨。各位佛門師友、各位施主！你們各位都跟隨我念誦。

於是大家一起念道：

我們這些佛門弟子，從過去的心念、當今的心念，以及此後的心念，要念念不受愚昧迷妄的污染。從前所有因為愚昧迷妄所犯下的罪過，全部懺悔，祈求寬恕。希望這些罪過頃刻間統統消除，永遠不再重犯！我們這些佛門弟子，從過去的心念、當今的心念，以及此後的心念，要念念不受驕慢欺誑的污染。從前所有因為驕慢欺誑所犯下的罪過，全部懺悔，祈求寬恕。希望這些罪過頃刻間統統消除，永遠不再重犯！我們這些佛門弟子，從過去的心念、當今的心念，以及此後的心念，要念念不受嫉妒他人所污染。從前所有因為嫉妒他人所犯下的罪過，全部懺悔，祈求寬恕。希望這些罪過頃刻間統統消除，永遠不再重犯！

各位佛門師友、各位施主！上面所傳授的就是無相懺悔法。什麼叫做懺？什麼叫做悔？所謂懺的意思，就是祈求寬恕從前犯下的罪過。從前所做的所有惡業，包括因為愚昧迷妄、驕慢欺誑、嫉妒他人而造下的罪過，全部懺悔，祈求寬恕，永遠不再興起這類心念，這就叫做懺。所謂悔的意思，就是決心斷除以後的罪過。從今以後，所有邪惡的思想、言語、行為，包括因為愚昧迷妄、驕慢欺誑、嫉妒他人之類的罪過，如今已經覺悟，此後要全部永遠斷除，再不重犯，這就叫做悔。二者合起來，所以稱為懺悔。

世俗之輩愚昧迷妄，他們只知祈求寬恕從前的過失，不知決心斷除後來的罪過。因為不思悔改，因而從前的罪過沒有消除，後面的罪過又重新產生。前面的罪過既未滅除，後面的罪過又重新產生，怎麼能叫懺悔呢？

善知識！既懺悔已，與善知識發四弘誓願[1]。各須用心正聽：自心[2]眾生無邊誓願度，自心煩惱無邊誓願斷，自性法門無盡[3]誓願學，自性無上佛道誓願成。

善知識！大家豈不道眾生無邊誓願度？恁麼道❹，且不是慧能度。善知識！心中眾生，所謂邪迷心、誑妄心、不善心、嫉妒心、惡毒心，如是等心，盡是眾生❺，各須自性自度，是名真度。

何名自性自度？即自心中邪見、煩惱、愚癡眾生，將正見度❻。既有正見，使般若智打破愚癡迷妄眾生，各各自度。邪來正度，迷來悟度，愚來智度，惡來善度。如是度者，名為真度。

又煩惱無邊誓願斷，將自性般若智除卻虛妄思想心是也。又法門無盡誓願學，須自見性，常行正法❼，是名真學。又無上佛道誓願成，既常能下心，行於真正❽。離迷離覺，常生般若❾。除真除妄，即見佛性❿，即言下佛道成。常念修行，是願力法⓫。

【章旨】誓願從自心自性中度脫無數眾生，斬斷無邊煩惱，學習無盡法門，成就無上佛道，這就是佛門中的「四弘誓願」。

【注　釋】❶四弘誓願　奉大乘佛教者，初發心學道時，要立下誓願。佛經將這些誓願總括為四項，即四弘誓願。見《止觀大意》。❷自心　慧能在通常四弘誓願每句前，各加「自心」或「自性」二字，表現了他的即心即佛、自性自度的思想傾向。❸自性法門無盡　意謂人自身本性之中，蘊藏無窮無盡修習成佛的法門。佛經載云佛教法門，有八萬四千之多。❹恁麼道　這麼說。恁，如此；這樣。❺如是等心二句　世間眾多事物，假和合而生，亦名眾生。《大乘義章》六曰：「依於五陰和合而生，故名眾生。」❻將正見度　意謂用正見去打破上述邪見、煩惱、愚癡之類的心念。將，用。正見，八正道之一，指能識心見性、了悟諸法實相之智慧。❼常行正法　永遠奉行真正的佛法。正法，相對邪法而言。❽行於真正　行為不離真如、正道。佛教以正見、正思維、正語、正業、正命、正精進、正念、正定為八正道，依此修行，可達涅槃。❾離迷離覺二句　意謂超越迷惑、超越覺醒兩邊，而心中常生出般若智慧。❿除真除妄二句　超越所謂的真實與虛妄這兩端的見地，就可以見到佛性了。《維摩詰經・不二法門品》云：「實、不實為二。實見者尚不見實，何況非實？所以者何？非肉眼所見，慧眼乃能見。而此慧眼，無見無不見，是為入不二法門。」⓫願力法　憑依誓願之力，以修行佛道之法。

【語　譯】各位佛門師友、各位施主！既然已經懺悔了，現在我就與大家一起立下四條弘誓大願。各位必須用心仔細聽著：自己心中的無數眾生，立下誓願要度脫；自己心中的無邊煩惱，立下誓願要斷除；自己本性中的無盡法門，立下誓願要學習；自己本性中至高無上的佛道，立下誓願要成就。

各位佛門師友、各位施主！大家不是說眾生無邊誓願度嗎？這樣說，並不是要由慧能我去度脫它們。各位佛門師友！心中眾生，是指邪僻迷惑之心、誑騙欺妄之心、不善之心、嫉妒之心、惡毒之心，以及與此類似的一些心念，這些都是眾生。各位必須憑藉自身的佛性來自己度脫自己，這才叫做真度脫。

什麼叫做憑藉自身的佛性來自己度脫自己呢？就是說對於心中的邪見、煩惱、愚癡之類的眾生，要用正見去度脫它們。既然有了正見，就用般若智慧去打破愚癡、迷妄這些眾生的束縛，每個人自己來度脫自己。邪見產生時便用佛的正見去度脫，迷惑產生時便用佛的智慧去度脫，罪惡的心念產生時便用善念去度脫。只有這種自我度脫，才叫做真度脫。

大家又說煩惱無邊誓願斷，就是要用自性中本來具有的般若智慧去除掉各種虛妄的心念與意識。大家又說法門無盡誓願學，這就必須認識自身的佛性，永遠奉行真正的佛法，這才叫做真學。大家又說無上佛道誓願成，就是說常能以恭敬謙卑的心，行於正道、合於真如。能夠超越所謂的迷惑與覺醒的兩端之見，就能時時生出般若智慧。而能夠超越所謂的真實與虛妄的兩端之見，就能立即見得佛性，就能當下成就佛道。經常記住遵照四弘誓願修行，這就是藉助願力修行佛道的方法。

善知識！今發四弘願了，更與善知識授無相三歸依戒❶。

善知識！歸依覺，兩足尊❷；歸依正，離欲尊❸；歸依淨，眾中尊❹。

從今日去，稱覺為師，更不歸依邪魔外道❺。以自性三寶常自證明❻。勸善知識，歸依自性三寶。佛者，覺也；法者，正也；僧者，淨也。自心歸依覺，邪迷不生，少欲知足，能離財色，名兩足尊。自心歸依正，念念無邪見。以無邪見故，即無人我，貢高❼、貪愛、執著，名離欲尊。自心歸依淨，一切塵勞、愛欲境界，自性皆不染著，名眾中尊。若修此行，是自歸依。

凡夫不會，從日至夜，受三歸戒❽。若言歸依佛，佛在何處？若不見佛，憑何所歸？言卻成妄。善知識！各自觀察❾，莫錯用心。經文分明言自歸依佛❿，不言歸依他佛。自佛不歸，無所依處。今既自悟，各須歸依自心三寶。內調心性，外敬他人，是自歸依也。

【章　旨】無相三歸依戒就是從自性中領悟三寶：佛就是覺悟，法就是正道，僧就是清淨。只有歸依自性三寶，才能證得佛果。

【注　釋】❶無相三歸依戒　即以佛性為宗旨的三歸依戒法。無相，指佛性、真如。佛教倡言歸依佛以為師，歸依法以為藥，歸依僧以為友，謂之三歸依。三歸依是在家居士初入佛道時的受戒之法，應由法師授之。受戒者先懺悔從前的罪業，起純淨之信心，然後跟隨法師口唱三歸依之語。有五戒三歸、八戒三歸、三十戒三歸、具足戒三歸諸種。❷歸依覺二句　意謂歸依於覺悟，就會獲得福慧雙足的人間至尊。佛之意譯為覺，凡能自覺覺他、覺行圓滿者皆可稱佛。兩足尊，是佛的尊號，兩足本義指人。或以戒、定功德為二足，或以福慧俱備為二足，均可通。❸歸依正二句　意謂歸依於佛之正法，就能成為離絕欲界煩惱之至尊。正，指正道、正念、正法。❹歸依淨二句　意謂歸依於清淨，就能成為受到眾人崇敬的至尊。佛教以心體不受污染為淨，所以佛陀又稱淨覺，僧人又稱為淨侶。❺邪魔外道　指佛門之外的其他宗教或思想派別。❻以自性三寶常自證明　從人的自性本來具有的三寶中去領悟、證得佛法。三寶，指佛、法、僧。〈般若品〉云：「三世諸佛、十二部經，在人性中本自具有」，「若自悟者，不假外求。」與此意旨相通。❼貢高　傲慢；自高自大。❽凡夫不會三句　意謂世俗之輩不能領會上述自性三寶的妙義，從日至夜，只是從外在形式上接受三歸依戒。❾觀察　指體悟自性，以作考察判斷。❿經文分明言自歸依佛　《華嚴經・淨行品》云：「自歸於佛，當願眾生，紹隆佛種，發無上意。」即此語所本。

【語　譯】各位佛門師友、各位施主！現在已經立下四弘誓願了，再為各位傳授無相三歸依戒。

各位佛門師友、各位施主！歸依於覺悟，就能成為福慧雙足、功德圓滿的人間至尊。歸依於正法，就能成為離絕欲染煩惱的至尊。歸依於清淨，就能成為受到眾人崇敬的至尊。從今往後，要以心中的覺悟為師，不再歸依其他邪魔外道，要用自性本來具有的三寶去證得佛性。奉勸各位佛門師友，都要歸依自性中本有的佛、法、僧三寶。所謂自性中的佛，就是覺悟的意思；所謂自性中的法，就是正道正念的意思；所謂自性中的僧，就是清淨的意思。自我的本心歸依於覺悟，就不會生出邪見與迷妄，就能少欲而知足，能超脫財富與色相，這就叫做福慧雙足、功德圓滿的人間至尊。自我的本心歸依於正念正道，每一心念之間都毫無邪見。因為心中沒有邪見的緣故，所以就沒有人我之心，沒有傲慢自大的惡習，沒有貪愛執著的世俗欲望，這就叫做超離欲執煩惱的至尊。自我的本心歸依於清淨，那麼任何塵世煩惱、貪愛的境界，都不會沾染自己的本性，這就叫做大眾中的至尊。若是照此修行，便是歸依自己的本性了。

世俗之輩不能領會上述妙義，日夜不休地只是從外在的形式上接受三歸戒。若是說在自性之外歸依佛，佛又在何處？若是見不到佛，那麼向何處歸依呢？既然如此，那麼歸依之語就成為虛妄的假話了。各位佛門師友、各位施主！大家各自用心觀察，體悟自性真如，莫用錯了心思。經文上寫得明明白白，說是自歸依佛，並沒有說歸依於其他的佛。不歸依於自己心中的佛，就沒有歸依之處。如今既然已經自己了悟，大家各自都要歸依自己本性中的三寶。對內調整好自己的心性，對外則要尊敬他人，這就是歸依於自己的本性了。

善知識！既歸依自三寶竟，各各志心，吾與說一體三身自性佛❶，令汝等見三身，了然自悟自性。總隨我道：「於自色身歸依清淨法身佛❷，於自色身歸依圓滿報身佛❸，於自色身歸依千百億化身佛❹。」

善知識！色身是舍宅，不可言歸❺。向者三身佛，在自性中，世人總有，為自心迷，不見內性，外覓三身如來，不見自身中有三身佛。汝等聽說，令汝等於自身中見自性有三身佛。此三身佛，從自性生，不從外得。

何名清淨法身佛？世人性本清淨，萬法從自性生。思量一切惡事，即生惡行；思量一切善事，即生善行。如是諸法在自性中。如天常清，日月常明，為浮雲蓋覆，上明下暗。忽遇風吹雲散，上下俱明，萬象皆現。世人性常浮游，如彼天雲❻。

善知識！智如日，慧如月，智慧常明。於外著境，被自念浮雲蓋覆，自性不得明朗。若遇善知識，聞真正法，自除迷妄，內外明徹，於自性中萬法皆現。見性之人，亦復如是。此名清淨法身佛。

善知識！自心歸依自性，是歸依真佛。自歸依者，除卻自性中不善心、嫉妒心、諂曲心❼、吾我心、誑妄心、輕人心、慢他心、邪見心、貢高心❽，及一切時中不善之行，常自見己過，不說他人好惡，是自歸依。

常須下心，普行恭敬，即是見性通達，更無滯礙，是自歸依。

何名圓滿報身？譬如一燈能除千年暗[9]，一智能滅萬年愚[10]。莫思向前，已過不可得。常思於後，念念圓明[11]，自見本性。善惡雖殊，本性無二[12]。無二之性，名為實性[13]。於實性中，不染善惡，此名圓滿報身佛。自性起一念惡，滅萬劫善因。自性起一念善，得恆沙惡盡，直至無上菩提[14]。念念自見，不失本念[15]，名為報身。

何名千百億化身？若不思萬法，性本如空，一念思量，名為變化。思量惡事，化為地獄[16]；思量善事，化為天堂。毒害化為龍蛇[17]，慈悲化為菩薩。智慧化為上界，愚癡化為下方。自性變化甚多，迷人不能省覺，念念起惡，常行惡道[18]。回一念善，智慧即生，此名自性化身佛。

善知識！法身本具。念念自性自見，即是報身佛。從報身思量，即是化身佛[19]。自悟自修自性功德，是真歸依。皮肉是色身，色身是宅舍，不言歸依也。但悟自性三身，即識自性佛。

【章　旨】人的自性中有著清淨法身佛、圓滿報身佛與無數化身佛，要歸依自性中的三身佛，自悟自修自身功德，方是真歸依。

【注　釋】❶一體三身自性佛　意謂佛之三身，即法身、報身、化身，都存在於自性之中。佛教認為佛有三種身：法身指自性清淨、不生不滅、成就一切功德之身；報身指以法身為因，經過修習而獲得的佛果之身；化身指佛、菩薩度化眾生時所變化的種種形相之身。慧能以自性解說三身佛，強調歸依三身佛就是歸依於自性，與通常教義有所區別。❷於自色身歸依清淨法身佛　以自己的有形之身歸依於真如清淨的法身佛。《涅槃經‧金剛身品》云：「如來身者，是常住身、不可壞身、金剛之身，非雜食身，即是法身。」法身的性質是「不生不滅，不習不修，無量無邊，畢竟清淨」。❸於自色身歸依圓滿報身佛　以自己的有形之身歸依於功德圓滿的報身佛。報身又稱受用身，通常認為是依法修行所成就的佛身，慧能則認為悟得自性即是圓滿報身佛。❹於自色身歸依千百億化身佛　意謂用自己的有形之身歸依於無窮無盡的化身佛。化身，又稱應身，乃隨機而現的佛身。《梵網經》下云：「一花百億國，一國一釋迦」，「千百億釋迦，各接微塵眾。」❺色身是舍宅二句　意謂人的血肉之軀就像暫時寄居的房舍一樣，不能說歸依於色身。唐代以人的軀體喻為舍宅之例，見《太平廣記》卷三七六〈陸彥〉一則。❻世人性常浮游二句　〈般若品〉云：「邪見障重，煩惱根深，猶如大雲覆蓋於日，不得風吹，日光不現。」與此意同。❼諂曲心　與直心相反，指曲己以媚人。《大般涅槃經》卷二六云：「菩薩摩訶薩於眾生作質直心，一切眾生若遇因緣則生諂曲。」❽貢高心　傲慢、自高自大之心。❾一燈能除千年暗　佛經常以一燈比喻佛法智慧能照破世俗之迷闇。《華嚴經‧入法界品》云：「譬如一燈入於暗室，百千年暗悉能破盡。」❿一智能滅萬年愚　佛性智慧能斷滅萬年積累之愚癡。一智，即一切種智，又名佛智。⓫念念圓明　每一瞬間之心念，都是圓融明徹的真如。圓明，形容佛性圓滿無缺，通明透亮。⓬善惡雖殊二句　世間善惡之相雖然不同，其內在的法性則並無區別。禪宗認為一切形相都是法性的顯現，而法性平等，故云不二。⓭實性　即法性、真如。《仁王經》云：「諸法實性，清淨平等，非有非無。」⓮無上菩提　至高無上的覺悟。菩提有三等，即聲聞菩提、緣覺菩提、佛菩提。無上菩提即佛菩提。⓯念念自見二句　念念之間，能觀照自有本性，不失般若智慧之心念。本念，指合於佛智、自性本有的心念。⓰思量惡事二句　若是想行惡事，自心就會立刻化為地獄。⓱毒害化為龍蛇　若是生起毒害他人之心，自己立刻就會化為殘害眾生的龍蛇。傳說有毒龍為害眾生，受戒之後，忍受諸般痛苦，最終成佛。這裏是用龍蛇之相啟發世人覺悟，使人勿生毒念之意。⓲念念起惡二句　迷惑之人時常生起邪惡之念，所以只能在三惡道中輪迴。惡道，指地獄道、餓鬼道、畜生道，稱三惡道。⓳從報身思量二句　從報身生起心念，即是化身佛。慧能認為「不失本念，名為報身」，所以報身即是本性的表現。報身，敦煌本作「法身」。

【語　譯】各位佛門師友、各位施主！各位既然已經歸依了自性中的佛、法、僧三寶，現在大家都要專心聽好，我來講說一體三身自性佛，讓各位認識佛的三身，徹底體悟自身中的佛性。大家一起跟隨我念：「用自己的有形色身歸依真如清淨的法身佛，用自己的有形色身歸依功德圓滿的報身佛，用自己的有形色身歸依千百萬億、其數無窮的化身佛。」

各位佛門師友、各位施主！人的有形色身就如同暫時居住的房舍一樣，所以不能說歸依於有形之身。剛才我所講的法身佛、報身佛、化身佛都在人的自性中，世間每人都是有的，只因為世人心地迷惑，未能體悟到自己內在的本性。只知道向外尋覓三身佛，而看不到自己本性之中就有三身佛。你們各位聽我說，我要讓你們在自身之中見到自性本來具有的三身佛。這三身佛，是從自性中產生的，而不是從外面得到的。

什麼叫做清淨法身佛呢？世人自身具有的佛性本來是清淨無染的，萬般物相都從這佛性中產生。思量任何罪惡的事，就會產生罪惡的行為；思量任何善良的事，就會產生善良的行為。世上的萬事萬物萬相，都是存在於自性之中。猶如天空常清，日月常明，只是由於浮雲一時覆蓋，因而天上明亮而地下昏暗。若是忽然風吹雲散，那就上下一片明亮，人間萬象盡皆顯現了出來。世人心性常浮動不定，就像天上常有浮雲一樣。

各位佛門師友、各位施主！智就像是太陽，慧就像是月亮。般若智慧永遠是明亮的。只是人若是執著於外在境相，被種種邪見煩惱的浮雲覆蓋，自性就不能明朗。若是遇見佛門師友，得以聽到真正的佛法，自己掃除心中的迷惑與妄念，內外就會一片澄澈，就會在自性中顯現出宇宙的森羅萬象。能自己悟見本性的人，也是如此的。這就叫做清淨法身佛。

各位佛門師友、各位施主！自心歸依於自己的本性，就是歸依真正的佛。歸依於自己本性的人，就要除掉自性中的不善之心、嫉妒之心、諂曲之心、執著自我之心、虛偽欺妄之心、輕視別人之心、怠慢他人之心、驕傲自大之心，以及任何時候一切不善的行為。經常反省自己的過錯，不說他人的是非好壞，這就是歸依於自己的本性。時常要有謙下之心，時時處處保持謙虛恭敬的態度，就是悟見了自己的本性，就能通達佛理，再也沒有滯礙，這就是歸依於自己的本性。

什麼叫做圓滿報身佛呢？這就好比一盞佛燈可以照破千年的迷闇，佛的智慧能夠斷除萬年的愚癡。莫要思量從前的事情，已經過去的不可再得。要經常思量未來怎麼辦，在每一心念之間都證得真如的圓融明徹，就能體悟到自己的本性。善惡的表相雖然不同，但是其內在的本性卻並無區別。這種唯一無二之性，便是真如法性。在法性之中，不沾染世間的善惡，這就叫做圓滿報身佛。內心若是生起一個惡念，長期修行種下的善因功德就會全部毀滅。內心若是生出一個善念，則過去犯下的眾多罪業就會全部消除，直到獲得至高無上的佛的覺悟。在每一瞬間的心念中都能自見本性，都不離失本有的心念，這就是報身佛。

什麼叫做千百億化身？倘若不思量執著世間一切事物境相，此時人的本性呈現虛空的狀態。而一旦生起心念，就會有所變化。若是思量做惡事，心中就立刻變化成地獄。若是思量行善事，心中就立刻變化成天堂。若是生起毒害之心，自己就會立刻變成為害眾生的龍蛇。若是生起慈悲之心，就會立刻化為救度眾生的菩薩。若是不忘般若智慧，自性就會現出上界諸天的形象；若是沉溺於愚癡之中，自性就會現出下界三惡道的形象。自性變化的形態很多，迷惑者不能自己省察覺悟，他們不斷生起邪惡的心念，因此常在三惡道中輪迴。只要在一念之間回心向善，就會立即生出般若智慧，這就叫做自性化身佛。

各位佛門師友、各位施主！法身是每一個人都本來具有的。在每一心念間都能體悟到自身的本性，就是報身佛。從報身中產生出心念，就是化身佛。自己領悟、自己修行以證得自性的功德，這就是真正的歸依。人的血肉軀體是色身，色身好比只是暫時寄居的房舍，所以不能說歸依色身。只要領悟了自性中的法身、報身、化身，就認識了自己本性中的佛。

吾有一〈無相頌〉，若能誦持，言下令汝積劫迷罪，一時消滅[1]。頌曰：

迷人修福不修道❷，只言修福便是道。布施供養福無邊，心中三惡元來造❸。

擬將修福欲滅罪，後世得福罪還在。但向心中除罪緣❹，各自性中真懺悔。

忽悟大乘真懺悔，除邪行正即無罪。學道常於自性觀，即與諸佛同一類。

吾祖唯傳此頓法❺，普願見性同一體。若欲當來覓法身，離諸法相心中洗❻。

努力自見莫悠悠❼，後念忽絕一世休❽。若悟大乘得見性，虔恭合掌至心求。

師言：善知識！總須誦取，依此修行，言下見性。雖去吾千里，如常在吾邊。於此言下不悟，即對面千里。何勤遠來？珍重好去。

一眾聞法，靡不開悟，歡喜奉行。

【章　旨】慧能傳授〈無相頌〉，告誡信眾莫將布施求福誤為佛道，要努力從心中清除罪緣，發現自性，才能獲得佛法。

【注　釋】❶言下令汝積劫迷罪二句　誦持此頌，可使歷生累世因愚癡迷惑所犯罪業，當下便全部消滅。敦煌本云：「亦名〈滅罪頌〉。」❷迷人修福不修道　世上愚昧癡迷之眾，只知道布施設齋，祈求福報，而不知道修行佛道。修福，指以布施、齋僧之類的行為以求福，即福田之類。〈疑問品〉云：「功德在法身中，不在修福。」❸心中三惡元來造　意謂心中原有之三惡依然在造作。三惡，即心中貪欲之知覺、嗔恚之知覺以及侵害他人之知覺，合稱三惡覺。三惡，一本作「三業」。❹罪緣　罪惡之緣由，此指三惡覺，或指三毒，皆可通。敦煌本云：「三毒惡緣心中洗。」❺吾祖唯傳此頓法　五祖弘忍只傳授給我此種頓悟法門。〈般若品〉云：「我於忍和尚處，一聞言下便悟，頓見真如本性」，「是以將此教法流行，令學道者頓悟菩提，各自觀心，自見本性。」與此句意同。❻離諸法相心中洗　心中超越世間欲念，不沾著各種物相。法相，此指萬物相狀、名義。《大乘義章》卷二云：「一切世諦有為無為，通名法相。」❼悠悠　形容隨從世俗，虛度時日。又代指世俗平庸之輩。高適〈淇上送別王秀才〉：「行矣當自愛，壯年莫悠悠。」❽後念忽絕一世休　指身死念絕，生命了結。後念忽絕，敦煌本作「忽然虛度」。

【語　譯】我有一首〈無相頌〉，各位若能誦持，當下就能使各位累生累世所積的迷妄之罪，即時完全消除。這首偈頌說道：

迷惑者只求福報不修道，卻道是修福便是佛道。儘管布施齋僧福田無邊際，心中的三種惡念依然繼續造作。

想用布施求福來消除罪業，後世雖得福報罪業仍然還在。只要從心中清除罪業的根由，那就是在自性中真正的懺悔。

頓時悟得大乘真正的懺悔，除去邪念履行正道就能無罪。學習佛法要經常觀察自性，心中一旦醒悟便與佛陀同類。

五祖向我傳授此種頓悟法門，普願天下眾生一起悟見佛性。若是想要覓得自我法身，從心中洗去世間諸相便歸於清淨。

努力修行自性莫讓歲月虛度，一旦大限來臨便萬事皆休。若要悟得大乘佛法見自性，就必須謙恭虔誠用心追求。

慧能大師說道：各位佛門師友、各位施主！大家都要誦念這首〈無相頌〉，依照修行，當下便悟見本性。若能如此，即使與我相距千里，也好似在我身邊一樣。若是誦念之後，不能領悟，即使與我面對面，也好似相距千里。何必要辛勤勞累，從遠處前來此地？各位自己珍重，好好回去吧！

眾人聽慧能講說了佛法，無不開悟。大家都歡歡喜喜，遵照奉行。

機緣品第七

【題　解】此篇敘述慧能演說佛法、普度眾生的機遇與因緣。《金光明最勝王經・如來壽量品》云：「隨其器量，善應機緣，為彼說法，是如來行。」機緣二字之義如此。

由於門徒弟子根器不同，所提問題的角度境況有別，慧能隨機示教，應緣說法，從不同的視角闡說了禪宗的義理。概要的說，主要為以下幾個方面：一、佛出生於世，為的是開啟世人的「佛知見」，使世人「常生智慧，觀照自心，止惡行善」。二、誦讀佛教經典，貴在自悟。若能本於自性，「口誦心行，即是轉經；口誦心不行，即是被經轉」。三、佛說三乘，乃是譬喻之辭。三車是假，一乘是實。四、自性是三身的本體，四智是自性的作用。三身、四智，都離不開人自身的佛性。五、自性本無形相，不要著相求法，要做到「心如虛空，不著空見」，達到「一切時中，自性自如」，「應用無礙，動靜無心」。六、要在自性中定慧雙修，超脫物相，實現無生無滅的涅槃境界。這種境界不能以世俗的心理去推想。

慧能對法達講說《法華經》，對智通講說《楞伽經》，對志道講說《涅槃經》，對於法海則是直指心源，揭示即心即佛的妙旨。因人因事，隨境說法，這就是慧能普度世人的機緣。

師自黃梅得法，回至韶州曹侯村，人無知者。時有儒士劉志略❶，禮遇甚厚。志略有姑為尼，名無盡藏❷，常誦《大涅槃經》❸。師暫聽即知妙義，遂為解說。尼乃執卷問字，師曰：「字即不識，義即請問。」

尼曰：「字尚不識，焉能會義？」

師曰：「諸佛妙理，非關文字❹。」

尼驚異之，遍告里中耆德❺云：「此是有道之士，宜請供養❻。」

有魏武侯玄孫曹叔良及居民，競來瞻禮。時寶林古寺自隋末兵火已廢，遂於故基重建梵宇，延師居之，俄成寶坊❼。

師住九月餘日，又為惡黨❽尋逐，師乃遁於前山。被其縱火焚草木，師隱身挨入石中得免。石今有師趺坐膝痕❾，及衣布之紋，因名避難石。

師憶五祖「懷會止藏」之囑❿，遂行隱於二邑焉。

【章旨】慧能從黃梅得法後，回到曹侯村，為無盡藏尼講說佛法，機緣契合，遂住寶林寺，其間的有關經歷與遭遇。

【注　釋】❶劉志略　《曹溪大師別傳》云：慧能三十歲時，行至曹溪，與村人劉志略結義為兄弟。晝則役力，夜即聽經。所載與此有異。❷志略有姑為尼二句　《曹溪大師別傳》云：劉志略有姑，出家配山澗寺，名無盡藏。無盡藏，佛之功德廣大，蘊藏無盡，因以為名。❸大涅槃經　即《大般涅槃經》，有南北兩種譯本，北本為北涼曇無讖譯，共四十卷。南本由南朝宋慧嚴、慧觀與謝靈運整理潤色而成，共三十六卷。記錄佛祖釋迦牟尼入涅槃前說法的情狀，對於大乘義理進行了總結性的闡述。涅槃，指圓寂，後世僧人去世稱涅槃。❹諸佛妙理二句　諸佛所闡說之佛法妙旨，與文字無關。《曹溪大師別傳》載慧能曰：「佛性之理，非關文字。」宋贊寧《續高僧傳》載慧能曰：「諸佛理論，若取文字，非佛意也。」均與此意同。❺耆德　德高望重之長者。耆，老人；長者。❻供養　敬祀佛祖、供奉僧人，皆云供養。❼寶坊　寶剎，對於佛教寺廟的美稱。❽惡黨　指為爭奪五祖所傳袈裟而追尋前來的一幫惡人。❾石今有師趺坐膝痕　石上至今留下了慧能盤腿疊足而坐的痕跡。趺坐，雙足交叉置於左右大腿上，是僧人修行時的坐姿。❿懷會止藏之囑　慧能離開黃梅前，五祖指示他「逢懷則止，遇會則藏」。慧能後來隱藏於懷集、四會之間，便與此語相應。參見〈行由品〉。

【語　譯】慧能大師自從在黃梅五祖處得到所傳佛法，然後回到廣東韶州曹侯村，當時並沒有人知道慧能得法的事情。此時當地有一位讀書人名叫劉志略，他對慧能很是禮敬，照顧得非常周到。劉志略有個姑母出家做了尼姑，法名無盡藏，時常誦讀《大涅槃經》。慧能一聽，當即領悟了其中蘊涵的精妙佛義，於是便講解給無盡藏聽。無盡藏有一次手持佛經書卷，向慧能請問經書中的文字。慧能說道：「我不認識文字，請你問書中的義理吧！」

無盡藏說道：「連佛經中的文字都不認識，怎麼能夠體會義理呢？」

慧能告訴她說：「諸佛所講說精妙的義理，是與文字沒有什麼關係的。」

無盡藏聽到慧能的議論，感到十分驚異。她於是將這件事一一告訴村中年邁德高的長者，說：「慧能是一位悟得佛法的人，應該受到禮敬供養。」

村中有一位名叫曹叔良的人，是三國魏武帝曹操的後裔。他與許多其他的村民一起，紛紛前來瞻仰，向慧能表達敬意。當地的寶林古寺，自從隋朝末年在兵火戰亂中被燒毀以來，一直沒有修復。大家便在寶林寺原有的基礎之上重新建起廟宇，請慧能大師住寺住持。很快，這裏就成了宣講佛法的寶剎。

慧能在寶林寺中住了九個多月。這時有一幫想要搶奪衣鉢的惡徒追逐搜尋而來，慧能於是躲藏到前山之中。那幫兇惡之徒放火焚燒山上的草木，慧能將身體隱藏進石縫隙中才得以免除這場災難。那塊石頭上至今還留下了慧能大師盤腿打坐的痕跡以及所穿布衣上的摺紋，因此人們稱之為避難石。慧能大師想起離開黃梅時五祖對他「逢懷則止，遇會則藏」的囑咐，他於是就在懷集與四會兩城之間隱居了下來。

僧法海[1]，韶州曲江人也。初參祖師，問曰：「即心即佛[2]，願垂指諭。」

師曰：「前念不生即心，後念不滅即佛[3]。成一切相即心，離一切相即佛❹。吾若具說，窮劫不盡❺。聽吾偈曰：即心名慧，即佛乃定❻。定慧等持，意中清淨❼。悟此法門，由汝習性❽。用本無生，雙修是正❾。」

法海言下大悟，以偈讚曰：「即心元是佛，不悟而自屈❿。我知定慧因，雙修離諸物。」

【章　旨】慧能大師教導法海，即心即佛就是要在自性中定慧雙修，超然脫離物相，而禮拜自心之佛。

【注　釋】❶法海　慧能的門徒，是《壇經》一書最早的抄錄、整理者。❷即心即佛　意謂佛在心中，心即是佛。又曰即心是佛，是禪宗的重要觀念。即，不二、不離，融為一體。❸前念不生即心二句　意謂從前未生正念時即是心，從今往後正念不滅即是佛。這是慧能對法海的開示，所以前念、後念有特定的涵義。❹成一切相即心二句　意謂造成世上一切物相的是心，超脫世上一切物相的便是佛了。《金剛經》云：「凡所有相，皆是虛妄。若見諸相非相，即見如來。」與此意旨相通。❺窮劫不盡　永生累世也說不完。窮劫，形容時間之久長。劫，佛教以天地由生成到毀滅謂之一劫。❻即心名慧二句　可讀為「即心即佛，名慧名定」，意謂佛教之禪定與智慧均存在於人心之中。二句互文見義。❼定慧等持二句　禪定與般若智慧同時雙修，即可達到意念清淨無染。❽悟此法門二句　指悟得此種法門，在於你自己修習本性。習性，指清除障蔽，識得自性。❾用本無生二句　意謂觀無生之理，定慧雙修，以破生滅之煩惱，是修持佛法的正確途徑。無生，指涅槃之真理，無生無滅，故云。❿不悟而自屈　意謂不悟自性，不拜自性佛，卻拜他佛，是自尋屈辱。

【語譯】僧人法海，是韶州曲江人。他當初參見慧能大師時，問道：「心即是佛，這句話怎麼理解？祈請大師給以指示、教誨。」

慧能大師回答說：「從前你未生正念時是心，從今往後你正念不滅即是佛。造就萬般物相的即是心，超然脫離一切物相即是佛。我如果一一具體地陳說出來，那就永遠也說不完道不盡。聽我的偈頌道：人心之中本有般若智慧，唯有發顯自性才能進入禪定。只要禪定智慧二者同修，本心之中自然是一片清淨。體會此種頓悟之法，還靠你修習自性、識得自性。自性的起用本是無生無滅的，雙修定慧是成佛的不二法門。」

法海一聽，當即大徹大悟。他便用一首偈頌讚道：「自心原本是佛，不悟本性真如，只是自己屈辱了自佛。我今天明白了成佛的因由，從今後定慧雙修超脫萬物。」

僧法達，洪州人，七歲出家，常誦《法華經》[1]。來禮祖師，頭不至地。

祖訶曰：「禮不投地，何如不禮！汝心中必有一物，蘊習[2]何事耶？」

曰：「念《法華經》已及三千部。」

祖曰：「汝若念至萬部，得其經意，不以為勝❸，則與吾偕行。汝今負此事業❹，都不知過。聽吾偈曰：禮本折慢幢❺，頭奚不至地？有我罪即生，亡功福無比❻。」

師又曰：「汝名什麼？」曰：「法達。」

師曰：「汝名法達，何曾達法？」復說偈曰：「汝今名法達，勤誦未休歇。空誦但循聲，明心號菩薩❼。汝今有緣故，吾今為汝說。但信佛無言❽，蓮花從口發❾。」

【章　旨】慧能教導法達應該用佛法消除心中傲慢的舊習，而不能空誦佛經，而不達佛義。

【注　釋】❶法華經　即《妙法蓮華經》。宣講釋迦牟尼以種種方便說無上微妙之佛法，闡述眾生皆能成佛的思想，經中以蓮花處污泥而不染比喻佛法之清淨美麗，精妙絕倫，為大乘佛教之重要經典。❷蘊習　平素所修習。蘊，指長期積蓄。❸不以為勝　不因此而有驕傲自大之心。勝，指執己為勝，是一種劣習。❹負此事業　因為念誦《法華經》而自負。業，佛教以人的行為、語言、思想意識都稱為業。❺體本折慢幢　誦經習禮就是為了克服驕慢之心。慢幢，驕慢之心就像高聳的旗竿，是比喻之詞。❻有我罪即生二句　意謂心懷我執，即生罪業，忘記所立功德，則有無上之福。佛教以奉佛、誦經皆為功德，所以慧能告誡法達，要他克服我執，忘記讀經的部數。亡，通「忘」。❼空誦但循聲二句　意謂若是空誦經文，則只是按聲朗讀而已，只有明悟自性，才能成為菩薩。明心，明悟自心之佛性。❽佛無言　意謂佛法傳授，不假文字，全憑心悟。《法華經．方便品》云：「是法不可示，言辭相寂滅。」❾蓮花從口發　即心悟真如，口誦佛經，口中之蓮花即心中之佛法。蓮花，比喻佛法。

【語　譯】僧人法達，是江西洪州人。他七歲時出家，經常誦讀《妙法蓮華經》。他前來禮拜慧能大師時，叩首而頭不著地。

慧能大師叱責道：「行叩拜之禮卻頭不著地，還不如不行禮！你的心中一定有某種想法，你平素修習些什麼呢？」

法達回答說：「我誦讀《妙法蓮華經》已經有三千部了。」

慧能大師說道：「你若是誦經萬部，懂得了經文的旨意，而不因此產生驕傲自滿之心，那麼你就可以與我一道修習佛法。你現在自恃念誦《妙法蓮華經》達到三千部，卻不知道自身的罪過。你且聽我的偈頌道：禮的作用本是清除傲慢之心，既然叩首為什麼頭不著地？心中執著我見即生種種罪業，忘記所立功德才能獲福無比。」

慧能大師又問：「你叫什麼名字？」法達回答：「我的法名叫法達。」

慧能大師說：「你雖然名叫法達，然而何曾通達了佛法呢？」慧能又口念偈頌道：「你的名字叫做法達，勤於誦經無止息。但只是循聲誦讀而已，你的心實未誦讀，要知道只有能明心見性才能稱為菩薩。因為你今與我有緣分，我今為你講說佛法。只要深信佛法在心，不假言語，就會有清淨蓮花從口而發。」

達聞偈，悔謝曰：「而今而後，當謙恭一切。弟子誦《法華經》，未解經義，心常有疑。和尚智慧廣大，願略說經中義理。」

師曰：「法達！法即甚達，汝心不達❶。經本無疑，汝心自疑❷。汝念此經，以何為宗？」

達曰：「學人根性暗鈍❸，從來但依文誦念，豈知宗趣❹？」

師曰：「吾不識文字，汝試取經誦一遍，吾當為汝解說。」

法達即高聲念經，至〈譬喻品〉❺，師曰：「止！此經元來以因緣出世為宗❻，縱說多種譬喻❼，亦無越於此。何者因緣？經云：『諸佛世尊，唯以一大事因緣故出現於世❽。』一大事者，佛之知見❾也。世人外迷著相，內迷著空。若能於相離相，於空離空，即是內外不迷。若悟此法，一念心開，是為開佛知見。

「佛猶覺也，分為四門：開覺知見，示覺知見，悟覺知見，入覺知見❿。若聞開示，便能悟入，即覺知見⓫，本來真性而得出現。

「汝慎勿錯解經意，見他道開示悟入，自是佛之知見，我輩無分。若作此解，即是謗經毀佛也。彼既是佛，已具知見，何用更開？汝今當信佛知見者，只汝自心，更無別佛。蓋為一切眾生，自蔽光明，貪愛塵境，外緣內擾⑫，甘受驅馳。便勞他世尊，從三昧起⑬，種種苦口，勸令寢息，莫向外求，與佛無二，故云開佛知見。

「吾亦勸一切人，於自心中，常開佛之知見。世人心邪，愚迷造罪，口善心惡，貪嗔嫉妒，諂佞我慢⑭，侵人害物，自開眾生知見⑮。若能正心，常生智慧，觀照自心，止惡行善，是自開佛之知見。

「汝須念念開佛知見，勿開眾生知見。開佛知見，即是出世⑯。開眾生知見，即是世間⑰。汝若但勞勞執念，以為功課者，何異犛牛愛尾⑱？」

【章　旨】慧能為法達講述《妙法蓮華經》，認為佛祖來到世間，為的是開示、啟發人的覺悟，使眾生獲得佛的智慧。

【注　釋】❶法即甚達二句　意謂佛法本身平易通達，並無障礙，只是你的心中沒有領悟罷了。❷經本無

疑二句　意謂佛經教義光明圓融，並無疑問，只是你的心中有疑罷了。敦煌本此二句作「經上無疑，汝心自邪」。❸根性暗鈍　稟性資質愚昧遲鈍。❹宗趣　宗旨；旨歸。❺譬喻品　《妙法蓮華經》第三篇為〈譬喻品〉，以火宅三車之比喻講說佛法。❻此經元來以因緣出世為宗　意謂《妙法蓮華經》所講述，是以佛祖出世、開示並啟發眾生智慧為宗旨的。出世，出現於世。因緣，緣由。❼多種譬喻　《妙法蓮華經》有〈譬喻品〉的「火宅喻」，〈信解品〉的「窮子喻」，〈藥草品〉的「藥草喻」，〈化城品〉的「化城喻」，〈授記品〉的「衣珠喻」，〈安樂行品〉的「髻珠喻」，〈如來壽量品〉的「醫子喻」，合稱「《法華經》七喻」。❽諸佛世尊二句　諸位佛祖只是由於唯一的大事因緣之故，所以來到世間。一大事，指開示、傳佈佛法智慧。此二句見於《妙法蓮華經・方便品》。❾佛之知見　即一切種智、佛智慧。《妙法蓮華經・方便品》云：「如來知見，廣大深遠，無量無礙，力無所畏，禪定解脫三昧，深入無際，成就一切未曾有法。」❿開覺知見四句　意謂佛出世之本懷，在於覺悟世人，使眾生得知佛之智慧，並由開示而悟入，獲得佛的智慧。其次第有四：一開，即開如來藏，見實相之理；二示，使佛之知見顯示分明；三悟，排除障蔽之後，得悟佛法；四入，自在無礙，斷盡無明，乃入佛知見。⓫若聞開示三句　若聞佛法，便立即領悟，這就是佛的智慧。慧能以頓悟法門解說開示悟入，提倡當下體悟，契入佛法，故云。⓬外緣內擾　既有外在的染著，又有內在的干擾。即前文所云「外迷著相，內迷著空」之意。⓭便勞他世尊二句　意謂有勞釋迦牟尼從三昧境界而起，向眾生宣講佛法。《妙法蓮華經・方便品》云：「爾時世尊從三昧安詳而起，告舍利弗。」即此語所本。⓮我慢　執著於我而輕慢他人，即高傲自負之意。⓯眾生知見　相對佛知見而言，總稱世俗之知識與智慧。⓰出世　指超越世俗世界、離絕諸般煩惱、超出生死輪迴的境界。⓱世間　指有諸般煩惱、生滅變遷無常的世俗世界。⓲犛牛愛尾　犛牛產於喜瑪拉雅山一帶，其尾毛長，比喻人的欲望妨礙成佛。《妙法蓮華經・方便品》云：「深著於五欲，如犛牛愛尾。以貪愛自蔽，盲瞑無所見。」

【語　譯】法達聽了偈頌，表示懺悔並認錯說：「從今以後，在任何時候、對待任何人我都要謙虛恭敬。弟子我誦念《妙法蓮華經》，未能理解經文的義理，心中常有疑惑。大師的智慧廣大無際，請求為我簡略地講說經文中的義理。」

慧能大師說道：「法達！佛法本身通達無礙，只是你的心中沒有領悟。經文教義光明圓融，只是你的心中自有疑問罷了。你誦念《妙法蓮華經》，知道這部經書的宗旨是什麼嗎？」

法達回答：「學生我稟性愚昧，根器遲鈍，從來都是依照經書的文字誦念，怎麼會知道這部經書的宗旨呢？」

慧能大師說道：「我不認識字。你且取來經書朗誦一遍，我將給你解說義理。」

法達於是高聲念經。當念到〈譬喻品〉時，慧能大師說道：「停下來！這本經書原來是以佛祖出世的因緣為宗旨的。儘管其中說了許多比喻的言語，也沒有超越這一宗旨。什麼因緣呢？《妙法蓮華經》中說：『佛祖世尊，只是為了一件大事因緣之故，方才出現於世間。』這件大事，就是啟示世人覺悟，使世人獲得佛的智慧。世俗之人外則執著物相，內則迷惑於空寂。若是能夠既看到外在物相又不執著於外在物相，既面對佛性空寂而又不執著佛性的空寂，就能做到內外都不迷惑。若能領悟這種佛法，就會在一念之間豁然開悟，這就是開啟了佛的智慧。

「佛就是覺悟的智者。覺悟的過程分為四個次第：開啟佛的知見，顯示佛的知見，悟得佛的知見，進入佛的知見。若是聽到開導與啟發，便能當即悟得並進入其內，這就是證得佛的智慧，自己本來所具有的佛性得以顯現。

「你千萬不要誤解經文的意思，聽見別人說開啟、顯示、領悟、進入，就認為是佛陀的智慧，與我輩無關。若是作這種理解，就是誹謗佛經、詆毀佛陀了。佛陀既然已經成佛，已經具備了佛的智慧，哪裏還用得著再去開導呢？你現在應該相信，佛的智慧就在你自己的心中，此外再沒有別的佛了。只是因為一切眾生自己遮蔽了光明的本性，貪戀世俗塵世的各種境相。外則執著於紛紜的事物，內則有諸多煩惱的干擾，心甘情願地奔波追逐世俗欲望的滿足。因此有勞佛祖世尊從三昧禪定中起來，用各種方法苦口婆心地勸誡世人停止向外虛妄的追求。世人若是能夠如此，也就與佛毫無二致，所以叫做開啟佛的智慧。

「我也要規勸一切人，要在自心中經常開啟佛的智慧。世俗之人心念不正，愚癡迷妄，造作罪過，口說善言，心存惡念，貪婪恚怒，嫉妒他人，諂媚逢迎，傲慢自負，傷人害物。他們自己開啟著的是世俗眾生的見識。若是能夠端正心念，心中常生般若智慧，用這種智慧觀照自心，杜絕惡念，這就是開啟了自性中佛的智慧。

「你應當在每一個心念中都開啟佛的智慧，不要開啟世俗眾生的見識。開啟佛的智慧，就是出離世間。開啟眾生的見識，就是走入世間。你若只是一味無休止地誦念經文，以此作為學佛的功課，這與犛牛愛尾、障蔽自己又有什麼不同呢？」

達曰：「若然者，但得解義，不勞誦經耶？」

師曰：「經有何過，豈障汝念？只為迷悟在人，損益由己。口誦心行，即是轉經❶。口誦心不行，即是被經轉❷。聽吾偈曰：心迷《法華》轉，心悟轉《法華》。誦經久不明，與義作讎家。無念念即正，有念念成邪❸。有無俱不計，長御白牛車❹。」

達聞偈，不覺悲泣，言下大悟。而告師曰：「法達從昔已來，實未曾轉《法華》，乃被《法華》轉。」

再啟曰：「經云：諸大聲聞乃至菩薩，皆盡思共度量，不能測佛智❺。今令凡夫但悟自心，便名佛之知見，自非上根，未免疑謗。又經說三車❻，羊、鹿、牛車，與白牛之車，如何區別❼？願和尚再垂開示。」

師曰：「經意分明，汝自迷背。諸三乘人，不能測佛智者，患在度量也❽。饒伊盡思共推，轉加懸遠❾。佛本為凡夫說，不為佛說。此理若不肯信者，從他退席。殊不知坐卻白牛車，更於門外覓三車❿。況經文明向汝道：唯一佛乘，無有餘乘，若二若三。乃至無數方便，種種因緣、譬喻言詞，是法皆為一佛乘故⓫。汝何不省？三車是假，為昔時故⓬；一乘是實，為今時故。只教汝去假歸實，歸實之後，實亦無名。應知所有珍財，盡屬於汝，由汝受用。更不作父想，亦不作子想⑬，亦無用想。是名持《法華經》，從劫至劫，手不釋卷，從晝至夜，無不念時⑭也。」

達蒙啟發，踴躍歡喜。以偈讚曰：「經誦三千部，曹溪一句亡。未明出世旨，寧歇累生狂⑮？羊鹿牛權設⑯，初中後善揚⑰。誰知火宅內，元是法中王⑱。」

師曰：「汝今後方可名念經僧也。」達從此領玄旨，亦不輟誦經。

【章旨】慧能教導法達要在誦念中領悟經文妙旨，遵照修行，並說明世間唯有一佛乘，三車乃是假設之詞。

【注釋】❶口誦心行二句　口誦經文而身心奉行之，則是主動地誦讀佛經。轉經，誦讀佛經。❷口誦心不行二句　口中空誦經文而不明其宗旨，心不行之，則是被動而無功。被經轉，指無心而念經。❸無念念即正二句　意謂誦念經文時不染世俗雜念，意在體悟自性，即為正念。誦經時染有世俗雜念，未能體悟自性，即為邪念。❹有無俱不計二句　意謂誦經之時，不即不離，直指本心，體悟佛性，則可證成菩薩果。《法華經．譬喻品》以白牛車比喻大乘教法，為菩薩乘坐。❺諸大聲聞乃至菩薩三句　意謂一切羅漢、菩薩共同思量，仍然不能測量佛智慧的深妙廣大。大聲聞，指修聲聞乘而證得涅槃的羅漢。《法華經・譬喻品》云：「若有眾生，內有智信，從佛世尊聞法信受，殷勤精進，欲速出三界，自求涅槃，是名聲聞乘。」❻三車　指羊車、鹿車、牛車。羊車比喻聲聞乘，鹿車比喻緣覺乘，牛車比喻菩薩乘。❼羊鹿牛車三句　有二說：一說三車之外，別有大白牛車，總曰四乘；一說大白牛車即牛車。❽諸三乘人三句　意謂羅漢、辟支佛、菩薩諸三乘人不能測得佛智，原因在於他們試圖度量佛的智慧，而佛智慧的廣大深妙是不可測量的。《法華經・方便品》載：世尊對舍利弗說：「諸佛智慧甚深，無量其智慧門，難解難入，一切聲聞、辟支佛所不能知。」又云：「世雄不可量，諸天及世人。一切眾生類，無能知佛者」，「及佛諸餘法，無能測量者」，「甚深微妙法，難見難可了。」❾饒伊盡思共推二句　意謂無論他們怎樣殫思竭慮，大家共同推測，結果佛智慧反而更顯得高遠莫測。懸遠，遙遠；高遠。《法華經・方便品》云：「如是諸人等，其力所不堪。……盡思共度量，不能測佛智。」乃此語所本。❿殊不知坐卻白牛車二句　自身本有佛性，卻向外覓佛，就好像坐在車上尋找車子一樣。白牛車，象徵自身佛性。這是隱喻之詞。⓫是法皆為一佛乘故　意謂諸佛各種方便、比喻之說，都是為了啟發眾生的覺悟，引導眾生成佛，此即唯一之教法。《法華經・方便品》載世尊對舍利弗說：「如來但以一佛乘故，為眾生說法，無有餘乘，若二若三。舍利弗！一切十方諸佛法亦如是。舍利弗！過去諸佛以無量無數方便、種種因緣譬喻言辭而為眾生演說諸法，是法皆為一佛乘。」即上述引文所本。⓬三車是假二句　羊車、鹿車、牛車乃昔時方便所作之比喻，是假設之詞。《法華經・方便品》云：「十方佛土中，唯有一乘法。無二亦無三，除佛方便說。但以假名字，引導於眾生。」⓭更不作父想二句　這是對於《法華經》中「火宅喻」、「窮子喻」所發的議論。〈譬喻品〉載有長者財富無量，他將諸子引出火宅後，賞給諸子每人一輛七寶大車。賞前曾想：「今此幼童，皆是吾子」，「應當等心，各各與之。」〈信解品〉載一長者其家財物珍寶無數，而其子流落他國異鄉，窮苦不堪。長者心想：「我若得子，委付財物，坦然快樂，無復憂慮。」最後這個窮子得到財物珍寶，心中大歡喜，想道：「我本無心有所希求，今此寶藏自然而至。」慧能在議論中將財物珍寶隱喻為佛性，認為屬自身所具有，自心享用，不能靠父親的施予，故云。⓮從晝至夜二句　慧能所講述的，是從自己的心性中領悟、證得《法華經》義旨的方法，亦即發現自身本有的佛性，故有此說。⓯未明出世旨二句　意謂若不明白解脫出世之旨，怎麼能停止塵俗累生累世馳逐不已、奔波若狂的行為。《涅槃經》卷二五云：「譬如醉象狂騃，暴惡多欲殺害」，「一切眾生，亦復如是。」⓰羊鹿牛權設　佛說羊車、鹿車、牛車三乘，皆假設之詞。此即《法華經・方便品》中所云「十方佛土中，唯有一乘法。無二亦無三，除佛方便說。但以假名字，引導於眾生」之意。⓱初中後善揚　指佛說法的三個時段，初善引導啟發人們的菩提心，中善引導人們修行，後善引導人們解脫繫縛，進入涅槃境界。故佛法自始至終都是導人向善的。《法華經・序品》云：「演說正法，初善、中善、後善，其義深遠，其語巧妙，純一無雜，具足清白梵行之相。」⓲誰知火宅內二句　意謂人間生死苦痛猶如火焚大宅，而佛就在人心之中。《法華經・譬喻品》將人世種種痛苦比喻為大火焚燒舍宅，而人們「於火宅內，樂著嬉戲，不覺不知，不驚不怖，火來逼身，苦痛切己，心不厭患，無求出意」。法中王，即佛。這裏表達的是慧能不離人世而成就佛法的思想。

【語　譯】法達問道：「依照大師所說，只要悟解佛的教義，就不必讀經了嗎？」

慧能大師回答道：「經文有什麼過錯，怎麼能妨礙你念經呢？只是誦讀經文，或迷惑或覺悟全因人而異，或有損或補益都由人自取。如果口誦經文，內心遵照修行，那就是轉經；如果口誦經文，內心不遵循修行，那就是被經轉。聽我的偈頌道：心地迷惑便是被《法華》轉，心地開悟就是你轉《法華》。誦經歷久若是內心不明，好似與經義作個讎家。無心念經卻是正念，有心念經反而成邪。若能有無都不計較，好似長駕大白牛車。」

法達聽罷偈頌，情不自禁地悲傷涕泣，當即豁然大悟。他稟告慧能大師說道：「法達我自從誦經以來，確實沒有真正讀懂《法華經》，乃是空誦經文，徒勞無功。」

法達又問道：「經文中說，諸位大聲聞弟子以至諸位菩薩，他們盡思竭慮共同猜測，也不能度量佛的廣大智慧。如今要讓普通平凡之輩只是開悟自心，就可以獲得佛的智慧，我自己根器愚鈍，未免有所疑惑不解。又經書上說有三車，即羊車、鹿車、牛車，與白牛之車，又有什麼區別？請求大師再加以指教、開導。」

慧能大師說道：「經文義理清楚明白，只是你自己疑惑不解罷了。上述聲聞、緣覺、菩薩三乘弟子，所以不能測知佛的智慧，問題就在於他們想要對佛智的廣大加以量度。無論他們怎樣殫精竭慮，眾人共同推測，距離佛智反而只能是更加遙遠。佛經是說給普通凡夫聽的，而不是講給覺悟者聽的。若是有人不肯相信此理，那就只能任由他退席而去。這種人殊不知自己已經乘在大白牛車上了，卻還要到門外去尋找羊車、鹿車和牛車。況且經文中明明白白地對你說，只有一種佛法，沒有其餘或是兩種、或是三種的佛法。諸佛世尊的無數方便說法，不同的因緣契機，種種的比喻之詞，所演說的都只是一種使人得到解脫的佛法。你怎麼還不能領悟呢？所謂羊車、鹿車、牛車三車是假設之詞，是昔時為了方便說法的比喻；只有一佛乘才是真實的，是為了今人領悟所指示的佛法。經文只是教導你超越虛假而歸於真實。歸於真實之後，所獲得的真實佛性也無可名狀。要知道所有的珍貴的財富，全部屬於你自己，由你自己受用。既不要有是父親的想法，也不要有是兒子的想法，也不要有給兒子恣意享用的想法。這就是掌握了《法華經》。若能如此，便能萬劫不止，彷彿永遠手不釋卷；從日到夜，無時無刻不是在誦念《法華經》了。」

法達受到啟發，歡喜得跳了起來。他口念偈頌讚道：「從前自恃誦《法華》經文三千部有大功德，今日聞曹溪大師一番話語完全消亡功德之想，倘若心中不明超俗出世之旨，怎能停歇多生累世的驅逐競鬥若發狂？羊鹿牛車本為權宜假設之詞，自始至終奉佛向善要發揚。誰知猶如處在火宅中的人身，原來只有自身佛性是法中王。」

慧能大師說道：「從今以後，你才可以稱作念經僧了。」

從此以後，法達既領悟到佛經的玄妙之旨，同時又誦讀經書不止。

僧智通，壽州安豐人。初看《楞伽經》❶約千餘遍，而不會三身四智❷，禮師求解其義。

師曰：「三身者：清淨法身，汝之性也；圓滿報身，汝之智也；千百億化身，汝之行也。若離本性，別說三身，即名有身無智❸。若悟三身無有自性，即明四智菩提❹。聽吾偈曰：自性具三身❺，發明成四智❻。不離見聞緣，超然登佛地❼。吾今為汝說，諦信❽永無迷。莫學馳求者，終日說菩提。」

通再啟曰：「四智之義，可得聞乎？」

師曰：「既會三身，便明四智，何更問耶？若離三身，別談四智，此名有智無身。即此有智，還成無智❾。」復說偈曰：「大圓鏡智性清淨❿，平等性智心無病⓫。妙觀察智見非功⓬，成所作智同圓鏡⓭。五八六七果因轉⓮，但用名言無實性⓯。若於轉處不留情，繁興永處那伽定⓰。」

通頓悟性智，遂呈偈曰：「三身元我體，四智本心明。身智融無礙，應物任隨形⓱。起修皆妄動，守住匪真精⓲。妙旨因師曉，終亡染污名。」

【章　旨】慧能向智通講說三身四智的義理，指出自性是三身的本體，四智是自性的表現。只要內心不受污染，便能成就佛果。

【注　釋】❶楞伽經　古獅子國（即今斯里蘭卡）境內有楞伽山，相傳佛祖曾在此山中演說經文，即《楞伽經》。經文講說五法、三自性、八識等大乘理論，是唯識宗及早期禪宗的重要典籍。❷三身四智　三身指佛之法身、報身、化身。四智指佛所具有的四種智慧，即大圓鏡智、平等性智、妙觀察智、成所作智。❸有身無智　離開佛性而談三身，則三身不含佛之智慧，毫無意義。智，指佛智。❹若悟三身無有自性二句　意謂三身乃佛性之體現，此外並無本體，明白於此，就具有了四智的覺悟。❺自性具三身　自身之佛性，便構成了三身。此之自性，指自身本有的真如之性。❻發明成四智　自身佛性之作用，表現為四智。佛經有「四智成三身」之說，謂大圓鏡智獨成法身，平等性智獨成報身，妙觀察智與成所作智共成化身，可知自性、三身與四智之關係。❼不離見聞緣二句　謂不離世間，不必不聞不見，屏絕外緣，而能成就佛果。❽諦信　相信佛之真言、妙諦。諦，指真實不妄之義理。❾即此有智二句　意謂脫離三身，而空談四智，則四智亦毫無意義，等於無智。❿大圓鏡智性清淨　意謂佛之智慧清淨無染，能照見一切。唐窺基《成唯識論述記》卷二〇云：大圓鏡智「一切境相，性相清淨。離諸雜染，純淨圓德」，「如大圓鏡，現眾色像」。⓫平等性智心無病　意謂佛之平等性智視一切有情眾生盡皆平等。《成唯識論述記》卷二〇云：平等性智「觀一切法，自他有情，悉皆平等，大慈悲等，恆共相應」。⓬妙觀察智見非功　意謂佛善觀察諸般事物，而徹底了解一切。《成唯識論述記》卷二〇云：妙觀察智「善觀諸法，自相共相，無礙而轉，攝觀無量總持之門」。⓭成所作智同圓鏡　意謂佛能引導眾生，成就所欲作之事業。《成唯識論述記》卷二〇云：成所作智「為欲利樂諸有情」，「成本願力所應作事」。⓮五八六七果因轉　佛教說有八識：眼識、耳識、鼻識、身識、舌識、意識與末那識、阿賴耶識。前五識與第八識是屬於果。第六識意識與第七識末那識是屬於因。佛教唯識宗認為，通過修行八識可轉為四智。⓯但用名言無實性　意謂由八識轉變為四智時，僅僅轉變其名而不變其體。實性，即法性、真如。法性清淨平等，不生不滅，故不變其體。⓰繁興永處那伽定　意謂超越世俗之紛紜煩惱，永得大解脫。那伽，梵文音譯，即龍。龍定止深淵，謂之那伽定。《本行集經》稱佛為龍，脫離諸般束縛而得大解脫，故曰「那伽常在定，無有不定時」。⓱身智融無礙二句　意謂認識到三身、四智圓融一體，無滯無礙，則應對萬物，皆能隨緣任運。⓲起修皆妄動二句　起心坐禪乃是妄動，守心住境也不符合禪宗妙旨。起修指有意生起心念，要修習禪定。守住，守心、住境。慧能認為人的真心本來清淨，不必刻意看守，只要不受世俗汙染即可。

【語　譯】僧人智通，是壽州安豐人。他初開始時閱讀《楞伽經》約千餘遍，卻不懂得三身以及四智的涵義。他便禮拜慧能大師請求解說其中的義理。

慧能大師說道：「三身指的是：清淨的法身，這就是你本來具有的佛性；圓滿的報身，這就是你具有的般若智慧；千百億的變化之身，這就是你修持佛法所得的神變行為。若是離開了本來具有的佛性，而另外解說三身，那就叫有身無智，違背了佛法。若是能悟得三身並沒有獨立的自性，那就獲得了佛的四智之智慧。且聽我的偈頌道：各人自身佛性中皆有三身，自身佛性發明顯現就成了四智。即使不離開世間見聞的因緣，亦能夠頓時超脫進入佛地。我今為你解說妙旨，你要誠信佛法永誌不迷。莫學碌碌奔馳外求者，終日空談口說菩提。」

智通又問道：「四智的涵義，大師能夠講解給我聽嗎？」

慧能大師回答：「既然領會了三身的涵義，也就明白了四智，還用得著再問嗎？若是離開了三身，另外再談論四智，這就叫做有智而無身。就算是有智，最終還是毫無智慧。」慧能又口說偈頌道：「大圓鏡智本於自性清淨，平等性智在於真心無病。妙觀察智觀照萬物無障礙，成所作智遍化眾生同圓鏡。八識中有因有果，可以轉為四智，轉變的是名號，不變的是實性。若能在轉變中斷絕世俗之情，就能夠解脫煩惱，永保佛的禪定。」

智通聽了慧能大師的偈頌，當下體悟了本性與般若智慧。他於是呈上偈頌道：「自性三身乃是我之體，本心啟發轉為四智明。悟得三身四智無滯礙，自然應物隨緣現形。起念修習禪定皆是妄動，守心住境亦非禪之精神。今日蒙師開示使我通妙旨，今後永保清淨本性無污名。」

僧智常，信州貴谿人。髫年❶出家，志求見性❷。一日參禮，師問曰：「汝從何來，欲求何事？」

曰：「學人近往洪州白峰山禮大通和尚，蒙示見性成佛之義。未決狐疑❸，遠來投禮，伏望和尚慈悲指示。」

師曰：「彼有何言句，汝試舉看。」

曰：「智常到彼，凡經三月，未蒙示誨。為法切故，一夕獨入丈室❹，請問如何是某甲本心本性。大通乃曰：『汝見虛空否？』對曰：『見。』彼曰：『汝見虛空有相貌否？』對曰：『虛空無形，有何相貌？』彼曰：『汝之本性，猶如虛空，了無一物可見，是名正見。無一物可知，是名真知。無有青黃長短，但見本源清淨，覺體圓明❺，即名見性成佛，亦名如來知見❻。』學人雖聞此說，猶未決了，乞和尚開示。」

師曰：「彼師所說，猶存見知❼。吾今示汝一偈：不見一法存無見，大似浮雲遮日面❽。不知一法守空知，還如太虛生閃電❾。此之知見瞥然興，錯認何曾解方便[10]？汝當一念自知非，自己靈光常顯現。」

常聞偈已，心意豁然，乃述偈曰：「無端起知見，著相求菩提[11]。情存一念悟，寧越昔時迷[12]。自性覺源體，隨照枉遷流[13]。不入祖師室，茫然趣兩頭[14]。」

智常一日問師曰：「佛說三乘法，又言最上乘[15]，弟子未解，願為教授。」

師曰：「汝觀自本心，莫著外法相。法無四乘，人心自有等差：見聞轉誦是小乘，悟法解義是中乘，依法修行是大乘。萬法盡通，萬法具備，一切不染，離諸法相，一無所得，名最上乘。乘是行義，不在口爭。汝須自修，莫問吾也。一切時中，自性自如[16]。」

常禮謝，執侍，終師之世。

【章　旨】慧能向智常傳授見性成佛之法，解除智常的疑惑，說明唯有離諸法相，一切不染，才能真正見性成佛。

【注 釋】❶髫年　幼年；童年。髫，幼童下垂之髮。❷志求見性　有志於悟見自身的佛性。禪悟的理想境界，即為見性，所以禪宗有見性成佛之說。❸未決狐疑　心中有疑惑未解之義。狐疑，俗傳狐性多疑，故代稱疑惑。❹丈室　指寺院主持僧人的住所。佛經上說維摩詰的居室僅一丈見方，而容納無限，故名。❺覺體圓明　菩提智慧之本體圓融通明。各家解說覺體有所差別，唯識宗以大圓鏡智等四智為覺體，智度論以一切種智等三智為覺體，密教以法界體性智等五智為覺體。❻如來知見　指佛之智慧，能夠觀照諸法實相。《妙法蓮華經・方便品》云：「如來知見，廣大深遠，無量無礙，力無所畏，禪定解脫三昧，深入無際，成就一切未曾有法。」❼猶存見知　還存在眾生知見的影響。見知，此指眾生知見，對於萬物的認識、體驗虛妄非真，又稱顛倒知見。❽不見一法存無見二句　意謂大通和尚云「了無一物可見」時，心中即存有「無見」，此「無見」亦為妄見，猶如浮雲蔽日般遮住了自己的本性。❾不知一法守空知二句　意謂大通和尚云「無一物可知」時，心中即守著「空知」，此「空知」亦為妄念，其錯誤猶如太空之中生出閃雷一般。慧能認為本性的顯示是真如的觀照，既不應執著物相，亦不應預設諸如「無」、「空」之類的觀念。❿此之知見瞥然興二句　意謂當上述眾生知見忽然生起之時，錯認為此即是如來知見，其實又何曾懂得佛法。瞥然，迅疾之貌。方便，佛、菩薩以各種手段、方法度化眾生，概稱為方便。⓫無端起知見二句　意謂如大通和尚所云，乃無端興起眾生知見，欲求菩提，反而執著於物相。著相，此指執著於空、無。⓬情存一念悟二句　心中一旦頓悟，則將超越昔時之迷惑。寧，將；乃。⓭自性覺源體二句　意謂自性乃是覺悟之本體。若悟得自性，便能照破塵世輪迴遷流之相，知得世俗一切盡屬虛妄。遷流，指世事遷化無常。⓮茫然趣兩頭　迷惑不見自性，茫茫然趨向於兩個極端。趣，同「趨」。兩頭，指執著於世俗相狀，或者執著於空無。⓯佛說三乘法二句　《妙法蓮華經・譬喻品》載：世尊初以羊車、鹿車、牛車之三乘為喻引導眾生，後來又將大乘喻為大白牛車。⓰自性自如　自性即自身的真如之性，即是本性自然的狀態。

【語　譯】僧人智常，信州貴谿（今江西省貴溪縣）人。他自從幼年出家，就有志於習禪見性。有一天他參見禮拜慧能大師，大師問他：「你從何處來，到此所求何事？」

智常回答：「學生我最近前往洪州白峰山參拜大通和尚，承蒙他向我講解了習禪見性成佛的義理。我心中還有些疑惑不清的地方，特地遠來參拜大師，祈請大師慈悲為懷，為我指示真諦，解除疑惑。」

慧能大師道：「大通和尚有何言語？你試著舉一些說給我聽。」

智常說道：「智常到那裏之後，經過了三個月時間，還未受到大通和尚的教誨。因為求法心情迫切，有一天晚上我獨自進入大通和尚的方丈室內，請教什麼是我智常的本心、本性。大通和尚於是問道：『你看見虛空了嗎？』我回答說：『看見了。』他又問我道：『你看見虛空中有相貌嗎？』我回答說：『虛空無形，有什麼相貌呢？』大通和尚講說道：『你的本性，就好像那虛空。在虛空中看不到任何一種物相，這就叫做正見；沒有任何一種事物可以認知，這就叫做真知。虛空中沒有青黃之色，沒有長短之形，只見人的本性清淨，覺悟的本體圓融通明，這就叫做見性成佛，也叫做如來知見。』學生我雖然聽到大通和尚的這一番講解，還是沒有完全明白，請求大師開導、教誨。」

慧能大師說：「那位師父所講說的，還存在有眾生知見的成分，所以使你不能真正明瞭本心本性是什麼，我現在傳授給你一首偈頌：口說不見一物，心中卻存無見；有如一團浮雲，遮在太陽正面。口說不知一物，心中卻守空知；有如太空當中，生出雷鳴閃電。此為眾生知見，心中忽然興起，錯認此即本性，實則未見佛法。心中自知前非，當下即是正念，自心靈光圓融，便是本性顯現。」

智常聽完了慧能大師的偈頌，心中豁然開悟，他便也口述偈頌說道：「無端生起眾生知見，執著物相卻想求得菩提。如今心中一念頓時開悟，將要超越往日的執著痴迷。自性原本是覺悟本體，隨緣照破世俗萬相的遷流。今若不入祖師之室，我依然是茫然迷惑趨向存無守空的兩頭。」

智常有一天問慧能大師道：「世尊講說成佛的方法，有聲聞乘、緣覺乘、菩薩乘等三乘法，又說還有最上乘的佛法。弟子我不理解，請求老師講授給我聽。」

慧能大師說道：「你觀照自己的本心，不要執著外在的物相。佛法本無四乘，只是人心對於佛法的領悟自有等級的差別：通過見聞、誦經而達到解脫的是小乘法，通過領會佛法義旨而達到解脫的是中乘法，依照佛法修持奉行而達到解脫的是大乘法。若是心中通達萬事，具備萬法，一切都不受染著，超脫各種相狀，一無所得，這就叫做最上乘的佛法。乘的本義在於實踐修行，而不在於口頭的爭辯。你必須自己修持，不用多問我了。在任何時候，自身的真如之性都是自然存在的。」

智常敬禮，表達感謝。他侍奉大師，一直到慧能離開人世。

僧志道，廣州南海人也。請益曰：「學人自出家，覽《涅槃經》十載有餘，未明大意，願和尚垂誨。」

師曰：「汝何處未明？」

曰：「『諸行無常，是生滅法。生滅滅已，寂滅為樂』❶，於此疑惑。」

師曰：「汝作麼生疑？」

曰：「一切眾生皆有二身❷，謂色身、法身也。色身無常，有生有滅。法身有常，無知無覺❸。經云『生滅滅已，寂滅為樂』者，不審何身寂滅，何身受樂？若色身者，色身滅時，四大分散❹，全然是苦，苦不可言樂。若法身寂滅，即同草木瓦石，誰當受樂？又法性是生滅之體，五蘊是生滅之用❺，一體五用，生滅是常。生則從體起用，滅則攝用歸體。若聽更生，即有情之類，不斷不滅。若不聽更生，則永歸寂滅，同於無情之物。如是，則一切諸法被涅槃之所禁伏，尚不得生，何樂之有❻？」

師曰：「汝是釋子❼，何習外道斷常邪見❽，而議最上乘法？據汝所說，即色身外別有法身，離生滅求於寂滅❾。又推涅槃常樂，言有身受用，斯乃執吝生死，耽著世樂。汝今當知佛為一切迷人，認五蘊和合為自體相⑩，分別一切法為外塵相⑪，好生惡死，念念遷流，不知夢幻虛假，枉受輪迴，以常樂涅槃，翻為苦相，終日馳求。佛愍此故，乃示涅槃真樂⑫，剎那無有生相，剎那無有滅相，更無生滅可滅，是則寂滅現前⑬。當現前時，亦無現前之量⑭，乃謂常樂。此樂無有受者，亦無不受者，豈有『一體五用』之名？何況更言涅槃禁伏諸法，令永不生，斯乃謗佛毀法。聽吾偈曰：無上大涅槃，圓明常寂照。凡愚謂之死，外道執為斷。諸求二乘人，目以為無作⑮。盡屬情所計，六十二見本⑯。妄立虛假名，何為真實義？惟有過量人，通達無取捨。以知五蘊法，及以蘊中我。外現眾色像，一一音聲相，平等如夢幻。不起凡聖見⑰，不作涅槃解，二邊三際斷⑱。常應諸根用，而不起用想⑲。分別一切法，不起分別想⑳。劫火燒海底，風鼓山相擊㉑。真常寂滅樂，涅槃相如是㉒！吾今強言說，令汝捨邪見。汝勿隨言解，許汝知少分。」

志道聞偈大悟，踴躍作禮而退。

【章　旨】慧能解答志道有關〈諸行無常偈〉的疑問，指出世間萬物遷流無常，而寂滅境界無生無滅，故為涅槃常樂。

【注　釋】❶諸行無常四句　此名〈諸行無常偈〉，又名〈雪山偈〉。意謂世間萬物遷流變化無常，是生滅之法，為苦。此生、滅停止，無生無滅為寂滅，是樂。此偈見《涅槃經》卷一四。❷二身　指色身，即父母所生有形之身；法身，即法性之身。❸法身有常二句　意謂法性之身是永恆常存的，他不生不滅，超越世俗知覺之上。❹色身滅時四大分散　佛教認為地、水、火、風是構成世界萬物的基本因素，稱為四大，人的生命結束之時，形體之身又化解為地、水、火、風。❺法性是生滅之體二句　就有生有滅之形體而言，法性是本體，五蘊是作用。法性，真如；佛性。五蘊，指色、受、想、行、識。❻一切諸法被涅槃之所禁伏三句　志道所謂涅槃指的是寂滅無生機之境，認為一切諸法若回歸涅槃寂滅，則不再有生之現象，被涅槃所禁伏，何樂之有？❼釋子　佛教信徒；和尚。❽外道斷常邪見　佛教將不知人之身心及外物之法性常住、以身死為斷滅的見解稱為斷見，將固執人之身心及外物、以為常有的見解稱為常見。斷、常二見，都違背了佛法正道。❾據汝所說三句　慧能認為色身、法身即是一身，主張即身修行，頓悟成佛，不離生死而入涅槃，所以不同意志道的說法。❿認五蘊和合為自體相　世俗之人不悟自身乃五蘊和合之假相，而執著自我，實屬虛妄。⓫分別一切法為外塵相　一切物事，因為六塵的分別，而構成不同的相狀，亦虛妄不實。六塵指色、聲、香、味、觸、法，乃六根所對之事物，能污染淨心，導致煩惱。⓬涅槃真樂　佛教稱涅槃境界中，斷絕一切煩惱迷惑，超越生死輪迴之苦，得真安樂，為涅槃樂。⓭寂滅現前　意謂只要體悟了無生無滅之理，便能當時進入涅槃境界。寂滅，即涅槃。⓮亦無現前之量　意謂涅槃真樂出現眼前時，並無具體可感知的形式、標準。量，指標準、尺度。⓯諸求二乘人二句　那些修習小乘法的人將此涅槃境界視作自在無為。二乘，指聲聞乘、緣覺乘，此二乘又稱小乘。無作，即自在無為之意。⓰六十二見本佛教說諸外道有六十二種錯誤見解。據《大般若經・佛母品》，六十二見包括：各執色等五蘊為常、為無常、為亦常亦無常、為非常非無常計二十見；各執色等五蘊為有邊、為無邊、為亦有邊亦無邊、為非有邊非無邊計二十見；各執色等五蘊為如去、為不如去、為亦如去亦不如去、為非如去非不如去計二十見；加上身與神一、身與神異二見，共計六十二見。⓱不起凡聖見　從事相分析，凡、聖之間有所差別，然而從本有之自性而言，則凡聖平等無別。《寶藏論》云：「凡聖不二，一切圓滿。」⓲二邊三際斷　意謂要斷除二邊見，以及執著三世的錯誤觀念。二邊，指斷見與常見，合稱二邊見。三際，即三世，指過去世、現在世、未來世。《維摩詰經・菩薩品》云：「若過去生，過去生已滅；若未來生，未來生未至；若現在生，現在生無住。……無生即是正位。」此即三世不可得之意。⓳常應諸根用二句　意謂經常隨時應物而修行善舉，而又不要執著於此類行為的名相。佛教以信、勤、念、定、慧為五根，又一切善法，悉名諸根。人之眼、耳、鼻、舌、身、意，亦稱諸根。⓴分別一切法二句　意謂能分別一切物相，又能超越這種分別，而不因之產生迷惑與煩惱。佛教稱分別有為事相之智為分別智，在凡夫為虛妄之計度，在佛則為後得之權智。超越名言概念、直觀真如之智慧，為無分別智，是佛的根本智、實智。㉑劫火燒海底二句　佛教傳說壞劫時世間有三災：一火災，二水災，三風災。劫火起時，天有七日，諸海乾涸，劫火將一切焚為灰燼。風災時，須彌山被大風刮倒，諸山相互撞擊，碎若粉塵。㉒真常寂滅樂二句　這兩句點出涅槃真樂，與前面所述世俗生死、壞劫苦難相對比，以喚起聽者的覺悟。

【語　譯】僧人志道，是廣州南海人。他向慧能大師請教道：「學生我自從出家以來，閱讀《涅槃經》已有十多年了，還未明白它的大意，請大師給我以教誨。」

慧能問道：「你有哪些地方還不明白？」

志道回答：「經文中說『諸行無常，是生滅法。生滅滅已，寂滅為樂』，這一段偈頌我心中有所疑惑。」

慧能又問道：「你為什麼產生疑惑呢？」

志道回答：「一切眾生都有二身，就是色身和法身。有形體的色身不能常存，有生有滅。而法身是永恆存在的，無知無覺。經文上說『生滅滅已，寂滅為樂』，不知道是何身寂滅，何身享受樂？如果說是有形之身的話，當色身滅亡之時，化作地水火風消散了。這完全是痛苦，這種痛苦不能說是受樂。如果說是法身寂滅的話，那麼就與草木瓦石沒有區別，誰來受樂呢？又法性是生滅的本體，五蘊是生滅的作用。一個本體生發出五項作用，有生有死是他的常態。生存時則由本體生起作用，滅亡時則收攝作用歸於本體。若是聽任再度轉生，即是有情眾生之類，生命就沒有斷滅。若是不能再度轉生，就永遠歸於寂滅，同無情之物沒有區別。倘若如此，則一切眾生之類受到涅槃的禁制，生命尚且未能獲得，又有什麼樂可受呢？」

慧能大師說道：「你是佛門子弟，為什麼要學習、相信外道關於斷見、常見的邪說，而非議最上乘的佛法呢？依據你所說的，就是在色身之外另有法身，要離開人間生死去追求寂滅。你又推測涅槃常樂，說是要有身相來受樂。你這乃是執著、愛戀生命，貪戀塵世之樂。現在你應當明白，佛陀為了度脫世俗一切迷妄無知的人們，這些迷人將五蘊化合的形骸認為是自己的身體，將一切世間的事物加以區別而認為是外在的物體。他們好生惡死，隨著萬物的遷流而產生種種欲念，一刻也不曾間斷。他們不知道這一切都如同夢幻，是虛假不真的，從而枉受輪迴之苦。他們反倒認為涅槃常樂的境界是痛苦的，整天奔波追逐塵世的享樂。佛陀因為憐憫這些迷妄無知的人們之故，所以才顯示涅槃境界真正的安樂，是剎那之間既沒有生的相狀，剎那之間也沒有滅的相狀，更沒有生滅可以消除，在此當時寂滅境界就出現了。當寂滅現前之時，並無具體的形式，不可進行名相的度量，這才叫做涅槃常樂。這種涅槃常樂沒有受者，也沒有不可受者。怎麼會有『一體五用』的名目呢？更何況你又說涅槃禁制諸種事物，使他們不能轉生，這是對於佛法的詆毀、誹謗。且聽我的偈頌道：至高無尚的涅槃境界，那是寂照明徹一切圓滿。凡愚之輩稱之為死，邪門外道稱之為斷。修習聲聞、緣覺的小乘人，視為自在無事的境地。凡此盡屬隨心的妄想，一切本於六十二種邪見。這些人妄立虛假的名號，又豈能認識真實的涅槃？唯有器量超凡的智者，才能通達寂滅之境的無取無捨。因知五蘊會合成萬物，以及五蘊幻化成假我。在外顯示出各種色相，一一有聲有形紛然呈現，其實萬物一切等同如夢幻！世人本性平等，不要起凡聖之見，不以名相認識心中的涅槃，將二邊三際之類的心思一起斬斷。隨時順物多行善舉，心中亦不執著而自在超然。善能分別世間一切萬物，又視萬物平等不起分別的心念。當劫火焚燒一切，海底涸竭，狂風怒號，群山拍擊碎成微塵，此時方知寂滅的安樂，這就是心中真如常存的涅槃之境。我今勉強作此言說，意在使你消除邪見。你不要僅從言語解妙旨，庶幾使佛法少許入你心間。」

志道聽罷慧能大師的偈頌，當即大悟，歡喜跳躍，敬禮而退。

行思禪師❶，生吉州安城劉氏。聞曹溪法席盛化❷，徑來參禮。遂問曰：「當何所務，即不落階級❸？」

師曰：「汝曾作什麼來？」

曰：「聖諦亦不為❹。」

師曰：「落何階級？」

曰：「聖諦尚不為，何階級之有？」

師深器之，令思首眾❺。一日師謂曰：「汝當分化一方，無令斷絕。」

思既得法，遂回吉州青原山，弘法紹化。諡弘濟禪師❻。

【章　旨】行思前往曹溪問禪，深受器重，後來行思在青原山弘揚佛法，紹化一方。

【注　釋】❶行思禪師　吉州廬陵人，俗姓劉，為慧能門下嗣法弟子之一。後至吉州青原山靜居寺弘揚禪法，開青原一系禪風。其弟子中有石頭希遷等人。❷曹溪法席盛化　慧能在曹溪宣講佛法，教化一方，形勢興盛。法席，僧人講法之所；法壇。❸當何所務二句　意謂應當如何修行，始能不歷漸修的等級，而頓悟成佛。階級，即階次、階位，指漸次修行所達到的級別。❹聖諦亦不為　連四聖諦也沒有修習。四諦，又稱四聖諦，指苦諦、集諦、滅諦、道諦，其涵義為「知苦、斷集、證滅、修道」，是聖者所見佛教之真理。又梁武帝問達摩大師：「如何是聖諦第一義？」達摩答曰：「廓然無聖。」行思自稱「聖諦亦不為」，含有泯滅凡聖之別、一切源本自性之意。❺令思首眾　令行思居於眾弟子之首。❻諡弘濟禪師　據《五燈會元》卷五，唐僖宗時，青原行思被諡曰弘濟禪師。

【語譯】行思禪師，生於吉州安城劉氏家中。當他聽說曹溪六祖化導眾生，法壇興盛，便直接前來參拜。拜見之時，他問道：「應當怎樣修行，才能不歷漸修的階次，而直接頓悟成佛呢？」

慧能大師問道：「你曾經修習過哪些佛法呢？」

行思回答：「我連四聖諦都沒有修習。」

慧能大師又問道：「那麼你修行佛法到了哪一階次呢？」

行思回答：「我連四聖諦都沒有修習，還能到哪一個階次呢？」

慧能聽了這一番話，非常器重行思，便讓他居於眾僧之首。有一天，慧能對行思說：「你應當獨自到一個地方，教化那裏的眾生，使得佛法不至於失傳。」

行思既已得到佛法，他於是回到了吉州青原山，在那裏傳播禪旨，弘揚佛法。死後，他被朝廷追贈以弘濟禪師的謚號。

懷讓禪師❶，金州杜氏子也。初謁嵩山安國師❷，安發之曹溪參叩❸。

讓至禮拜，師曰：「甚處來？」

曰：「嵩山。」

師曰：「什麼物，恁麼來❹？」

曰：「說似一物即不中❺。」

師曰：「還可修證否？」

曰：「修證即不無，污染即不得❻。」

師曰：「只此不污染，諸佛之所護念。汝既如是，吾亦如是。西天般若多羅讖❼：汝足下出一馬駒，踏殺天下人❽。應在汝心，不須速說。」

讓豁然契會，遂執侍左右一十五載，日臻玄奧❾。後往南嶽，大闡禪宗。敕諡大慧禪師❿。

【章旨】慧能告訴懷讓，不被污染的本心是諸佛所維護惦念的。懷讓後來在南嶽大闡禪宗，成為一代名僧。

【注釋】❶懷讓禪師　金州安康人，俗姓杜。十歲即喜好佛書，後往荊州玉泉寺出家，曾赴嵩山學禪，又到韶州參拜慧能。他後來在南嶽般若寺宣講禪法，世稱南嶽懷讓。其弟子中有馬祖道一等。❷嵩山安國師　慧安，俗姓衛氏，荊州枝江人。曾至黃梅拜謁五祖弘忍，遂得心要。武后朝，他與神秀一起被迎入都城，待以師禮，故稱「國師」。❸安發之曹溪參叩　意謂懷讓受慧安的啟示，於是前往曹溪參拜慧能。《五燈會元》卷二云：有坦然、懷讓二僧參拜慧安，問曰：「如何是祖師西來意？」慧安回答：「何不問自己意？」復問曰：「如何是自己意？」答曰：「當觀密作用。」復問曰：「如何是密作用？」慧安乃以目開合示之。懷讓即謁曹溪。❹什麼物恁麼來　問懷讓在嵩山修行佛法有何證悟，所得何物。恁麼，這麼；如此。❺說似一物即不中　意謂內心悟得之佛性難以比擬，超越一切形相，不可言說。《神會禪師語錄》第三十一條云：佛性「不似箇物」，「若其似物，不喚作佛性」與此意同。❻修證即不無二句　若起心修證則非無心，若有污染則不能悟得佛性。無，指無心。懷讓受慧安影響，認為一心不起，即是真如。起心動念，即是虛妄，所以他主張修證無心。❼西天般若多羅讖　禪宗所說西天二十七祖般若多羅尊者，東印度人，菩提達摩之師。他曾指示達摩前往中國弘揚佛法，並留下許多讖語，預言佛法在東土傳布的情況。讖，預言。❽汝足下出一馬駒二句　意謂你的門下將出一位嗣法大弟子，度化眾生，稱雄天下。馬駒，指馬祖道一。馬祖道一隨懷讓從學十年，密受心印，大曆年間居在鍾陵開元寺，四方學者雲集門下，稱洪州宗，與青原行思同為中晚唐最有影響的禪僧。❾日臻玄奧　佛法日益精深玄妙。❿敕諡大慧禪師　唐敬宗寶曆年間，朝廷追贈大慧禪師諡號。

【語　譯】懷讓禪師，是金州（今屬陝西）杜氏之子。起初，他拜謁了嵩山慧安國師。受慧安的啟發，他前往曹溪參拜慧能大師。懷讓到達後，向慧能參拜敬禮，慧能問他道：「從何處來？」

懷讓回答：「從嵩山來。」

慧能大師又問：「如此前來，參證何物？」

懷讓回答：「參證所得，不可言說。若比擬為一件物品，則不恰當。」

慧能大師又問：「還可以修持參證嗎？」

懷讓又回答：「若起意修證則非無心，若有污染即不得。」

慧能大師說道：「只有這個不被污染的本心，才是諸佛所要維護惦念的。你既要如此修行，我也要如此堅持。西天般若多羅尊者曾經預言說：你的門下將要出現一匹駿馬，超越眾人，稱雄天下。這一預言你應記在心中，不要急於說出去。」

懷讓當即心領神會，豁然開悟。他於是一直侍奉在慧能大師身邊，總共十五年，佛法造詣日益精深玄妙。後來他前往南嶽，大力闡揚禪宗門風。圓寂後，朝廷贈給他大慧禪師的諡號。

永嘉玄覺禪師❶，溫州戴氏子，少習經論，精天台止觀法門❷，因看《維摩經》，發明心地❸。偶師弟子玄策❹相訪，與其劇談❺，出言暗合諸祖。策云：「仁者得法師誰？」曰：「我聽方等經論❻，各有師承。後於《維摩詰經》，悟佛心宗❼，未有證明者。」策云：「威音王已前即得❽，威音王已後，無師自悟，盡是天然外道❾。」曰：「願仁者為我證據。」

策云：「我言輕，曹溪有六祖大師，四方雲集，並是受法者。若去，則與偕行。」

覺遂同策來參。繞師三匝，振錫而立❿。

師曰：「夫沙門者，具三千威儀，八萬細行⓫。大德自何方而來，生大我慢⓬？」

覺曰：「生死事大，無常迅速⓭。」

師曰：「何不體取無生，了無速乎⓮？」

曰：「體即無生，了本無速。」

師曰：「如是，如是。」

玄覺方具威儀禮拜，須臾告辭。

師曰：「返太速乎？」

曰：「本自非動，豈有速耶？」

師曰：「誰知非動？」

曰：「仁者自生分別。」

師曰：「汝甚得無生之意。」

曰：「無生豈有意耶？」

師曰：「無意誰當分別？」

曰：「分別亦非意。」

師曰：「善哉！」

少留一宿，時謂一宿覺⑮。後著〈證道歌〉，盛行於世。諡曰無相大師，時稱為真覺⑯焉。

【章旨】玄覺悟得禪宗心法後，前往曹溪參謁，得到慧能印可，並解答疑問，一宿而辭，當時人稱這段機緣為「一宿覺」。

【注釋】❶玄覺禪師　字明道，俗姓戴，溫州永嘉人。他少年出家，先學天台止觀法，後赴曹溪拜謁慧能，提倡融合天台宗與禪宗的思想。撰有《永嘉集》，所作〈永嘉證道歌〉一首，盛行於世。❷天台止觀法門　指天台宗智顗所開創止觀雙修的法門。智顗（西元五三八～五九七年），隋唐之際著名高僧，世稱智者大師，著有《法華玄義》、《法華文句》、《摩訶止觀》等，宣揚天台宗義。❸發明心地　心性受到啟示，因而悟得禪法。心為萬法之本，能生一切，故名為地。❹玄策　慧能之弟子，婺州金華人。曾勸導、激勵玄覺、智隍參謁六祖大師。《五燈會元》卷二有傳。❺劇談　暢談。❻方等經論　指佛教大乘之經籍論著。方即方正，等即平等，一切大乘經籍所說之義理方正平等，故為大乘經之通稱。❼心宗　即禪宗。❽威音王已前即得　威音王是傳說中最早的古佛，在此以前無佛。關於威音王的記載，見《妙法蓮華經・常不輕菩薩品》。❾威音王已後三句　禪宗認為威音王以前，人類的本來心性未經思慮污染，所以人們可以自得佛性。威音王以後，人類的心性受到污染，所以必須得到佛法的傳授才能領悟佛性。《祖庭事苑》卷五云：「威音王佛以前，蓋明實際理地；威音已後，即佛事門中。」❿振錫而立　振動錫杖，卓然而立。錫杖，僧人用杖，頂端有錫環，搖動有聲。⓫三千威儀二句　僧人所應遵守的細微戒律規則，有三千、八萬之多。威儀，儀則；戒條。⓬大我慢　如此高傲自負。我慢，執有實我，待人傲慢無禮。⓭生死事大二句　意謂求取佛道之事重大，一切萬物生滅無常，變化非常迅速，因而無暇循禮問道。⓮體取無生二句　意謂以無生無滅之涅槃為體，了悟大道，超脫生死。無生，指涅槃。無速，指不為「無常迅速」所擾。⓯一宿覺　一宿決疑而徹悟佛法。宋贊寧《高僧傳》載，玄覺「謁韶陽能禪師而得旨焉」，「既決所疑，能留一宿，號曰一宿覺」。又〈永嘉證道歌〉云：「游江海，涉山川，尋師訪道為參禪。自從認得曹溪路，了知生死不相關。」可知當時必有問道決疑之事。⓰時稱為真覺　據楊億〈無相大師行狀〉稱，當時「學者輻湊，號真覺大師」。

【語　譯】永嘉玄覺禪師，是溫州戴氏人家的子弟。他從小學習佛教經籍，精通天台智顗大師所提倡止觀雙修的法門。因為閱讀《維摩詰經》受到啟示，因而心中領悟了禪法。恰巧六祖弟子玄策前來造訪，兩人在一起暢談心得。玄覺談論佛學義理與諸位禪學祖師暗相契合。玄策因而問道：「您是拜哪位大德為師獲得佛法的？」

玄覺回答：「我聽過各種佛教經籍的解說，各有師承關係。後來閱讀《維摩詰經》，悟得禪宗妙旨。只是不知道這種領悟是否正確，尚未得到證明。」

玄策說道：「威音王佛未出世以前，人的心性未受思慮的污染，可以自得佛法。威音王佛以後，若無導師傳授而自己悟得的，都屬於天然外道。」

玄覺對玄策道：「請求您為我作一番驗證。」

玄策回答：「我學淺言輕。曹溪有六祖大師弘法，四方修行者雲集，都接受他宣講的佛法。你若去拜謁六祖大師，我同你一道前往。」

玄覺於是同玄策共同來到曹溪，參拜慧能大師。玄覺初相見，繞著慧能大師走了三圈，然後振動錫杖，站在一旁。

慧能大師便說：「出家人應該遵守三千威儀、八萬細行的戒條規定。請問高僧來自何方？為什麼如此傲慢自大，不守禮儀？」

玄覺回答：「因為求得了生脫死的佛道是一件大事。萬物生死無常，變化非常迅速啊！」

慧能大師問道：「何不體取無生無死的真理，以明瞭並超脫生死無常的迅速呢？」

玄覺對答道：「體認自性即是無生，徹悟明瞭就知本無遲速可言。」

慧能大師說：「正是如此，正是如此。」

玄覺此時才按照禮儀，參拜慧能大師。不一會兒，他又向大師告辭。

慧能說道：「這就返回，你不覺得太快了嗎？」

玄覺答道：「本性本來就沒有動，哪有快與不快的分別呢？」

慧能大師又問：「誰知道本性本來未動呢？」

玄覺答道：「是您自己生起動與不動的分別。」

慧能大師稱讚道：「你相當準確地體悟到無生的意義。」

玄覺問道：「無生的境界難道還有意義嗎？」

慧能大師說：「如果無生的境界沒有意義，那麼誰去認識、分別呢？」

玄覺答道：「這種認識分別的本身也不是有意義或無意義。」

慧能大師道：「說得對！」

於是玄覺在曹溪留住了一宿。當時人們稱玄覺與六祖的機緣是「一宿覺」。後來玄覺著有〈永嘉證道歌〉，廣泛流傳於世間。死後，諡號為無相大師，當時人們則稱呼他為「真覺大師」。

禪者智隍❶，初參五祖，自謂已得正受，庵居長坐，積二十年。師弟子玄策，游方至河朔❷。聞隍之名，造庵問云：「汝在此作什麼？」

隍曰：「入定。」

策云：「汝云入定，為有心入耶？無心入耶？若無心入者，一切無情草木瓦石，應合得定；若有心入者，一切有情含識之流，亦應得定。」

隍曰：「我正入定時，不見有有無之心。」

策云：「不見有有無之心，即是常定。何有出入？若有出入，即非大定❸。」

隍無對。良久，問曰：「師嗣誰耶？」

策云：「我師曹溪六祖。」

隍云：「六祖以何為禪定？」

策云：「我師所說，妙湛圓寂，體用如如❹，五陰本空，六塵非有❺。不出不入，不定不亂。禪性無住，離住禪寂❻；禪性無生，離生禪想❼。心如虛空，亦無虛空之量❽。」

隍聞是說，徑來謁師。

師問云：「仁者何來？」

隍具述前緣。師云：「誠如所言，汝但心如虛空，不著空見，應用無礙，動靜無心，凡聖情忘，能所俱泯❾。性相如如❿，無不定時也。」

隍於是大悟，二十年所得心，都無影響。其夜，河北士庶聞空中有聲云：「隍禪師今日得道。」

隍後禮辭，復歸河北，開化四眾⓫。

【章旨】智隍打坐二十年未獲佛法，後來由於玄策的激勵，前往曹溪拜謁慧能大師。慧能一番開示，智隍當即大悟，成就了佛道。

【注釋】❶智隍　此段記述與《曹溪大師別傳》中「潭州瑝禪師」一段內容相近，唯此之智隍彼作「瑝禪師」，此之玄策彼本作「大榮禪師」，此之河北彼本作「長沙」。❷遊方至河朔　遊歷到黃河以北的地域。僧人周遊四方，修行問道，謂之遊方。❸大定　即常定。一切動靜皆在禪定之中，故云。❹妙湛圓寂二句　形容禪定境界玄妙清澄、圓滿寂靜，本體與作用融合，相與為一。❺五陰本空二句　意謂五陰聚合的萬物本來是空幻的，六根所感受的世界亦並非實有。五陰，即五蘊，指色蘊、受蘊、想蘊、行蘊、識蘊。佛教認為世間萬物都是五蘊因緣聚合而成。六塵，指六根所對之色、聲、香、味、觸、法六種世間境相。❻禪性無住二句　禪的本性是不留戀諸法萬相，所以要超脫而不執著禪寂的心念。離住禪寂，就是不要著意追求寂滅的境界。❼禪性無生二句　禪的本性是不生不滅的，所以要超脫禪想的境界。離生禪想，就是不要為追求禪境而刻意想像。❽心如虛空二句　心境如同虛空，而又不執著於虛空的形態、度量。量，指可度量的相狀、形態。❾能所俱泯　內心意識與外在事物的一起泯滅、消失了。佛教稱心識為能緣，心識的對象為所緣。❿性相如如　人之本性與物之相狀圓融無二。平等無二，謂之如如。⓫四眾　指比丘、比丘尼、優婆塞、優婆夷，即僧、尼、男女居士等佛教信徒。

【語譯】禪僧智隍，起初參謁五祖弘忍修習佛法，自以為得到了五祖的禪定正傳。他在寺廟中長期打坐，累計達二十年之久。六祖弟子玄策周遊來到河朔一帶，聽到智隍之名，便前往他所住的寺廟，問他道：「你在這裏做什麼呢？」

智隍回答：「入於禪定。」

玄策說道：「你說你入於禪定，是有心以進入呢，還是無心以進入呢？若是無心進入，那麼所有無情的草木、瓦石，應該是都可以進入禪定了。若是有心進入，那麼所有具備情感、意識的眾生之輩，也都應該是都可以進入禪定了。」

智隍答道：「我在進入禪定境界時，沒有有心或是無心的意念。」

玄策說道：「沒有有心或是無心的意念，這就表明你一直處在禪定的境界中，哪裏有什麼出入禪定呢？若是有出入禪定的心念，那就不是真正常在的大禪定。」

智隍聽了玄策的議論，無言對答。過了許久，他才問道：「您出自哪位大師的門下？」

玄策回答：「我的導師是曹溪六祖大師。」

智隍問道：「六祖大師認為怎樣才是禪定呢？」

玄策回答：「我的導師說，禪定的境界玄妙而澄澈，圓滿而寂靜，本體與作用圓融無二，此時體悟到五蘊會合的萬物本為空幻，六根所感受的世界亦非實有。沒有出定，也沒有入定，不追求凝息專注，而又精神不散亂。禪的本性是不留戀諸法萬相，所以不要執著禪寂的心念；禪的本性是不生不滅，所以不要為追求禪境而刻意想像。心境如同虛空，而又沒有虛空的相狀可以度量。」

智隍聽到這一番解說後，便直接前來拜謁慧能大師。

慧能大師問他道：「你從何處來？」

智隍便將遇到玄策的一段機緣具體陳述了一遍。慧能大師於是說道：「誠然如同你前面所轉述的，你只要做到心如虛空，而又不執著虛空的心念，自由自在，是動是靜都無心。將分別凡人與聖人的情感一起忘懷，將內在心性與外在事物全然泯滅。內外融合為一體，那就無時不在禪定之中了。」

智隍聽了慧能大師的講說，當下大悟。二十年打坐的有所得之心，一下子消逝得無蹤無影。就在這天的夜晚，黃河以北一帶的士人百姓聽到空中有聲音道：「智隍禪師今天得道了。」

智隍後來向慧能大師作禮而別，又回到了黃河以北的地帶，傳佈佛法，教化僧尼以及男女居士大眾。

一僧問師云：「黃梅意旨❶，甚麼人得？」

師云：「會佛法人得。」

僧云：「和尚還得否？」

師云：「我不會佛法❷。」

師一日欲濯所授之衣，而無美泉。因至寺後五里許，見山林鬱茂，瑞氣盤旋。師振錫卓地❸，泉應手而出，積以為池，乃膝跪浣衣❹石上。

忽有一僧來禮拜。云：「方辯，是西蜀人。昨於南天竺國見達摩大師❺，囑方辯『速往唐土，吾傳大迦葉正法眼藏❻及僧伽梨❼，見傳六代，於韶州曹溪。汝去瞻禮』！方辯遠來，願見我師傳來衣鉢。」

師乃出示。次問：「上人攻何事業？」

曰：「善塑。」

師正色曰：「汝試塑看。」

辯罔措。過數日，塑就真相，可高七寸，曲盡其妙。

師笑曰：「汝只解塑性，不解佛性。」師舒手摩方辯頂❽，曰：「永為人天福田！」

師乃以衣酬之。辯取衣分為三，一披塑像，一自留，一用椶裹瘞地中❾。誓曰：「後得此衣，乃吾出世。住持於此，重建殿宇。」

【章　旨】蜀僧方辯善塑人像，慧能教導他既要懂塑性，又要懂佛性，才能永遠成就人天福田相。

【注　釋】❶黃梅意旨　五祖弘忍所傳的佛法。弘忍在黃梅東山傳法，故云。❷我不會佛法　無法之法，以心印心，非言辭所能辨析解說，故云。❸振錫卓地　舉起錫杖，用力朝地上一插。卓，植立；插。❹浣衣　洗濯五祖所傳之袈裟。❺昨於南天竺國見達摩大師　印度古稱天竺國。菩提達摩本為南天竺國香至王第三子，故有此說。昨，昔；不久前。❻吾傳大迦葉正法眼藏　佛經載云：釋迦牟尼佛在靈山會上拈花示眾，當時眾皆默然，唯有大迦葉尊者破顏微笑。釋迦牟尼佛知大迦葉已經心悟，遂曰：「吾有正法眼藏，涅槃妙心，實相無相，微妙法門，不立文字，教外別傳，付囑摩訶迦葉。」正法眼藏，指以心印心的自心佛性，此心為佛智之全體，含藏萬德，亦即為禪宗玄旨。❼僧伽梨　僧衣有三種，僧伽梨是用九條至二十五條布縫製而成，因用布條數最多，為進入王宮、村落時穿用，故又名大衣、入王宮聚落衣。這裏指所傳之袈裟。另外兩種為五條衣、七條衣。❽摩方辯頂　用手撫摩方辯頭頂，以為囑咐。佛為囑咐大法或授記，以手摩頂，表示殷切誠懇之意。❾用櫻裹瘞地中　用棕將袈裟包裹好，埋於地下。櫻，即棕。瘞，埋。

【語　譯】一個僧人問慧能道：「黃梅五祖弘忍大師的意旨，什麼人得到了？」

慧能回答：「體悟佛法者得到了。」

那個僧人又問：「大師您得到了嗎？」

慧能回答：「我不會佛法。」

有一天，慧能大師想要洗濯五祖傳授的袈裟，然而鄰近卻沒有清美的泉水。他於是來到寺後五里多路的地方，只見那裏的山間林木繁茂，鬱鬱蔥蔥，祥瑞之氣在空中盤旋。他將錫杖往地上一插，泉水當即湧出，一會兒就積蓄成為一個池塘。慧能大師雙膝跪著，在一片石頭上洗濯袈裟。

忽然來了一個僧人，向他參拜敬禮。他說：「我名叫方辯，是西蜀人。不久前在南天竺國，我見到達摩大師。達摩大師囑咐我趕快前往中國，說道：『我所傳授給大迦葉的禪宗正法及袈裟，已經傳到了第六代，現在正在韶州曹溪處。你快去瞻仰禮拜！』方辯我遠地前來，想要瞻仰我師傳下來的衣缽。」

慧能大師於是將袈裟拿給他看。然後問道：「上人你主要研習哪種事業？」

方辯回答：「我善於雕塑。」

慧能大師神色莊重地說：「那你不妨為我塑座雕像看看。」

方辯一時不知所措。過了幾天，方辯塑了一座慧能的雕像。這座雕像高七寸，與真人十分相似，維妙維肖。

慧能大師笑著說：「你只懂得雕塑之性，而不懂得佛性！」慧能大師伸出手掌撫摩方辯的頭頂，說道：「希望你的雕塑永遠成為人天福田相！」

慧能大師於是將一件法衣贈送給方辯。方辯將這件法衣分成三份，一份披在塑像之上，一份自己保存，還有一份用棕葉包裹好埋藏在地下。方辯並且立下誓言道：「將來有人得到這份法衣，便是我轉世再生。我將在此主持弘揚禪法，重新修建寺廟！」

有僧舉臥輪禪師❶偈云：「臥輪有伎倆，能斷百思想❷。對境心不起，菩提日日長。」

師聞之曰：「此偈未明心地❸，若依而行之，是加繫縛❹。」因示一偈云：「慧能沒伎倆，不斷百思想❺。對境心數起，菩提作麼長❻！」

【章　旨】針對臥輪的偈頌，慧能指出面對外境，若是斷絕一切心念，是增加了新的繫縛。

【注　釋】❶臥輪禪師　據云：吐蕃文寫本有《臥輪禪師逸語》、《臥輪禪師出家安心十功德》等。又據《宋高僧傳》卷二七，上都有臥輪禪師，其人生平不詳。❷臥輪有伎倆二句　意謂臥輪禪師佛法高明，能修練達到心中斷絕一切念頭的境界。伎倆，辦法；技能。❸未明心地　未明本性，不符合佛法。心性亦稱「本元心地」。❹是加繫縛　心中存有「斷絕百思想」的意念，反為束縛，增加煩惱。〈定慧品〉云：「若前念、今念、後念，念念相續不斷，名為繫縛。」❺慧能沒伎倆二句　慧能主張無念，並非斷絕思想，而是「於諸境上心不染」。〈定慧品〉云：「若只百物不思，念盡除卻，一念絕即死，別處受生，是為大錯。」與此意同。❻對境心數起二句　意謂對境起心，亦不影響增長佛性覺悟。作麼，這麼。

【語　譯】有一個僧人舉出臥輪禪師偈頌道：「臥輪禪師技法高強，能斷絕心中一切思想。面對外境心無所動，菩提覺悟天天增長。」

慧能法師聽後說：「這首偈頌沒有明瞭人的本性，不合於禪的宗旨。若是依照修行，反而增加了束縛。」慧能於是另作一首偈頌道：「慧能沒有那種伎倆，並不斷絕心中的思想。面對外境自然心念數起卻不沾染，菩提覺悟卻也能增長呢！」

頓漸品第八

【題　解】此篇闡說的是禪門頓悟與漸悟說的分歧，並講述南北宗之間發生的相關事實。

唐代禪門出現了以慧能為首的主張頓悟的南宗與以神秀為首主張漸修的北宗的分歧，因此後世有了「南頓北漸」之說。考察頓、漸二說分歧的由來，其實並非從唐代開始。晉代著名僧人鳩摩羅什所譯介的禪法，經由其弟子竺道生、慧觀等流傳於南方，其中竺道生主張頓悟，而慧觀主張漸悟。此後頓漸二義，並行於世。隋代智顗以「五時八教」歸納佛法，八教之中就並列頓教與漸教。開創東山法門的五祖弘忍，也是兼攝頓漸二法。弘忍「晝則混跡驅給，夜便坐攝至曉」，這是漸修。弘忍向慧能傳授的，則是頓教法門。

慧能大力提倡頓悟，主張「自性自悟，頓悟頓修」，言下自見，不立漸次。在《壇經》全書中，慧能反覆地闡說了他的這一見解。在〈般若品〉中說：「前念迷即凡夫，後念悟即佛」，「一悟即至佛地。」在〈疑問品〉中又說：「若悟無生頓法，見西方只在剎那。」

但是不能說慧能的頓悟完全排斥漸修的工夫。慧能大力提倡頓悟，自有其現實的緣由：一者世俗的名相層層遮蔽著世人的本性，若無幡然一悟，頓時斬斷心靈的負累，便難以步入解脫的坦途；二者佛教經籍眾多，傳入中國以後，宗派林立，典籍如海，信徒困於知解，反而淡漠了心性的修練。慧能以單刀直入，倡導頓悟，實由於此。至於佛法的修持，慧能並不廢棄漸進的過程。在〈疑問品〉中，他說：「今勸善知識，先除十惡，即行十萬；後除八邪，乃過八千。」行十萬八千，除十惡八邪，即為漸修的工夫。《五燈會元》卷二載慧能回答門徒神會提問時說道：

聽法頓中漸，悟法漸中頓。修行頓中漸，證果漸中頓。

可知慧能主張的是漸中有頓，頓中有漸，頓漸雙修，並行不悖的。不過在這二者之中，慧能特別強調頓悟的意義與作用，這形成了他所倡導南宗禪法的最重要的特色。

時祖師居曹溪寶林，神秀大師在荊南玉泉寺❶。於時兩宗盛化❷，人皆稱「南能北秀」。故有南北二宗頓漸之分，而學者莫知宗趣❸。

師謂眾曰：「法本一宗，人有南北。法即一種，見有遲疾。何名頓漸？法無頓漸❹，人有利鈍❺，故名頓漸。」

然秀之徒眾，往往譏南宗祖師不識一字，有何所長？秀曰：「他得無師之智❻，深悟上乘，吾不如也。且吾師五祖，親傳衣法，豈徒然哉？吾恨不能遠去親近，虛受國恩❼。汝等諸人毋滯於此，可往曹溪參決❽。」

【章　旨】禪宗有頓漸之分，慧能主頓悟，神秀主漸修。神秀囑咐門徒前往曹溪，向慧能請學問疑。

【注　釋】❶神秀大師在荊南玉泉寺　神秀師事五祖弘忍多年，受命為上座、教授師。弘忍去世後，神秀在荊州當陽玉泉寺傳法，門人甚眾。❷兩宗盛化　南北二宗派，分別宣揚佛法，教化興盛。❸學者莫知宗趣　奉佛學道者對於南北二宗的宗旨及區別所在，都不清楚。宗趣，宗旨；旨歸。❹法無頓漸　真正的佛法就其本身並無頓悟與漸修的區別。〈定慧品〉云：「本來正教，無有頓漸」，「自識本心，自見本性，即無差別」，與此意同。❺人有利鈍　人所稟受的氣質有的敏悟、有的遲鈍。❻無師之智　並不是說慧能不需老師的開示、啟發，而是說他主要靠內心領悟獲得了般若智慧。❼虛受國恩　唐久視元年（西元七〇〇年），武則天詔神秀入京，於內道場供養，特加欽禮，被推崇為「兩京法主，三帝國師」。❽參決　參學、解決疑惑。

【語　譯】那時六祖慧能大師住在曹溪寶林寺，神秀大師住在當陽玉泉寺。當時兩個宗派宣傳佛法，形勢十分興盛。世人都稱道「南有慧能，北有神秀」，因而產生了南北二宗頓悟與漸修的分歧，而奉佛學禪者對於兩宗的宗旨歸趣都不甚了然。

慧能大師於是對大家講道：「佛道本來只有一家，只是人有南北的不同。解脫的方法只有一種，而領悟卻有快有慢。什麼叫做頓漸呢？要知道佛法本身並沒有頓與漸的不同，但是因為人所稟受的根器有的敏捷、有的遲鈍，所以有了頓悟與漸修之名。」

然而神秀的門徒眾多，往往譏諷說南宗慧能大師一字不識，有什麼特別的長處呢？神秀對門徒說道：「慧能主要靠自心的體會而獲得般若智慧，他深深悟得上乘佛法，在這方面我比不上他。況且吾師五祖弘忍親自傳法，授以衣缽，難道沒有緣由嗎？我恨不能長途前往，與他一起同參佛法，而虛受朝廷禮遇尊寵的恩典。你們諸位不必滯留在這裏，可以前往曹溪參拜慧能大師，以解除心中的疑惑。」

一日，命門人志誠❶曰：「汝聰明多智，可為吾到曹溪聽法。若有所聞，盡心記取，還為吾說。」

志誠稟命至曹溪，隨眾參請，不言來處。時祖師告眾曰：「今有盜法之人，潛在此會。」

志誠即出禮拜，具陳其事。師曰：「汝從玉泉來，應是細作❷。」

對曰：「不是。」

師曰：「何得不是？」

對曰：「未說即是，說了不是。」

師曰：「汝師若為示眾❸？」

對曰：「常指誨大眾，住心觀淨❹，長坐不臥。」

師曰：「住心觀淨，是病非禪❺。常坐拘身，於理何益？聽吾偈曰：

生來坐不臥，死去臥不坐。一具臭骨頭，何為立功課❻？」

志誠再拜曰：「弟子在秀大師處學道九年，不得契悟。今聞和尚一說，便契本心。弟子生死事大，和尚大慈，更為教示。」

師曰：「吾聞汝師教示學人戒定慧法。未審汝師說戒定慧行相❼如何，與吾說看。」

誠曰：「秀大師說：諸惡莫作名為戒，諸善奉行名為慧，自淨其意名為定。彼說如此。未審和尚以何法誨人？」

師曰：「吾若言有法與人，即為誑汝。但且隨方解縛，假名三昧❽。如汝師所說戒定慧，實不可思議也。吾所見戒定慧又別。」

志誠曰：「戒定慧只合一種，如何更別？」

師曰：「汝師戒定慧接大乘人❾，吾戒定慧接最上乘人。悟解不同，見有遲疾。汝聽吾說，與彼同否。吾所說法，不離自性。離體說法，名為相說⑩，自性常迷。須知一切萬法，皆從自性起用，是真戒定慧法。聽吾偈曰：心地無非自性戒，心地無癡自性慧，心地無亂自性定。不增不減自金剛⑪，身去身來本三昧⑫。」

誠聞偈，悔謝，乃呈一偈曰：「五蘊幻身，幻何究竟⑬？迴趣真如，法還不淨⑭。」

師然之。復語誠曰：「汝師戒定慧，勸小根智人。吾戒定慧，勸大根智人。若悟自性，亦不立菩提涅槃⑮，亦不立解脫知見⑯。無一法可得，方能建立萬法。若解此意，亦名佛身⑰，亦名菩提涅槃，亦名解除知見。見性之人，立亦得，不立亦得，去來自由，無滯無礙，應用隨作，應語隨答，普見化身。不離自性，即得自在神通⑱，遊戲三昧⑲，是名見性。」

志誠再啟師曰：「如何是不立義？」

師曰：「自性無非，無癡、無亂，念念般若觀照。常離法相，自由自在⓴。縱橫盡得，有何可立？自性自悟，頓悟頓修，亦無漸次㉑，所以不立一切法。諸法寂滅，有何次第？」

志誠禮拜，願為執侍，朝夕不懈。

【章旨】慧能向志誠講說自性頓修的戒定慧法門，指出常坐觀心是病態的行為，只有體悟自性，才能無滯無礙，獲得真正的佛法。

【注釋】❶志誠　吉州太和人，少時在當陽玉泉寺隨神秀學習北宗禪法，後入曹溪，成為慧能的門徒。❷細作　密探；奸細。❸汝師若為示眾　問神秀演說佛法，如何開示大眾。若為，何為；怎樣。示眾，指示、開導大眾。❹住心觀淨　凝神息慮，屏息內觀，求得清淨的境界。張說〈大通禪師碑〉稱神秀的禪法是「忘念以息想，極力以攝心」，「趣定之前，萬緣皆閉；發慧之後，一切皆如」，「觀心若幻，乃等真如」，與此相合。❺是病非禪　慧能認為枯坐觀心是病態，而非禪定之真意。〈坐禪品〉云：「起心看淨，卻生淨妄」，「障自本性，卻被淨縛」，與此意通。❻一具臭骨頭二句　意謂修練有形骨肉之體，豈能獲得佛法，成就佛果？功課，奉佛者修行的課程，代指功德。❼戒定慧行相　對於戒定慧義理的理解與修行的要求。行相，即行解相，修行與知解之相。❽隨方解縛二句　依據情況，方便說法，解除束縛，而借用修行禪定之假名。解縛，解脫世俗煩惱業障的繫縛以得自在。三昧，指禪定。❾接大乘人　引導一般的奉佛大眾。接，指以佛法接納、引導信徒。敦煌本此句作「汝師戒定慧勸小根智人」。❿相說　脫離自性本體的皮相之說。⓫不增不減自金剛　自性真如不增不減，不生不滅，圓滿具足，有如金剛不壞。⓬身去身來本三昧意謂雖然有形之體有來有去，有所動作，卻仍在禪定之中。〈定慧品〉云：「一行三昧者，於一切處行、住、坐、臥，常行一直心是也。」與此意旨相通。⓭五蘊幻身二句　意謂由五蘊會合而成的身體乃是虛幻的，豈可與究竟法身相比？究竟，指實相真如、究竟法身。《智度論》云：「究竟者，所謂諸法實相。」⓮迴趣真如二句　從今皈依佛性真如，乃明白禪法之真諦不在於住心看淨。趣，同「趨」。⓯菩提涅槃　菩提即覺悟，能使人達到涅槃解脫的境界。⓰解脫知見　有關解除人生煩惱、達到自在超越的知識與法門。知見，指知識與體驗。⓱佛身　佛身不生不滅，為萬法平等實性，即真如、涅槃之異名。小乘以戒定慧之功德及佛法為佛身，大乘以所證實相體性為佛身。⓲自在神通　指隨意變化、自在無礙之神力。小乘認為神通是修證所得的自在境，大乘認為神通是菩薩普渡眾生的方便法。⓳遊戲三昧　自在欣悅，無所滯礙，遊戲娛樂於禪定之中。⓴常離法相二句　常離世俗物相，使般若觀照自由無礙。法相，指世間一切事物、現象之相狀、概念等。㉑自性自悟三句　體悟自性，頓時開悟，不必設立先後次序。漸次，次第。〈般若品〉云：「若識自性，一悟即至佛地。」

【語譯】有一天，神秀對弟子志誠吩咐道：「你為人聰明機智，可以為我前往曹溪聽慧能大師宣講佛法。若是聽到什麼，認真記著，回來後向我報告。」

志誠接受神秀之命來到了曹溪。他隨從眾人一道參拜請益，而不講自己來自何處。當時六祖慧能對眾人說：「現在有一個盜聽佛法的人，就潛藏在這個法會上。」

志誠當即出列，重新施禮拜見，將事情一一陳述出來。慧能聽後說：「你從玉泉寺來，應該說是奸細。」

志誠答道：「我不是奸細。」

慧能問道：「為什麼不是奸細？」

志誠回答：「沒有表明身分可說是奸細，表明身分之後就不能說是奸細了。」

慧能大師問道：「你的師父神秀怎樣講說佛法，開示大眾？」

志誠回答：「師父經常教誨大家，要人們凝神息慮，專心觀想淨境，經常打坐，不要臥倒。」

慧能大師說道：「專心觀想淨境，這是病態的行為，並非真正的禪法。常年打坐，身體受到拘束，對於體悟佛法有什麼好處？且聽我的偈頌道：生時常坐身不臥，死後臥倒不得坐。這乃是骨肉有形之身，豈能用此習佛修功課？」

志誠再次拜謝，說道：「我在神秀大師那裡學習九年，一直未能領會佛法。今天聽大師您的一番話，立刻悟得本心。學生認為生死事大，請大師以大慈大悲為懷，繼續給我指教、開導。」

慧能大師說：「我聽說你的師父教導徒眾修行戒、定、慧法門。不知道你的師父對於戒、定、慧的理解及修持要求怎樣講說，你說給我聽聽。」

志誠回答：「神秀大師說：一切邪惡都不做，就名為戒；一切善行都去做，就名為慧；自我清淨心中的意念，就名為定。這就是神秀大師的說法。不知大師您是怎樣教誨眾人的？」

慧能大師道：「我若是講有佛法傳給眾人，就是欺騙你們。我只是依據具體情況，隨緣方便解除世人的束縛，借用三昧的假名罷了。像你的師父所講的戒、定、慧，實在已是不可思議的了。而我所認識的戒、定、慧又與之不同。」

志誠問道：「佛法講戒、定、慧應該只有一種意旨，怎麼會有區別呢？」

慧能大師回答：「你的師父所講的戒、定、慧，接引的是具有通常智慧的大乘人；我所講的戒、定、慧，接引的是悟解超常的最上乘人。因為對於佛法領悟理解的能力不同，悟見本性也就有的遲鈍，有的敏捷。你且聽我講解，看看與你的師父是否相同？我所講說的佛法，都不離開人的自性。離開自性的本體講說佛法，乃是皮相之說，會使人的自性常受到遮蔽而迷惑不明。要知道世界上的一切事物都以自性為體，從自性上生起作用，只有明白這一道理才是真正的戒、定、慧法。你且聽我的偈頌說道：心中沒有邪念就是自性戒，心中沒有癡迷就是自性慧，心中清淨不亂就是自性定。自性不增不減是不壞的金剛，儘管身去身來都是本於禪定。」

志誠聽罷偈頌，表示懺悔，並向大師致謝。他也獻上一偈道：「五蘊聚合之身虛幻不真，既屬虛幻，幻何有究竟之處？從今後一心皈依真如佛性，禪法妙諦本不在於看淨住心。」

慧能大師同意了志誠的見解。他又對志誠說道：「你的師父所講說的戒、定、慧，是勸導那些僅有小根器、平常智慧的人；我所傳授的戒、定、慧，是勸導那些有上等根器、超凡智慧的人。若是契悟了自身的佛性，也就不必再修證菩提涅槃，也不必再修證解脫知見。沒有一種佛法可以從外獲得，方才能夠建立萬法。若是理解了這一意旨，也可以稱為佛身，也可以稱為菩提涅槃，也可以稱為解脫知見。體悟到自己本性的人，修證這些方法可以獲得佛法，不修證這些方法也可以獲得佛法。在自身佛性之中去來自由，沒有阻滯，沒有障礙，依據形勢而隨機動作，依據語言環境而隨口應答，處處的表現都是化身佛。只要不離開自身的佛性，就能自在變化，具有廣大神通，遊戲於禪定的境界中，這就叫做悟見了自己的本性。」

志誠又請教慧能大師道：「不立諸法門，是什麼意旨呢？」

慧能大師回答：「自性中沒有是非，沒有愚癡，沒有散亂，每一心念之中都有般若智慧的觀照。超越萬物表面的相狀，自由自在，縱橫四方無不相得，有什麼必要要建立修證的各種法門呢？自己體會自身佛性，頓悟、頓修，也沒有固定的次序，所以不用立一切法門。在自性的境界中，一切都處在寂滅的狀態，有什麼等級次序的區分呢？」

志誠聽了這番開示，便向大師敬禮參拜，情願在大師身旁執事侍奉，不論朝夕都毫不懈怠。

僧志徹，江西人，本姓張，名行昌，少任俠。自南北分化，二宗主雖亡彼我❶，而徒侶競起愛憎。時北宗門人自立秀師為第六祖❷，而忌祖師傳衣為天下聞，乃囑行昌來刺師。

師心通，預知其事，即置金十兩於座間。時夜暮，行昌入祖室，將欲加害，師舒頸就之。行昌揮刃者三，悉無所損。

師曰：「正劍不邪，邪劍不正。只負汝金，不負汝命。」

行昌驚仆，久而方蘇。求哀悔過，即願出家。師遂與金，言：「汝且去，恐徒眾翻害於汝。汝可他日易形而來，吾當攝受❸。」

行昌稟旨宵遁。後投僧出家，具戒精進❹。

一日，憶師之言，遠來禮覲。師曰：「吾久念汝，汝來何晚？」

曰：「昨蒙和尚捨罪，今雖出家苦行，終難報德，其惟傳法度生❺乎？弟子常覽《涅槃經》，未曉常無常義❻，乞和尚慈悲，略為解說。」

師曰：「無常者，即佛性也。有常者，即一切善惡諸法分別心。」

曰：「和尚所說，大違經文。」

師曰：「吾傳佛心印，安敢違於佛經？」

曰：「經說佛性是常，和尚卻言無常。善惡諸法乃至菩提心，皆是無常，和尚卻言是常。此既相違，令學人轉加疑惑。」

師曰：「《涅槃經》，吾昔聽尼無盡藏讀誦一遍❼，便為講說，無一字一義不合經文。乃至為汝，終無二說。」

曰：「學人識量淺昧，願和尚委曲開示。」

師曰：「汝知否，佛性若常，更說什麼善惡諸法，乃至窮劫，無有一人發菩提心者？故吾說無常，正是佛說真常之道也❽。又一切諸法若無常者，即物物皆有自性，容受生死，而真常性有不遍之處。故吾說常者，是佛說真無常義❾。佛比為凡夫、外道執為邪常❿，諸二乘人於常計無常⓫，共成八倒⓬，故於涅槃了義教⓭中，破彼偏見，而顯說真常、真樂、真我、真淨⓮。汝今依言背義，以斷滅無常⓯，及確定死常⓰，而錯解佛之圓妙最後微言，縱覽千遍，有何所益？」

行昌忽然大悟，說偈曰：「因守無常心，佛說有常性。不知方便者，猶春池拾礫⓱。我今不施功，佛性而眼前。非師相授與，我亦無所得。」

師曰：「汝今徹也，宜名志徹。」徹禮謝而退。

【章旨】張志昌受北宗門徒派遣刺殺慧能未遂，出家持戒修行，又向慧能請教佛義。慧能為之解說，使他徹悟佛法，因而改名志徹。

【注釋】❶二宗主雖亡彼我　指神秀與慧能雖然不分彼此，無爭勝之心。亡，通「無」。❷北宗門人自

立秀師為第六祖　據李邕為神秀之弟子普寂所作〈大照禪師塔銘〉載，普寂臨終前說：「自達摩菩薩導於可，可進於璨，璨鍾於信，信傳於忍，忍授於大通，大通貽於吾，今七葉矣。」又神會答崇遠法師問云：「秀禪師在日，指第六代傳法袈裟在韶州，口不自稱為第六代。今普寂禪師自稱第七代，妄豎和尚（指神秀）為第六代，所以不許。」所稱即此事。❸攝受　接納；收為門徒。❹具戒精進　受具足戒，持戒修行，勤奮不懈。具足戒，出家人所受的戒律，戒品具足，故云。❺傳法度生　傳佈佛法，度越眾生。❻弟子常覽涅槃經二句　《涅槃經》載佛陀告訴諸比丘，「一切諸法皆悉無常，恩愛合會無不別離」，「一切有為法，皆悉歸無常」。佛教認為一切世俗事物都有生滅遷流，不可常住，剎那之間亦有生住異滅之變化，故曰無常。唯有佛性無生滅變遷，故曰常。❼吾昔聽尼無盡藏讀誦一遍　慧能自黃梅得法後，曾到曹侯村為尼無盡藏講說《大般涅槃經》，事見本書〈機緣品〉。❽故吾說無常二句　慧能自謂他所說的無常與佛陀所說的真常之道是相一致的。佛陀說佛性為常，是從本體存在的意義而言的。慧能說佛性無常，是從世人獲得佛法的數量、機遇而言的，二者所指有所區別。慧能針對志徹執著佛性為有常，所以說無常。要志徹從另一角度思考，若佛性有常，則眾生早已成佛。但何以歷久而無有一人發菩提心成佛呢？而正因佛性無常，所以人人有轉識成智成佛的可能。❾故吾說常者二句　慧能所說之常，是說一切諸法皆為佛性之體現，此為常態而言。與通常所云萬物變化無常的論說角度不同，而精神實無牴牾，故云。❿凡夫外道執為邪常　世俗凡夫及外道執著無常，認為是常，故曰邪常。⓫諸二乘人於常計無常　修聲聞、緣覺乘的人以世間無常之心來認識涅槃境界。諸二乘人，指修習聲聞乘、緣覺乘者。《楞伽經》卷一云：「諸聲聞畏生死妄想苦而求涅槃。不知生死涅槃差別，一切性妄想非性。」⓬八倒　佛教認為世俗凡夫具有四種顛倒的妄見，就是常顛倒、樂顛倒、我顛倒、淨顛倒，將無常、苦、無我、不淨的世間，執為常、樂、我、淨。諸二乘人也有四種顛倒妄見，就是無常顛倒、無樂顛倒、無我顛倒、無淨顛倒，將涅槃常、樂、我、淨之境界，執為無常、無樂、無我、無淨。凡夫四顛倒與二乘四顛倒，合為八顛倒，省稱八倒。⓭涅槃了義教　此以大乘經所說經義明了、講說究竟實理為了義教，以小乘經所說未了未盡、隱蔽實義之方便說為不了義教。大乘法認為「厭背生死，欣樂涅槃」是不了義，宣講「生死涅槃，二無差別」是了義。《涅槃經》卷六曰：「依了義經不依不了義經」，「聲聞乘名不了義，無上大乘乃名了義。」⑭真常真樂真我真淨　大乘涅槃所具之功德：無生無滅，永恆不變，名之為常；寂滅永安，自在適心，名之為樂；涅槃大我，具有八種自在，名之為我；解除一切垢染，不受沾污，名之為淨。⑮斷滅無常　指小乘人對無常的錯誤認識，以有斷滅者為無常。⑯確定死常　指小乘人以確定而死板者為常。豈知常可以言無常，無常可言常，並且自性本非常，非無常。⑰不知方便者二句　意謂執著言語、不知方便說法的人，忘記了佛法妙義，而只得到了瓦石般的詞句。也就是指佛說常、無常，皆為破凡夫與二乘人的執著，都是醫病之藥，是方便法。

【語譯】僧人志徹，江西人，本姓張，名叫行昌，他從小就崇尚任俠的行為。自從禪門分為南北兩派以來，兩派的宗主雖然沒有彼此爭勝的想法，但是門下的僧徒卻競生愛憎之心。當時北宗門下的僧眾自立神秀為禪宗六祖，而忌諱弘忍祖師傳授衣法給慧能一事為天下傳聞，於是派遣行昌南來刺殺慧能大師。

慧能大師有他心通，預先感知此事，他就先在座位上放置了十兩金錢。有一天夜晚，行昌潛入大師的居室，將要殺害慧能。慧能大師伸出頸項讓他動手，行昌揮動刀劍砍了三次，慧能大師還是毫無損傷。

慧能於是說道：「正劍不畏邪劍來刺，邪劍也不能刺入正劍中。我有正劍，你有邪劍，如何能刺我？從過去的因果來說，我只欠你的金錢，不欠你的性命。」

行昌驚慌異常，仆倒在地，過了好久才蘇醒過來。他向慧能大師哀求，表示懺悔罪過，當即表示願意出家，皈依佛門。慧能大師便將十兩金錢贈送給行昌，並囑咐說：「你暫且離開這裏，不然恐怕我的門眾徒人將會傷害你。你經過一段時間後，可以改換服裝樣貌再來，那時候我再接納你為門徒。」

行昌稟承慧能的意旨，當夜便逃走了。後來他投奔佛門，出家為僧，受具足戒，勤奮修行不已。

有一天，行昌回憶起慧能大師的囑咐，於是遠道前來參禮拜謁。慧能見後，說道：「我惦記你已經很久了，你怎麼來得這樣晚呢？」

行昌答道：「前次承蒙大師饒恕我的罪過，如今我雖然已經出家，勤苦修行，終究難以報答您的大恩大德。您對我所施予的恩德，我只能以弘揚佛法、普度眾生來期望有以報答了。學生我常讀《涅槃經》，不懂得常與無常的意義。請求大師慈悲為懷，為我略作解說。」

慧能大師說道：「所謂無常，也就是佛性；所謂有常，指的是對於世間一切善惡諸物的分別心。」

行昌說道：「大師所講說的，與佛經上所寫的大相違背。」

慧能大師說：「我所傳授的是佛祖以心印心的佛法，又豈敢違背佛經的宗旨？」

行昌說：「佛經上說佛性永恆不變，而大師卻說佛性是無常；佛經上說世間一切善惡事物以至覺悟之心皆是無常，大師卻說是有常。大師的論說既與佛經相違背，這就令學生更加疑惑不解了。」

慧能大師說：「《涅槃經》這部佛典，我以前曾經聽比丘尼無盡藏誦讀過一遍。當時就為她講說經旨，我所講說的無一字一義不符佛經的意旨。現在對你講說的，也終究沒有兩樣。」

行昌便道：「學生稟性愚昧，學識淺薄，請大師細緻講解，詳加開導。」

慧能大師回答：「你知道嗎，如果佛性的顯現是永恆常有，為什麼還要再為眾生說善惡諸法？為什麼很久很久以來沒有一個人萌發求取正覺之心而成佛呢？所以我說佛性的顯現無常，這正與佛祖所說真常之道是完全一致的。再者，若說世間一切事物都是無常，那麼各種事物就都具有自己的本性，各自包容、承受生死的變遷，這樣一來真常之性就不適用於世間萬物了。所以我說的有常，正與佛祖所說真無常之義是相同的。佛祖當年因見世俗凡夫與邪門外道執著於妄見邪常，而那些修行小乘者又以無常之心度量涅槃有常之境，共同組成八種顛倒，所以佛祖在說究竟義的涅槃教義中，特地破除各種偏見，而明確地闡說真常、真樂、真我、真淨。你如今拘泥於經文言辭，卻違反了佛的義理，用小乘人的斷滅無常，以及世俗的僵死常見，來錯誤地理解佛祖釋迦牟尼涅槃之前所講說的最圓滿精妙的道理。這樣的話，你就是將《涅槃經》讀上一千遍，又能有什麼益處呢？」

行昌聽罷，當即大悟。他口說偈頌道：「因守世間諸法無常心，卻不知萬物之中自有佛性。拘守言辭、不知方便說法者，好比是在春池側畔拾瓦礫！我今忽得見性，不必刻意用功，就見自身佛性當下顯現眼前。這自性並非大師您傳授給我的，也不是我自外而有所得的。」

慧能大師說道：「你今天已經徹底領悟了佛法，可以改名叫志徹。」

志徹於是敬禮、拜謝，然後退下了。

有一童子，名神會❶，襄陽高氏子。年十三，自玉泉來參禮。

師曰：「知識❷遠來艱辛，還將得本來否❸？若有本則合識主❹，試說看。」

會曰：「以無住為本，見即是主❺。」

師曰：「這沙彌爭合取次語❻？」

會乃問曰：「和尚坐禪，還見不見❼？」

師以拄杖打三下，云：「吾打汝是痛不痛？」

對曰：「亦痛亦不痛。」

師曰：「吾亦見亦不見。」

神會問：「如何是亦見亦不見？」

師云：「吾之所見，常見自心過愆，不見他人是非好惡，是以亦見亦不見。汝言亦痛亦不痛如何？汝若不痛，同其木石；若痛，則同凡夫，即起恚恨。汝向前，見不見是二邊，痛不痛是生滅❽。汝自性且不見，敢爾弄人！」

神會禮拜悔謝。

師又曰：「汝若心迷不見，問善知識覓路。汝若心悟，即自見性，依法修行。汝自迷不見自心，卻來問吾見與不見。吾見自知，豈代汝迷？汝若自見，亦不代吾迷。何不自知自見[9]，乃問吾見與不見？」

神會再禮百餘拜，求謝過愆。服勤給侍，不離左右。

一日，師告眾曰：「吾有一物，無頭無尾，無名無字，無背無面，諸人還識否？」

神會出曰：「是諸佛之本源，神會之佛性。」

師曰：「向汝道無名無字，汝便喚作本源、佛性。汝向去有把茆蓋頭，也只成個知解宗徒[10]。」

祖師滅後，會入京洛，大宏曹溪頓教，著《顯宗記》[11]，盛行於世，是為荷澤禪師。

【章　旨】慧能教導神會應該虛心請教高明的導師，契悟自性，自見自知，而不應只作一個知解之僧。

【注　釋】❶神會　襄陽人，俗姓高。年幼時即聰明好學，初習儒、道典籍，後出家為僧。曾拜謁神秀，復往曹溪師事慧能，列為慧能弟子之一。慧能去世後，曾住南陽龍興寺。開元二十年左右，在滑臺大雲寺設「無遮大會」，弘揚南宗禪法。安史亂後，因功被詔入內道場。又住洛陽荷澤寺，世稱荷澤大師。❷知識　猶言「朋友」。佛門中對於稱說正法、導人為善之賢者，通稱善知識。❸還將得本來否　問悟得本性、識得本來面目否？本，本心；本性。❹若有本則合識主　若能悟得本性，就應該識得是自性的主人公。合，應該。主，主人公，即自性也。❺以無住為本二句　意謂對一切事物境相都不執著，這種無住是修行的根本，而獲得這種正見為主。見，指無住的心念。❻這沙彌爭合取次語　意謂這個小和尚怎麼能夠如此隨便回答。沙彌，小和尚。取次，造次；急遽。❼和尚坐禪二句　有二義：一曰坐禪時有所見還是無所見，對外在事物而言；二曰坐禪時悟見本性否，對自心而言。均可通。❽見不見是二邊二句　意謂執著於見與不見，是兩種極端的偏見；而感覺痛與不痛，則是生命存在與否的問題。這兩件事性質不同，不可一樣看待。二邊，佛教以認識世界所建立的生滅、斷常、一異、來去等為兩種邊見，以不執生滅、斷常、一異、來去為中道。禪宗提倡中道、以真心不落二邊、生起般若觀照為宗旨。❾自知自見　從自性中獲得般若智慧，悟見自身佛性。神會《頓悟無生般若頌》云：「般若圓照涅槃，故號如來知見。知即知常空寂，見即直見無生。知見分明，不一不異。」與此意通。❿汝向去有把茆蓋頭二句　意謂你日後有所成就，也只能成為一個知解僧人。茆蓋頭，指帽子。知解宗徒，學問僧人，主要靠學識理解而不是從自身修行領悟的和尚。⓫顯宗記　又名《頓悟無生般若頌》，為弘揚六祖慧能頓悟法門而作，在當時曾經廣泛流傳。

【語　譯】有一個少年童子名叫神會，是襄陽高氏人家的孩子。他只有十三歲時，便從當陽玉泉寺前來參拜慧能大師。

慧能大師說：「朋友你遠道而來，路途辛苦，你是否悟得了自己的本性呢？若能悟得本性，就應該認識自己的主人公了，不妨試著說說看。」

神會回答：「內心不執著世間任何的事物境相，這種無住是修行之本，獲得這種正見的就是主人公。」

慧能大師說：「你這個小和尚怎麼如此匆忙隨便就回答了呢？」

神會於是問道：「大師坐禪時，內心有所見還是無所見？」

慧能大師拿起手杖打了神會三下，問道：「我打你時，你是痛還是不痛？」

神會回答：「又痛，又不痛。」

慧能大師說：「我也是又有見，又無所見。」

神會接著問道：「又有見，又無所見，是什麼意思呢？」

慧能大師說道：「我之有見，是經常看見自心所犯的過失；我之無所見，是不見他人的是非、好惡，所以說又有見又無所見。你說又痛又不痛是什麼意思？你若是不痛，就身同木石一樣沒有感覺；若是感到疼痛，就與凡夫沒有兩樣，會產生怨恨之心。你上前來聽我說，執著於見與不見，是兩種極端的偏見；而感覺到痛與不痛，則是生命存在與否的問題。你尚未悟見自己的本性，居然敢於如此向人賣弄！」

神會跪拜敬禮，表示悔過之意。

慧能大師又說道：「你若是心地迷惑、未悟本性，就請教高明的導師指引修行；你若是內心契悟能證得自身的佛性，就依照所體悟的佛法去修行。可是你自己迷惑，不見自己的本心，卻來問我有見無見。我若悟解佛性，自己內心知道，又豈能代替你清除迷惑？你若悟見佛性，也不能代替清除我的迷惑。為何不從自心中生起般若智慧，悟見自身佛性，而來問我有見無見呢？」

神會又敬禮，跪拜百餘次，請求寬恕自己的過錯。他從此留在慧能大師身邊服侍，幹事勤快，不離左右。

有一天，慧能大師對眾人說：「我有一樣物品，它無頭無尾，沒有名字，沒有背後與當面的區分。你們各位認識嗎？」

神會出來回答道：「這是作為諸佛本源的自性清淨心，也就是神會我本身所具有的佛性。」

慧能大師說：「剛才跟你說過它沒有名也沒有字，你卻稱呼它為本源、佛性。你以後就算有頂帽子戴在頭上，也只能成個知解僧人。」

慧能大師去世後，神會到了長安、洛陽一帶，大力倡導弘揚六祖慧能的頓悟法門。並且撰寫了《顯宗記》，在世間廣泛流傳，人們稱之為荷澤禪師。

師見諸宗難問❶，咸起惡心❷，多集座下，愍而謂曰：「學道之人，一切善念惡念，應當盡除❸。無名可名，名於自性❹。無二之性，是名實性❺。於實性上建立一切教門❻，言下便須自見。」

諸人聞說，總皆作禮，請事為師。

【章旨】慧能教導眾門徒要除掉一切世俗的善念、惡念，在真如、實性基礎上建立教門，弘揚佛法。

【注釋】❶諸宗難問　唐代佛教宗派眾多，有天台宗、華嚴宗、慈恩宗、淨土宗、律宗、禪宗等，禪宗又分為南北二宗及諸多支派，各宗派之間相互駁難、論辯。❷惡心　指爭強好勝之心。❸一切善念惡念二句　心中不存一切世間善惡之念。《維摩詰經．不二法門品》云：「善、不善為二。若不起善、不善，入無相際而通達者，是為入不二法門。」❹無名可名二句　意謂真如佛道，即為自身之本性。無名，指佛性、道。《荷澤神會禪師語錄》第十七條：「無名是道。」❺無二之性二句　萬物唯一不二之本性，是為真實之性，亦即佛性。實性，真如、法性之異名。❻於實性上建立一切教門　在真如佛性基礎上建立一切佛教派別、法門。教門，指不同的教派、法門。

【語譯】慧能大師看見當時各種佛教宗派之間相互爭辯、駁難，生起爭強好勝的不良之意，於是將許多人召集到自己的講座前，心懷憐憫地對他們說道：「修習佛道的人，對於一切世俗的善惡之念，應當全部清除乾淨。無名可名，那便是自身的本性。這種唯一無二的本性，就名叫真如佛性。在真如佛性基礎上建立的一切教派、法門，當下便能悟見自己的本性。」

眾人聽了大師的一番講說，都一起施禮致敬，請求慧能接納他們為弟子。

護法品第九

【題解】此篇記述的是慧能為朝廷使者講說禪門宗旨一事的始末。在批評京師流行關於坐禪習定的意見之中，即申明了護持佛法之意。

當時京城流行的對於禪定的認識，大體是神秀一派所倡導的傳統禪法。張說在〈大通禪師碑〉中概括神秀禪法大略云：「專念以息想，極力以攝心。……趣定之前，萬緣盡閉；發慧之後，一切皆如。」這種修持以默坐、攝心、息慮、進入禪定、獲得解脫為不二法門。而在慧能看來，這種形式上的坐禪違背了禪門的真諦。他將形相之禪提升到心性之禪的高度，論曰：「無生無滅，是如來清淨禪；諸法空寂，是如來清淨坐。」言中之意，仍是要人們在自性中體悟佛性無生無滅、諸法空寂的境界，並且認為只有這種體悟才算得是真正的坐禪。

在此基礎上，慧能進一步闡述了「煩惱即是菩提」的思想。這種闡說的旨歸，在於引導信眾不離人間而超越世俗，不證生死而獲得涅槃。文中說實性「處凡愚而不減，在賢聖而不增，住煩惱而不亂，居禪定而不寂」，其意旨正在於說明凡聖不二、煩惱與菩提同體這一禪門妙諦。

神龍元年上元日❶，則天中宗詔❷云：「朕請安、秀二師❸宮中供養，萬幾之暇，每究一乘❹。二師推讓云：『南方有能禪師，密授忍大師衣法❺，傳佛心印❻，可請彼問。』今遣內侍薛簡，馳詔請迎，願師慈念，速赴上京。」

師上表辭疾，願終林麓。

薛簡曰：「京師禪德❼皆云：欲得會道，必須坐禪習定，若不因禪定而得解脫者，未之有也❽。未審師所說法如何？」

師曰：「道由心悟，豈在坐也？經云：若言如來若坐若臥，是行邪道❾。何故？無所從來，亦無所去。無生無滅，是如來清淨禪；諸法空寂，是如來清淨坐❿。究竟無證⓫，豈況坐耶？」

【章　旨】慧能向朝廷使者解說，要想獲得佛法，不能靠坐禪習定，而要靠體悟佛性無生無滅、諸法空寂的妙旨。

【注　釋】❶神龍元年上元日　西元七〇五年，是唐中宗神龍元年。上元日，指正月十五，為上元節。❷則

天中宗詔　王維〈六祖能禪師碑銘〉云：「九重延想，萬里馳誠」，「則天太后、孝和皇帝，並敕書勸諭，徵赴京城。禪師子牟之心，敢忘鳳闕；遠公之足，不過虎溪。固以此辭，竟不奉詔。」孝和皇帝，廟號中宗。所載為同一事件。❸安秀二師　指慧安、神秀。嵩嶽慧安，初唐著名禪師，武后時徵至京師，待以國師之禮。神龍二年中宗賜紫袈裟，延入禁中供養。神龍三年，辭歸嵩嶽，一百二十八歲而卒。神秀，武后時被召入京師，於內道場供養，當時被推許為「兩京法主，三帝國師」，神龍二年去世。❹萬幾之暇二句　處理朝政之閒暇，常潛心探究佛法。萬幾，指朝廷政務，繁忙萬端，故云。一乘，一佛乘；佛法。❺密授忍大師衣法　謂慧能受五祖弘忍大師秘傳之佛法及衣缽。此句《曹溪大師別傳》作「密受忍大師記」，〈惠能和尚傳〉作「受忍大師記」，則「授」當作「受」。❻心印　即禪法。以心印心，故云。❼禪德　有德行的禪師，是對禪僧的尊稱。❽若不因禪定而得解脫者二句　淨覺《楞伽師資記》卷一云：「若有一人不因坐禪而成佛者，無有是處。」所引京師禪德語，即此意。❾若言如來若坐若臥二句　意謂若說如來佛有坐臥之相，如此理解，便是妄見、邪道。《金剛經》載釋迦牟尼對須菩提說：「須菩提，若有人言，如來若來若去、若坐若臥，是人不解我所說義。何以故？如來者，無所從來，亦無所去，故名如來。」❿諸法空寂二句　如來為佛祖之尊號，意謂從真如之道來而成正覺，其自性清淨，攝一切佛性，以坐為喻，而不在於坐之形相。⓫究竟無證　謂如來之法身尚且不能驗證。佛有三身，以法身為究竟。《金剛經》云：「不可以身相得見如來。何以故？如來所說身相，即非身相。……若見諸相非相，即見如來。」

【語　譯】神龍元年正月十五日，武則天與唐中宗下達詔書說道：「朕迎請嵩嶽慧安、玉泉神秀兩位大師到宮內供養。在日理萬機的餘暇，經常潛心探究佛法。二位大師謙讓並且推薦說：『南方曹溪有慧能大師，繼承弘忍大師密授的衣缽，傳佈佛祖以心印心的禪法，可以向他請教問疑。』如今派遣宮廷內侍薛簡前來傳達詔書，迎請慧能大師進京。希望大師以慈悲為懷，盡快出發趕赴京城。」

慧能給朝廷上表，推辭說自己有病，不能赴京，表達自己終老山林的志願。

薛簡說道：「京城禪師大德都說，要想領悟佛道，必須要坐禪習定。若不是通過坐禪習定而得到解脫，這樣的事情是沒有的。不知大師對於這一說法，有何見解？」

慧能大師回答：「佛道要靠內心的覺悟，怎麼能靠坐而得呢？《金剛經》上說：若有人說如來佛若來若去，若坐若臥，這是邪道妄見。為什麼這樣說呢？因為如來沒有從某處來，也沒有向某處去。沒有生也沒有滅，這就是如來的清淨禪法；一切諸相空幻寂滅，這就是如來的清淨坐法。如來的法身尚且不能證驗，又何況如來打坐的形相呢？」

簡曰：「弟子回京，主上必問。願師慈悲，指示心要❶，傳奏兩宮，及京城學道者。譬如一燈然百千燈❷，冥者皆明，明明無盡。」

師云：「道無明暗，明暗是代謝之義❸。明明無盡，亦是有盡，相待立名❹。故《淨名經》云：『法無有比，無相待故❺。』」

簡曰：「明喻智慧，暗喻煩惱。修道之人，儻不以智慧照破煩惱，無始生死❻，憑何出離？」

師曰：「煩惱即是菩提❼，無二無別。若以智慧照破煩惱者，此是二乘見解，羊鹿等機❽。上智大根，悉不如是。」

簡曰：「如何是大乘見解？」

師曰：「明與無明，凡夫見二❾，智者了達，其性無二❿。無二之性，即是實性⓫。實性者，處凡愚而不減，在賢聖而不增，住煩惱而不亂，居禪定而不寂。不斷不常，不來不去⓬，不在中間，及其內外，不生不滅，性相如如⓭。常住不遷，名之曰道。」

【章　旨】慧能向朝廷使者講解「煩惱即是菩提」的妙旨，指出它們相合不二，具有共同的本質，即永恆的實性。

【注　釋】❶心要　禪法要旨。❷一燈然百千燈　以一盞燈為火種，點燃千百盞燈。然，通「燃」。《維摩詰經・菩薩品》云：「無盡燈者，譬如一燈燃百千燈，冥者皆明，明終不盡。」❸道無明暗二句　意謂佛道是不二法門，而明暗乃是對立代謝之名，有明才能有暗。《維摩詰經・不二法門品》云：「暗與明為二。無暗無明，則無有二，……於其中平等入者，是為入不二法門。」❹相待立名　依賴於其他條件的存在而立名。這也是對薛簡所說的評論。薛簡說的是佛法的傳播，而慧能說的是佛法的本體。慧能認為點燃燈火、顯示光明是有待，明與暗互為立名的條件。而佛性內外明徹，是無待的。❺法無有比二句　意謂佛法是不可以比擬的，因為是唯一實相，是不依賴其他條件而存在，因而是絕對無待的。《維摩詰經・弟子品》云：「法無有比，無相待故。……法同法性，入諸法故。」❻無始生死　生死輪迴，無始無終。❼煩惱即是菩提　煩惱與覺悟本為一體，二者不可分離。迷惑則為煩惱，覺悟則為菩提。隨於無明則為煩惱，順於佛性則為菩提。妄情當前則為生死煩惱，實智當前則為涅槃菩提。❽此是二乘見解二句　意謂將煩惱與智慧區分為二不符合佛法不二的宗旨，是修小乘法人的見解。羊鹿，羊車與鹿車，代指聲聞乘與緣覺乘。機，根器；稟性。❾明與無明二句　愚癡、煩惱所蔽為無明，智慧而不染塵俗為明，平凡之輩將明與無明分別視為二端。❿智者了達二句　智者通達佛法不二之理，知道明與無明的本性是一樣的。《維摩詰經・不二法門品》云：「明、無明為二。無明實性即是明，明亦不可取，離一切數，於其中平等無二者，是為入不二法門。」⓫實性　即法性、真如。⓬不斷不常二句　實性的存在不斷滅也不常住，不到來也不離去。斷指死亡、消滅，常指常住、常存。《中論》云：「不生亦不滅，不常亦不斷。不一亦不異，不來亦不出。」⓭性相如如　實性的存在就是真如常住，它不動搖，也不遷化。《金剛經》：「不取於相，如如不動。」

【語　譯】薛簡說道：「弟子我回到京城後，聖上一定會詢問大師宣講的佛法。希望大師以慈悲為懷，指示禪宗妙法要旨。我回京後，稟奏太后與皇上，並且轉告京城修持佛道的人們。就好像一盞燈火可以點燃成百上千盞的燈燭，使得黑暗變成光明，使光明相傳永無止盡。」

慧能大師回答：「佛性沒有明暗兩端，光明與黑暗蘊涵著相互替代的意思。說是光明相傳永無止盡，但是還總有燈熄火滅的時候，因為它們相互依存才有了明與暗的名目。所以《維摩詰經》上說：『佛法不能比擬，因為它是絕對無待的緣故。』

薛簡說道：「光明就好比智慧，黑暗就好比煩惱。修行佛法的人，如果不用智慧照破煩惱，墮落在無始無終的生死輪迴之中，怎麼能夠脫離苦海呢？」

慧能大師回答：「煩惱與覺悟本為一體，二者之間無法分割、區別。若是用外來的智慧照破內心的煩惱，這是小乘法人的見解，是修行聲聞、緣覺乘者所用的方法。具有上等智慧、超常根器的人，他們是並非如此的。」

薛簡問道：「那麼，什麼是大乘佛法的見解呢？」

慧能大師答道：「明與無明，在普通凡人看來是性質不同的兩類現象，但是智者通達佛法不二的道理，知道它們的本質沒有兩樣。這種並無二致的本質，就是真實的佛性。這種真實的佛性，在世俗凡人身上並不減少，在聖人賢哲身上也並不增加，處在煩惱境界中並不混亂，處在禪定境界中也並不寂滅。佛性不斷滅也不常住，沒有到來也不離去，沒有中間及內外的方位可言，也沒有生成也沒有消滅，真如常存，不遷不化。我們稱其名為道。」

簡曰：「師說不生不滅，何異外道❶？」

師曰：「外道所說不生不滅者，將滅止生，以生顯滅❷，滅猶不滅，生說不生❸。我說不生不滅者，本自無生，今亦不滅❹，所以不同外道。

汝若欲知心要，但一切善惡都莫思量，自然得入清淨心體❺。湛然常寂❻，妙用恆沙❼。」

簡蒙指教，豁然大悟。禮辭歸闕❽，奏師語。

【章　旨】慧能向朝廷使者講解法性不生不滅的妙旨，指出依此修行，必能證得佛法，妙用無盡。

【注　釋】❶外道　佛教外的其他宗教、教派。佛經說有外道六師，從中分出九十六種外道，其主張不一。❷將滅止生二句　謂外道以生、滅為二，以死亡為生命之結束，二者互相對立。❸滅猶不滅二句　外道以有無論生滅，他們所說的滅中不離世間因緣，包含著貪、嗔、癡三毒，所以並非真正的寂滅。外道追求的是世俗的生，卻口說「不生」。《楞伽經》卷三云：「邪見論生滅，妄想計有無。若知無所生，亦復無所滅。觀此悉空寂，有無二俱離。」❹本自無生二句　佛性超越生滅，無生無滅。《維摩詰經・不二法門品》云：「生滅為二。法本不生，今則無滅。得此無生法忍，是為入不二法門。」❺但一切善惡都莫思量二句　謂不思量世俗之善惡，自然契合佛性。清淨心體，指真如之體，清淨無染，故云。《維摩詰經・不二法門品》云：「善、不善為二。若不起善、不善，入無相際而通達者，是為入不二法門。」❻湛然常寂　形容佛性澄澈、寂靜。湛然，深徹；清澄。❼妙用恆沙　佛性之妙用無窮無盡，如恆河之沙，不可勝數。恆沙，佛經極言其多，常舉恆河沙數作為比喻。❽歸闕　回到京城。闕，宮闕，指都城。

【語　譯】薛簡問道：「大師說真實的佛性不生不滅，這與那些外道的主張有什麼區別呢？」

慧能大師回答：「各種外道所說的不生不滅，是用死亡來阻斷生命，用生命的存在來顯示死亡的斷滅。他們的滅就是不滅，他們求生卻口說不生。我所說法性的不生不滅，因為本來就沒有生成，也就沒有斷滅，所以不同於各種外道的說法。你若是想得知禪宗要旨，只要將一切世俗的善惡都不去思考，自然便能進入清淨無染的自心本體。佛性的存在清澈寂靜，它的妙用如同恆河沙數無窮無盡。」

薛簡聽了慧能的一番開導指教，頓時豁然大悟。他向大師敬禮告辭，回到京城，將慧能大師所講說佛法的言辭奏上朝廷。

其年九月三日，有詔獎諭師曰：「師辭老疾，為朕修道，國之福田❶。師若淨名，託疾毗耶❷，闡揚大乘，傳諸佛心，談不二法❸。薛簡傳師指授如來知見❹。朕積善餘慶❺，宿種善根❻，值師出世，頓悟上乘。感荷師恩，頂戴無已❼。並奉磨衲袈裟❽及水晶缽，敕韶州刺史，修飾寺宇，賜師舊居為國恩寺焉。」

【章旨】朝廷降詔褒獎慧能，贈以袈裟及水晶缽，並賜名慧能舊居寺院為「國恩寺」，以示恩寵。

【注　釋】❶國之福田　意謂慧能弘揚佛法，可使國家得到福德果報，猶如國家之福田。❷師若淨名二句　以慧能比擬為維摩詰。維摩詰是居住在毗耶離城的居士，深通大乘，修菩薩道。為了教化眾生，他假託身有疾病，對前往探視者宣傳大乘佛法。維摩詰，意譯為淨名、無垢稱。毗耶，古印度城名。❸談不二法　宣講至高無上、終極不二之法門。《維摩詰經‧不二法門品》記述三十一位菩薩各說不二法門，最後維摩詰默然無言，文殊師利歎曰：「善哉，善哉！乃至無有文字語言，是真入不二法門。」❹如來知見　即佛之智慧，能夠觀照諸法實相。《妙法蓮華經‧方便品》稱如來知見「廣大深遠，無量無礙」，「深入無際，成就一切未曾有法」。❺積善餘慶　積累善行之家，有恩澤及於後人。《易‧坤卦》：「積善之家必有餘慶，積不善之家必有餘殃。」❻宿種善根　宿世善業所種下的善根。善根，奉佛向善的根器、稟性。❼頂戴無已　頂禮致意，不足以表達崇敬之情。頂戴，敬禮。❽磨衲袈裟　袈裟名，精美而寶貴。據載宋代時，高麗國曾獻磨衲袈裟。

【語　譯】這一年的九月三日，朝廷降下詔書褒獎慧能大師道：「大師陳說自己年老有病，辭謝進京的召請。你為朕修行佛道，是國家的福田。大師猶如維摩詰居士一樣，假託疾病居住在毗耶城，闡說、弘揚大乘佛法，傳授諸佛心法妙旨，講說至上不二法門。薛簡歸來，傳達了大師所指示講授的如來智慧。我因祖宗盛德，澤及後世，前生種下的善根，得以遇上大師出世，使我頓悟上乘佛法。感懷大師的恩德，誠敬之意，表達不盡。特此獻上磨衲袈裟及水晶缽，並敕命韶州刺史修整裝飾大師所在的寺廟，賜大師舊日所居的住宅名為『國恩寺』。」

付囑品第十

【題解】此篇記述慧能去世前為其弟子說法的主要內容，以及慧能去世前後的情景。慧能的臨終說法，可以視為他對自己禪宗思想的概述與總結。它包括以下幾個方面的內容：

一、三科法門。慧能教導弟子說法先須舉三科法門，即五陰、十二入、十八界。三科法門的建立，目的是要破除世人的「我執」。對上等根器的人講五陰（五蘊），對中等根器的人講十二入（十二處），對下等根器的人講十八界，可以分別幫助他們破除對心、色，以及心色結合的執著，建立起「無我」的觀念，所以慧能將三科法門置於首位。

二、中道的思想。慧能提出三十六對，其目的在於闡明中道之義理。龍樹《中論》提出「不生亦不滅，不常亦不斷，不一亦不異，不來亦不出」，又說：「眾因緣生法，我說即是無，亦為是假名，亦是中道義。」這種不執著對立的兩端，以認識與對待緣起現象，即是中道。三十六對的佛學思想基礎，便在於此。

三、真假與動靜的闡說。佛法論真假，以為萬物都是因緣和合而成，故其名相假而非真。《摩訶般若經》說有三假：一曰法假，謂本來緣起無自性是假；二曰受假，謂五蘊聚合為眾生是假；三曰名假，謂自心憶想成概念是假。所以世間萬相，「一切無有真」。只有實性是真，自在本性是真。就動靜而言，僧肇〈物不遷論〉說：「必求靜於諸動，故雖動而常靜。不釋動以求靜，故雖靜而不離動。」萬物「言常而不住，稱去而不遷」。《金剛經》亦云，只有佛性的存在「不取於相，如如不動」。這就是〈真假動靜偈〉的佛理基礎。

四、一相三昧與一行三昧。佛教認為「實相一相，所謂無相，即是如相」，所以一相三昧就是專心實相真如，不繫心世間之事物，而進入禪定的境界。慧能又說：「若於一切處，行住坐臥，純一直心不動道場，真成淨土，此名一行三昧。」「純一直心不動道場」也就是本於自性真如，所以一相三昧與一行三昧雖然各有所側重，而其精神實質則是完全相通的。

五、認識自性，禮拜自佛。慧能強調「我心自有佛，自佛是真佛」，認為「自性若悟，眾生是佛」。這是貫穿《壇經》全書的一個最重要的論點。

六、敘述禪宗傳法世系。文中介紹了從古代七佛到禪門三十三代祖師的名字，這是為了說明禪法傳授由來久遠，歷歷分明，從而確立禪門南宗神聖正統的地位。

師一日喚門人法海、志誠、法達、神會、智常、智通、志徹、志道、法珍、法如等❶，曰：

汝等不同餘人，吾滅度❷後，各為一方師。吾今教汝，說法不失本宗。

先須舉三科法門❸，動用三十六對❹，出沒即離兩邊❺，說一切法，莫離自性。忽有人問汝法，出語盡雙，皆取對法❻，來去相因。究竟二法盡除❼，更無去處。

三科法門者，陰、界、入也。陰是五陰❽，色、受、想、行、識也。入是十二入❾，外六塵色、聲、香、味、觸、法，內六門眼、耳、鼻、舌、身、意是也。界是十八界❿，六塵、六門、六識是也。自性能含萬法，名含藏識⓫。若起思量，即是轉識⓬。生六識，出六門，見六塵，如是一十八界，皆從自性起用。自性若邪，起十八邪。自性若正，起十八正。若惡用即眾生用，善用即佛用。用由何等？由自性有。

【章旨】慧能囑咐十大弟子，傳授佛法先要列舉三科法門，即五陰、十二入、十八界。

【注釋】❶門人法海志誠句　此處所列十大弟子中，法海、法達、智常、智通、志道諸門人事跡，見本書〈機緣品〉；志誠、神會、志徹事跡，見本書〈頓漸品〉；法珍、法如，事跡不詳。❷滅度　涅槃，指僧人去世。❸三科法門　三科反映了佛學對於世界構成及社會人生現象的基本認識。它從內在心識與外在事物相互聯繫的視角，將萬事萬物分為三科，即五蘊、十二處、十八界。其目的在於說明萬物皆屬虛幻，以破除我執。❹三十六對　三十六對之說，此前佛經無載，蓋為慧能所概括，其旨在於說明中道之義理。❺出沒即離兩邊　中道為佛學之重要觀念，其基本主張為泯滅差別，不落兩邊之偏見，即「不生亦不滅，不常亦不斷，不一亦不異，不來亦不去」。❻皆取對法　皆舉對立事物以說明其因緣、依存關係。下文云「以明顯暗，以暗顯明，來去相因，成中道義」，便是具體說明此法。❼究竟二法盡除　最終完全消除有無、生滅、常斷、來去之類二相的分別。二法，分別對立二相之法。❽陰是五陰　五陰，即五蘊，包括色蘊、受蘊、想蘊、行蘊、識蘊。五蘊之概念，表示世界萬事萬物都是因緣聚集，其本質在於說明世間萬物並無實在之自體，而歸於空幻。❾入是十二入　入即處，十二入又譯為十二處。六根（又稱六門）與六境（又稱六塵）互相涉入，如眼能見色，是名眼入，耳能聞聲，是名耳入，如此等等。十二入，包括眼入、耳入、鼻入、舌入、身入、意入、色入、聲入、香入、味入、觸入、法入等。十二入的本質，在於表明認識是由六根、六塵因緣和合而成。❿界是十八界　佛教將六根、六塵、六識因緣合集，劃分組合為十八種類，即眼界、耳界、鼻界、舌界、身界、意界、色界、聲界、香界、味界、觸界、法界、眼識界、耳識界、鼻識界、舌識界、身識界、意識界。十八界的本質，在於表明世間一切事物及認識都是根、境、識三者相化合而生起的。⓫含藏識　即藏識、阿賴耶識，唯識宗所說之第八識。唯識宗認為含藏識是一切眾生的根本心識，被視為蘊含萬法，是一切現象的種子，故又名種子識。⓬轉識　唯識宗將含藏識視作本識，將眼識、耳識、鼻識、舌識、身識、意識加上末那識視為轉識。

【語　譯】慧能大師有一天將門徒弟子法海、志誠、法達、神會、智常、智通、志徹、志道、法珍、法如等人召集在一起，對他們說：

你們不同於其他人。我去世以後，你們每位將各自成為一方地域的弘法禪師。我現在告訴你們，在宣講佛法時如何才能不違背本門的宗旨。傳授佛法時必須首先舉出三科法門，動用三十六對名相，講法時要脫離兩邊偏見，宣講一切佛法都不要離開自身本性這一宗旨。倘若有人突然向你詢問佛法，回答的用語要兼顧兩邊，用雙雙相對之法，來去相因相對之法。最後完全除去對立二相的區別，再也沒有可去之處。

所謂三科法門，就是陰、界、入三個科目。陰是五陰，就是色陰、受陰、想陰、行陰、識陰。入是十二入，包括身外的六塵，即色、聲、香、味、觸、法六種境相，身內的六根即眼、耳、鼻、舌、身、意六種器官及功能。界是十八界，是六塵、六根、六識的因緣合集。人的自我本性能夠包藏萬法，名叫含藏識。若是心中生起思量，就是轉識。心中產生六種感覺意識，走出六根之門，相遇六種境相，這些總共是十八界，都是從自己的本性中發生作用的。若是自性受到邪念的障蔽，就會生起十八種邪見；若是自性明徹端正，就會生起十八種正見。自性邪惡，表現出的就是世俗眾生的作用。自性慈善，那就是佛的作用。這作用是由什麼決定的呢？是由自我本性的狀態所決定的。

對法：外境無情五對❶，天與地對，日與月對，明與暗對，陰與陽對，水與火對。此是五對也。

法相語言十二對❷：語與法對❸，有與無對❹，有色與無色對❺，有相與無相對，有漏與無漏對❻，色與空對❼，動與靜對❽，清與濁對❾，凡與聖對❿，僧與俗對，老與少對，大與小對⓫。此是十二對也。

自性起用十九對：長與短對⓬，邪與正對，癡與慧對，愚與智對，亂與定對⓭，慈與毒對，戒與非對⓮，直與曲對，實與虛對，險與平對⓯，煩惱與菩提對，常與無常對，悲與害對⓰，喜與瞋對，捨與慳對，進與退對，生與滅對⓱，法身與色身對，化身與報身對，此是十九對也。

師言：此三十六對法，若解用，即道貫一切經法，出入即離兩邊。

【章　旨】慧能為十大弟子傳授對舉之法，計外境無情五對，法相語言十二對，自性起用十九對，共計三十六對。

【注　釋】❶外境無情五對　外在、無情之自然境物，相對的有五種。外境，指自然。❷法相語言十二對　語言事物相狀及所用概念相對的有十二種。敦煌本此句作「語與言對、法與相對有十二」。❸語與法對　語言及佛法相對。禪宗強調自心體悟，反對執著言語，故以語與法對。《維摩詰經・入不二法門品》云：「於一切法無言無語，無示無識，離諸問答，是為入不二法門。」❹有與無對　佛教認為世間萬物虛幻不實，其存在者為假有，故以有、無為對。〈不真空論〉云：「雖無而非無，無者不絕虛。雖有而非有，有者非真有」。又〈中論頌〉曰：「定有則著常，定無則著斷。是故有智者，不應著有無。」敦煌本此句作「有為、無為對」。❺有色與無色對　色指有質體並能變化壞滅的事物與現象，多指物質現象，也指各種顏色、形狀、動作等。❻有漏與無漏對　漏指煩惱。與引起煩惱心相應的一切法稱有漏法。佛教認為菩提、涅槃能斬斷三界煩惱，故稱無漏法。❼色與空對　佛教認為色由因緣所顯示，終歸壞滅，故色與空相對。《密嚴經・賴耶即密嚴品》云：「離空無有色，離色無有空。如月與光明，始終恆不異。」❽動與靜對　佛教要求人們從運動中看到寂靜，從靜止中看到遷流與變化。〈物不遷論〉云：「乾坤倒覆，無謂不靜；洪流滔天，無謂其動。」又云：「必求靜于諸動，故雖動而常靜。不釋動以求靜，故雖靜而不離動。」❾清與濁對　人之本性清淨，而染於世俗則污濁。佛教以佛國為淨土，以塵俗為濁世。❿凡與聖對　世俗凡人所見為俗諦，聖人智者所見為真諦，故以凡與聖相對。⓫大與小對　《華嚴策林・融大小》云：「大是小大，小是大小。小無定性，大非定型。」意謂大、小皆相對而言，沒有固定的性相。⓬長與短對　此之長與短，乃指自性之作用。佛經認為無盡的劫數與一念之間是平等的。《華嚴經・普願行品》云：「無量無數劫，解之即一念。知念亦無念，如是見世間。」⓭亂與定對　人的本性為定，受到外境干擾為亂。〈坐禪品〉云：「本性自淨自定，只為見境思境即亂。」⓮戒與非對　戒以防非止惡為旨，故遵守戒律與為非作惡相對。⓯險與平對　禪宗認為心的險惡是由於自性受到迷亂所造成的。如果能認識到眾生平等，那就不會有險惡之心了。敦煌本云：「心險佛眾生，平等眾生佛。一生心若險，佛在眾生中。」⓰悲與害對　大悲之心，在於消除眾生的苦難，故與侵害之心相對。《大智度論》二七：「大悲拔一切眾生苦。」⓱生與滅對　《維摩詰經・不二法門品》云：「生、滅為二。法本不生，今則無滅。得此無生法忍，是為入不二法門。」

【語　譯】對舉之法：外界無情之自然境物一共有五組相對：包括天與地相對，太陽與月亮相對，光明與黑暗相對，陰與陽相對，水與火相對。這是五種相對應的關係。

事物相狀及所用概念有十二組相對：語言與佛法相對，有與無相對，有色與無色相對，有相與無相相對，有漏與無漏相對，色與空相對，動與靜相對，清淨與污濁相對，凡人與聖人相對，僧侶與俗眾相對，老與少相對，大與小相對。這是十二種相對應的關係。

由自身本性生起作用的概念有十九組相對：長與短相對，邪念與正念相對，癡迷與聰慧相對，愚昧與明智相對，惑亂與禪定相對，慈善與毒狠相對，持戒與作惡相對，正直與諂曲相對，真實與虛幻相對，險仄與坦直相對，煩惱與覺悟相對，有常與無常相對，悲憫與侵害相對，喜悅與嗔怒相對，施捨與慳吝相對，精進與懈怠相對，生成與消滅相對，法身與色身相對，化身與報身相對。這是十九種對應的關係。

慧能大師說道：上述這三十六種對應的關係，若是懂得運用，就可以用它貫穿一切經典佛法，解說時就可以脫離兩邊的偏見。

自性動用，共人言語，外於相離相，內於空離空❶。若全著相，即長邪見。若全執空，即長無明❷。執空之人有謗經，直言「不用文字」❸。既云不用文字，人亦不合語言，只此語言，便是文字之相。又云「直道不立文字」，即此「不立」兩字，亦是文字。見人所說，便即謗他言著文字。汝等須知自迷猶可，又謗佛經，不要謗經，罪障無數❹。

若著相於外，而作法求真❺，或廣立道場❻，說有無之過患❼。如是之人，累劫不可見性。但聽依法修行。又莫百物不思，而於道性窒礙❽。若聽說不修，令人反生邪念。但依法修行，無住相法施❾。汝等若悟，依此說，依此用，依此行，依此作，即不失本宗。

若有人問汝義，問有將無對，問無將有對，問凡以聖對，問聖以凡對。二道相因，生中道義❿，如一問一對。餘問一依此作，即不失理也。設有人問：「何名為暗？」答曰：「明是因，暗是緣，明沒則暗。」以明顯暗，以暗顯明，來去相因，成中道義。餘問悉皆如此。汝等於後傳法，依此轉相教授，勿失宗旨。

【章　旨】慧能教導弟子要「外於相離相，內於空離空」，要遵循中道的原則，宣講教義不落二邊，並重視實際的修行。

【注　釋】❶外於相離相二句　對外在事物不執著其相狀，對內在之心念則不執著於空無。《金剛經》云：

「離一切相，如如不動。」❷若全執空二句　若是完全相信並且執著空無之說，便會增長愚昧無知。無明，心地暗昧。《密嚴經・賴耶即密嚴品》云：「聞空執如實，不能斷諸見。此見不可除，如病醫所捨。」❸執空之人有謗經二句　意謂執著空無者，乃至說不用文字，這是誹謗佛經的行為。佛經以文字解說佛法，而執著空無者主張不用文字，故云謗經。《維摩詰經・觀眾生品》云：「言說文字，皆解脫相」，「是故舍利弗，無離文字說解脫也。」❹罪障無數　犯下無數罪過。罪障，罪惡能障礙獲得佛法，故云。❺作法求真　修行佛法，以求獲得真如本性。真，真如，即佛性。❻道場　指講解、修習佛法的場所。❼說有無之過患　空談佛法，認有為真有，認無為真無的過失、禍患。慧能認為應自悟自修，而不應執著空談外相的有無。❽又莫百物不思二句　莫要斷絕心念，百物不思，那樣反而會窒阻佛道通流的本性。〈定慧品〉云：「道須通流，何以卻滯？」又云：「若只百物不思，念盡除卻……是為大錯。」❾無住相法施　不要執著物相，以宣講佛法。法施，以演說佛法為施捨。❿二道相因二句　在對立二相之因緣轉化中，持中道之義。《宗鏡錄》卷八六云：「中道者，以一真心不住有無一邊，故稱中道。」

【語譯】關於自性的生發與作用，在與人言談時，對於外在的事物，既要看到它們的相狀，又要超脫事物的相狀；對於內在的心念，既要看到它們的虛空，又不可執著這種虛空。若是完全執著於事物的相狀，就會增長邪見；若是完全執著於心念的虛空，就會增長愚癡。執著虛空的人有的誹謗佛經，他們甚至說「宣傳佛法不用文字」。既然說不用文字，人們也不應該應用語言，因為語言便是文字的相狀。又有的說：「直接達到涅槃，成就佛道，不立文字。」就是其中「不立」二字，也仍然還是文字。又有的人聽別人演講佛法教義，便誹謗說人家執著於文字。這種人應該知道，你自己迷惑也就罷了，又誹謗了佛經。不要誹謗佛經，否則罪過是無法計算的。

若是執著於外在事物的表面相狀，而試圖修行佛法以求得真如本性；或者廣設道場，卻犯了談空說有的過失禍患；這樣的人，永生累世也不能見性成佛。必須要遵循佛法，依照修行。又莫要在坐禪時追求百事不想，斷絕一切心念，那就阻礙了佛道的流通。若是光聽講佛法而不奉持修行，那就反會使人產生邪念。所以只能依照佛法修行，又要不執著物相來宣講佛法。你們若是能領悟上述道理，依照我所講的去傳授，去運用，去履行，去實踐，就不違反本門的宗旨了。

若是有人向你請問佛教義理，他問「有」你便用「無」去作回答，他問「無」你就用「有」去作回答，他問「凡」你就用「聖」作回答，他問「聖」你就用「凡」作回答。在這種既相互對立又互為因緣的關係之中，就會產生不落兩邊偏見的中道教義，如同一問一答一樣。其他的問題也都依此辦理，就不會違背佛理了。假設有人提問：「什麼叫做暗？」你就回答說：「明是本因，暗是緣起。光明消失了，黑暗就降臨。」用光明來顯示黑暗，用黑暗來對比光明。一來一去，因緣照應，就證成了中道之義。其他的問題都依此法回答，你們以後宣傳佛法，都要依照這一宗旨轉相授受，不要失去了本門的宗旨。

師於太極元年壬子，延和七月[1]，命門人往新州國恩寺建塔，仍令促工。次年夏末落成。

七月一日，集徒眾曰：「吾至八月，欲離世間。汝等有疑，早須相問，為汝破疑，令汝迷盡。吾若去後，無人教汝。」

法海等聞，悉皆涕泣。惟有神會，神情不動，亦無涕泣。師云：「神會小師，卻得善不善等❷，毀譽不動，哀樂不生。餘者不得，數年山中，竟修何道？汝今悲泣，為憂阿誰？若憂吾不知去處，吾自知去處。若吾不知去處，終不預報於汝。汝等悲泣，蓋為不知吾去處。若知吾去處，即不合悲泣。法性本無生滅去來❸。汝等盡坐，吾與汝說一偈，名曰〈真假動靜偈〉。汝等誦取此偈，與吾意同。依此修行，不失宗旨。」

眾僧作禮，請師作偈。偈曰：

一切無有真，不以見於真。若見於真者，是見盡非真。

若能自有真，離假即心真。自心不離假，無真何處真❹？

有情即解動，無情即不動❺。若修不動行，同無情不動。

若覓真不動❻，動上有不動❼。不動是不動，無情無佛種❽。

能善分別相，第一義不動❾。但作如此見，即是真如用。
報諸學道人，努力須用意。莫於大乘門，卻執生死智❿。
若言下相應，即共論佛義。若實不相應，合掌令歡喜⓫。
此宗本無諍，諍即失道意⓬。執逆諍法門，自性入生死⓭。

時徒眾聞說偈已，普皆作禮，並體師意，各各攝心⓮，依法修行，更不敢諍。

【章　旨】慧能為門徒傳付〈真假動靜偈〉，教導門徒掃除假相，識取真心，莫求表相不動，體悟自性真如，並且不要與人發生爭論。

【注　釋】❶太極元年二句　西元七一二年為壬子年，唐睿宗李旦在位。春正月己丑，改元太極。夏五月辛巳，復改元延和。八月，玄宗李隆基即位，改元先天。❷善不善等　意謂善與不善，其法性相等。《維摩詰經・不二法門品》云：「善、不善為二。若不起善、不善，入無相際而通達者，是為入不二法門。」❸法性本無生滅去來　意謂有形之色身雖有生有滅，而法性實相並無變化。《維摩詰經・不二法門品》云：「身、身滅為二。身即是身滅，所以者何？見身實相者，不起見身及見滅身，身與滅身無二無分別，於其中不驚不懼者，是為入不二法門。」❹自心不離假二句　自心若不能掃除世俗虛偽的障蔽，就不能展示自身真實的本性。《廣百論本》云：「諸世間可說，皆是假非真。離世俗名言，乃是真非假。」❺無情即不

動　只有無情之木石，才能不為外境所動。〈定慧品〉云：「迷人著法相，執一行三昧直言常坐不動，妄不起心」，「作此解者，即同無情。」與此意同，可互參。❻若覓真不動　意謂世間萬事萬物變動萬端，而法性真如不動，是真不動。《金剛經》云：「不取於相，如如不動。」❼動上有不動　〈物不遷論〉云：「旋嵐偃嶽而常靜，江河競注而不流，野馬飄鼓而不動，日月歷天而不周。」又云：「乾坤倒覆，無謂不靜；洪流滔天，無謂其動。」皆與此句意通。❽無情無佛種　無情木石，自身無佛性。《荷澤神會禪師語錄》第三十條云「佛性遍一切有情，不遍一切無情」，「無佛性者，所謂無情物是也」，皆與此同旨。❾能善分別相二句　既善於分別各類因緣境相，又能堅持佛教最高義理而不動搖。第一義，真諦；真如。❿莫於大乘門二句　莫要身在大乘法門，卻執著於小乘法的生滅四諦。小乘法追求出離個人生死之道，將生死視為實生實滅，而禪宗主張超越世俗知解，達到佛的覺悟智慧。《五燈會元》卷三云：「若於心中廣學知解，求福求智，皆是生死，於理無益。」⓫合掌令歡喜　僧侶以兩手掌相合，十指並攏置於胸前，表示禮敬，叫合掌，又叫合十。⓬諍即失道意　禪宗提倡心悟，不在爭辯，認為爭執違背佛意。《成實論·假名品》云：「我不與世間諍，世間與我諍，以智者無所諍故。」⓭執逆諍法門二句　若是違背佛法，執著爭論，則自性障蔽，墮入生死海中。⓮攝心　集中心神；專心一意。攝，整頓。

【語　譯】唐睿宗太極元年為壬子年，又是延和元年，這年的七月，慧能大師命令門人前往新州國恩寺修建墓塔，並且催促加速施工。第二年的夏末，墓塔建造成功。

七月一日，慧能大師召集眾門徒說：「我到了八月間，就要離開人世。你們若有什麼疑問，應該早些向我提出，以便我為你們解除疑惑，使你們完全清除內心的迷妄。若是我去世以後，就沒有人教導你們了。」

法海等人聽後，都悲傷得哭泣落淚。只有神會，神色依舊，並不泣涕流淚。慧能大師因而說道：「神會小禪師，倒是懂得了善與不善平等之旨，在毀譽面前不動心，在哀樂面前不動情。其他人都未能做到如此，這些年來在此山中，竟不知你們是怎樣在修行佛道？你們如今憂傷哭泣，究竟為誰而憂傷呢？若是擔心我去世後不知會向何處，可是我自己知道所去之處。若是我不知所去之處，也就不會預先告訴你們我將要離開人世的消息。你們憂傷悲泣，是因為不知道我的去處。若是知道了我的去處，也就不應該再憂傷悲泣了。法性之身本是不生不滅、不去不來的。你們大家都坐好，我為你們講說一首偈頌，名叫〈真假動靜偈〉。你們要好好地誦讀、領悟這首偈頌，就與同我在一起是一樣的。只要依此修行，就不會失去本門的宗旨。」

眾僧徒都一起敬禮，請大師作偈頌。大師便說道：

世界一切事物都不真，莫要把所見認作真。若將幻相當作是真相，眼前所見一切盡非真。

若想自心獲得真如，超離假相即見真心。自心不把假相清除，假相障蔽何處見真？

有情眾生能動是本性，只有無情木石不能活動。若是修練枯坐不動，即與無情木石完全相同。

若要覓得真正不動，萬物變動之中法性不動。枯坐表面雖然不動，卻有如無情無佛種一般。

善能分別因緣諸相，又能保持真如佛性在心中不動。但能如此觀察萬物，便是真如發生妙用。

奉告各位奉佛的信眾，勤修之中須用心意。莫要身入大乘法門，卻執著小乘生死之智。

相逢說法若兩心相應，即共討論佛法旨意。若是見解相左互不相合，那就雙手合十不失歡喜。

禪宗本旨不在爭論，執著爭論便不合佛意。若是言行違背了佛法，一味地爭論，自性便入生死海裏輪迴不已。

當時眾門徒聽說了上述偈頌，都一起施禮表達敬意。並且體會大師的意旨，各各都集中心神，依法修行，不敢再有無謂的爭執。

乃知大師不久住世。法海上座再拜問曰：「和尚入滅❶之後，衣法當付何人？」

師曰：「吾於大梵寺說法，以至於今，鈔錄流行，目曰《法寶壇經》。汝等守護，遞相傳授，度諸群生。但依此說，是名正法。今為汝等說法，不付其衣。蓋為汝等信根淳熟，決定無疑❷，堪任大事。然據先祖達摩大師，付授偈意，衣不合傳。偈曰：吾本來茲土，傳法救迷情。一華開五葉，結果自然成❸。」

師復曰：「諸善知識！汝等各各淨心，聽吾說法。若欲成就種智❹，須達一相三昧❺、一行三昧❻。若於一切處而不住相，於彼相中不生憎愛，亦無取捨，不念利益成壞等事，安閑恬靜，虛融淡泊，此名一相三昧。若於一切處，行住坐臥，純一直心，不動道場❼，真成淨土，此名一行三昧。若人具二三昧，如地有種，含藏長養，成熟其實。一相、一行，亦復如是。我今說法，猶如時雨，普潤大地。汝等佛性，譬諸種子，遇茲霑洽，悉皆發生❽。承吾旨者，決獲菩提，依吾行者，定證妙果❾。聽吾偈曰：

心地含諸種，普雨悉皆萌。頓悟華情已❿，菩提果自成。」

師說偈已，曰：「其法無二，其心亦然。其道清淨，亦無諸相⓫。汝等慎勿觀靜，及空其心⓬。此心本淨，無可取捨。各自努力，隨緣好去。」

爾時徒眾，作禮而退。

【章旨】慧能大師向眾弟子講解一相三昧、一行三昧，傳授頓悟法門要旨，勉勵弟子努力修行，證得佛果。

【注　釋】❶入滅　圓寂。指僧人去世。❷信根淳熟二句　奉信佛法，造詣淳厚，信仰堅定，毫無懷疑。信根，五根之一，指對於佛教三寶、四諦的根本信念。❸一華開五葉二句　預示所傳禪法後世將得到弘揚，枝葉繁茂，自然能結出佛果，普渡眾生。一花五葉，本為想像之辭，後世附會為達摩一脈衍生出溈仰宗、臨濟宗、曹洞宗、雲門宗、法眼宗為「一花開五葉」。❹成就種智　獲得佛的一切種智。佛無所不知的智慧稱一切種智，又稱佛智。❺一相三昧　指不執著一切境相，澄心於實相而進入禪定的境界。一相，指實相、無二之相。一相三昧的宗旨「能離於相，而法體清淨」，其名出於大乘經中「一相莊嚴三昧」。❻一行三昧　指專注一行，修習正定。慧能不主張枯住觀心式的坐禪，所以他認為無論行、住、坐、臥，只要按照本心行事就是了。〈定慧品〉云：「一行三昧者，於一切處行、住、坐、臥，常行一直心是也。」❼純一直心不動道場　完全本於自心，堅定不移，以修佛法。《維摩詰經・菩薩品》云：「直心是道場，無虛假故。」❽遇茲霑洽二句　遇到雨水滋潤，這些種子都會發芽生長。霑洽，滋潤。❾定證妙果　一定能修得佛果。妙果，指菩提、涅槃。❿頓悟華情已　頓悟禪法，而破除迷情。華，即「一華開五葉」之「華」。情，即「傳法救迷情」之「情」。⓫其道清淨二句　佛性清淨，不受世間物相的污染。諸相，世間萬物之相。⓬慎勿觀靜二句　千萬不可住心觀淨，或者斷絕心念，百物不思。靜，通「淨」。〈坐禪品〉云：「此門坐禪，元不看心，亦不看淨。」與此意同。

【語　譯】眾門徒知道慧能大師不久於人世了。法海上座再次禮拜後，問道：「大師圓寂之後，佛法衣鉢應當傳付給誰呢？」

慧能大師回答：「我自從在大梵寺開始講說佛法，一直到如今，我所講說佛法的內容被人鈔錄，流傳於世，稱為《法寶壇經》。你們要遵循維護，按照上面所說的一代一代傳授下去，普度眾生。只要依照這部書講說，就是正確的佛法。今天為你們傳授佛法，不傳法衣。因為你們都能深信佛法，造詣淳厚，堅定不移，都能擔當起弘法的重任。然而依據初祖達摩大師傳法偈頌的意旨，法衣不應該再單傳給一人。達摩的偈頌說道：我自西方來到東土，為傳佛法普度眾生。一花繁榮開發五葉，結出佛果自然昌盛。」

慧能大師又說道：「各位佛門師友！你們每位都要清淨本心，聽我講授佛法。若要成就佛的廣大智慧，就必須通達一相三昧、一行三昧的法門。若是能對於一切物相都不執著，對於任何事物都不生愛憎之情，也沒有占取或者捨棄之意，對於利益得失以及成功失敗都毫不縈懷，心情安閒恬靜，謙虛圓融，澹泊沖遠，這就叫做一相三昧。若是能在一切處所，無論行、住、坐、臥，都純然依照自有的本心，毫不動搖地修行佛法，使內心真正成為一片佛國淨土，這就叫做一行三昧。一個人如果懂得了一相三昧、一行三昧的道理，就好像土地中有了種子，能夠蘊藏、生長，並結出成熟的果實。修行一相三昧與一行三昧，也是如此。我今天傳授佛法，就好像春天的及時雨普降大地，滋潤萬物。你們自身的佛性，就好像種子，遇到春雨的滋潤、澆灌，都一一發芽生長。繼承我的法旨者，一定能夠獲得菩提覺悟；依照我所說而修行者，一定能夠修證得到佛果。聽我的偈頌道：人心如同土地蘊藏諸種，一旦普降時雨盡皆萌生。只要頓悟禪法斷絕心中的迷惑，菩提之果就能自然生成。」

慧能大師念完了偈頌，又說：「佛法並無兩種，自心亦是同樣。佛道本來清淨，並不染著世間物相。你們千萬不要住心觀淨，不要追求斷絕心念、一無所思。自心本來是清淨的，沒有什麼可以取捨。你們各自努力，隨從緣分好好地去行事吧！」

當時各位門徒都向大師施禮，然後退下。

大師七月八日，忽謂門人曰：「吾欲歸新州，汝等速理舟楫。」大眾哀留甚堅。師曰：「諸佛出現，猶示涅槃❶。有來必去，理亦常然。吾此形骸，歸必有所。」

眾曰：「師從此去，早晚可回？」

師曰：「葉落歸根，來時無口。」

又問曰：「正法眼藏❷，傳付何人？」

師曰：「有道者得，無心者通❸。」

又問：「後莫有難否？」

師曰：「吾滅後五六年，當有一人來取吾首。聽吾記曰：頭上養親，口裏須餐❹。遇滿之難，楊柳為官❺。」又云：「吾去七十年，有二菩薩從東方來❻，一出家，一在家，同時興化，建立吾宗，締緝伽藍，昌隆法嗣❼。」

問曰：「未知從上佛祖應現已來，傳授幾代？願垂開示。」

師云：「古佛應世，已無數量❽，不可計也。今以七佛為始。過去莊嚴劫❾，毗婆尸佛❿、尸棄佛⓫、毘舍浮佛⓬，今賢劫⓭，拘留孫佛⓮、拘那含牟尼佛⓯、迦葉佛⓰、釋迦文佛⓱，是為七佛。釋迦文佛首傳摩訶迦葉尊者⓲，第二、阿難尊者⓳，第三、商那和修尊者⓴，第四、優婆毱多尊者㉑，第五、提多迦尊者㉒，第六、彌遮迦尊者㉓，第七、婆須蜜多尊者㉔，第八、佛馱難提尊者㉕，第九、佛馱蜜多尊者㉖，第十、脇尊者㉗，十一、富那夜奢尊者㉘，十二、馬鳴大士㉙，十三、迦毘摩羅尊者㉚，十四、龍樹大士㉛，十五、迦那提婆尊者㉜，十六、羅睺羅多尊者㉝，十七、僧伽難提尊者㉞，十八、伽耶舍多尊者㉟，十九、鳩摩羅多尊者㊱，二十、闍耶多尊者㊲，二十一、婆修盤頭尊者㊳，二十二、摩拏羅尊者㊴，二十三、鶴勒那尊者㊵，二十四、師子尊者㊶，二十五、婆舍斯多尊者㊷，二十六、不如蜜多尊者㊸，二十七、般若多羅尊者㊹，二十八、菩提達摩尊者㊺，二十九、慧可大師㊻，三十、僧璨大師㊼，三十一、道信大師㊽，

三十二、弘忍大師㊾。慧能是為三十三祖。從上諸祖，各有稟承，汝等向後，遞代流傳，毋令乖誤。」

【章　旨】慧能大師交代佛法傳承之事，並且歷數由過去七佛直到歷代祖師傳授禪宗心印的法統。

【注　釋】❶諸佛出現二句　諸佛來到世間，最後也都要顯示涅槃之相，即去世。《祖堂集・惠能和尚傳》載慧能云：「諸佛出世，現般涅槃，尚不能違其宿命。況吾未能變易，分段之報必然之至，當有所在耳。」與此大意略同。❷正法眼藏　自心、佛性，猶如佛法之眼目，包藏萬德，禪宗用指教外別傳之心印，亦即禪宗玄旨。❸無心者通　意謂離絕妄念煩惱，不起世俗之心者可通達佛法。《五燈會元》卷一云：「汝欲求道，無所用心。」❹頭上養親二句　此二句暗示數年後有人前來盜取慧能大師首級，此人乃孝子，為了奉養父母，受人錢財，故有此事。❺遇滿之難二句　此二句暗示前來取慧能首級者名字中有一「滿」字，而地方官員則以「楊」、「柳」為姓。據附記，前來盜取慧能首級者名叫張淨滿，而審訊此案之縣令為楊侃，刺史為柳無忝。❻有二菩薩從東方來　或云一出家指馬祖道一禪師，一在家指龐蘊居士。又胡適〈跋曹溪大師別傳〉考證，此二菩薩之一或即《曹溪大師別傳》之作者，是江東或浙中一個不知名的僧人。❼締緝伽藍二句　營建整修寺廟，大力弘揚佛法。伽藍，寺院；廟寺。法嗣，指繼承禪宗的信徒。❽古佛應世二句　上古佛祖應時而出生者，不計其數。《五燈會元》卷一云：「古佛應世，綿歷無窮，不可以周知而悉數也。」❾過去莊嚴劫　佛教稱人世所經歷有小劫、中劫、大劫。過去之大劫曰莊嚴劫，現在之大劫曰賢劫，未來之大劫曰星宿劫。❿毗婆尸佛　據《長阿含經》云：人壽八萬歲時，此佛出世。居般頭婆提城，坐波波羅樹下，說法三會，度人三十四萬八千。⓫尸棄佛　據《長阿含經》云：人壽七萬歲時，此佛出世。居光相城，坐分陀利樹下，說法三會，度人二十五萬。⓬毘舍浮佛　據《長阿含經》云：人壽六萬歲時，此佛出世。居無喻城，坐婆羅樹下，說法二會，度人一十三萬。⓭今賢劫　現在之大劫，即賢劫。參見注❾。⓮拘留孫佛　據《長阿含經》云：人壽四萬歲時，此佛出世。居安和城，坐尸利沙樹下，說法一會，度人四萬。⓯拘那含牟尼佛　據《長阿含經》云：人壽三萬歲時，此佛出世。居清淨城，坐烏暫婆羅門樹下，說法一會，度人三萬。⓰迦葉佛　據《長阿含經》云：人壽二萬歲時，此佛出世。居波羅奈城，坐尼拘律樹下，說法一會，度人二萬。⓱釋迦文佛　即釋迦牟尼，姓喬答摩，名悉達多，約西元前六世紀前後在世，原為古印度北部迦毗羅衛國淨飯王太子，二十九歲出家修道，後來在伽耶的一棵菩提樹下徹底覺悟而成佛，是佛教的創始人。⓲摩訶迦葉尊者　即大迦葉，古印度摩竭陀國人，為佛十大弟子之一。據傳佛在靈山會上，拈花示眾，是時眾皆默然，唯摩訶迦葉破顏微笑，佛祖遂傳心印。後世禪宗推崇他為西天初祖。⓳阿難尊者　古印度王舍城人，為佛之叔父斛飯王之子，實乃佛之從弟。他是佛十大弟子之一，多聞博達，智慧無礙，為佛之侍者。禪宗尊為西天第二祖。⓴商那和修尊者　摩突羅國人。姓毗舍多，是阿難弟子。他受阿難傳法，化導大眾。禪宗尊為西天第三祖。㉑優婆毱多尊者　又譯作優波崛多，吒利國人。受正法於商那和修，曾勸導阿育王大弘佛教，有無相好佛之稱。禪宗尊為西天第四祖。㉒提多迦尊者　摩伽陀國人。傳說他初生之時，父夢金日自屋中而出，照耀天地。出家後師事優婆毱多尊者，得授佛法。禪宗尊為西天第五祖。㉓彌遮迦尊者　中印度人。傳說中印度有八千大仙，彌遮迦為首。出家後，得提多迦所授佛法。禪宗尊為西天第六祖。㉔婆須蜜多尊者　北天竺國人。傳說他出家前，常服淨衣，執酒器，遊行里巷，或吟或嘯，人謂之狂。及遇六祖彌遮迦尊者，乃省悟前緣，投器出家，廣興佛事。禪宗尊為西天第七祖。㉕佛馱難提尊者　迦摩羅國人。得識七祖婆須蜜多，出家受教，七祖授以正法眼藏。禪宗尊為西天第八祖。㉖佛馱蜜多尊者　提伽國人。傳說他年已五十，口未曾言，足未曾履。得遇八祖佛馱難提，即行七步，又以偈頌讚曰：「我師禪祖中，當得為第八。法化眾無量，悉獲阿羅漢。」㉗脇尊者　中印度人。本名難生。傳說他出生前，父夢一白象，背有寶座，座上安一明珠，從門而入，光照四眾。後遇佛馱蜜多尊者，侍奉左右，勤苦修行，未嘗以脇至席而臥，因號脇尊者。禪宗尊為西天第十祖。㉘富那夜奢尊者　華氏國人，得法於十祖脇尊者。禪宗尊為西天第十一祖。㉙馬鳴大士　波羅奈國人。傳說如來曾預言說：「吾滅度後六百年，當有賢者馬鳴於波羅奈國，摧伏異道，度人無量，繼吾傳化。」受法於富那夜奢尊者，禪宗尊為西天第十二祖。㉚迦毘摩羅尊者　華氏國人。初為外道，有徒眾三千。曾與馬鳴大士鬥法，失敗後皈依佛門，領徒至西印度傳法。禪宗尊為西天第十三祖。㉛龍樹大士　西天竺國人，亦名龍勝。青年時為著名的婆羅門教學者，後來皈依佛門，從迦毘摩羅尊者而得法。弘揚大乘佛教，著述甚多，有「千部論主」之稱。禪宗尊為第十四祖。㉜迦那提婆尊者　南天竺國人。拜謁龍樹大士，得授佛法。禪宗尊為西天第十五祖。㉝羅睺羅多尊者　迦毗羅國人，從十五祖迦那提婆尊者得法。禪宗尊為西天第十六祖。㉞僧伽難提尊者　室羅筏城寶莊嚴王之子。傳說他生而能言，常讚佛事，七歲即懇請出家。後至山間石窟修習禪定，遇十六祖羅睺羅多尊者傳授佛法。禪宗尊為西天第十七祖。㉟伽耶舍多尊者　摩提國人。傳說他自幼喜愛閑靜，言語不同凡童。後遇十七祖僧伽難提，得授佛法。禪宗尊為西天第十八祖。㊱鳩摩羅多尊者　大月氏國婆羅門之子。遇伽耶舍多尊者，投誠出家，得授佛法。禪宗尊為西天第十九祖。㊲闍耶多尊者　北天竺國人。遇鳩摩羅多尊者闡揚佛法，疑惑頓釋，乃懇請出家，敷揚頓教。禪宗尊為西天第二十祖。㊳婆修盤頭尊者　羅閱國人。聽闍耶多尊者說法云：「我不求道，亦不顛倒。我不禮佛，亦不輕慢。我不長坐，亦不懈怠。我不一食，亦不雜食。我不知足，亦不貪欲。心無所希，名之曰道。」婆修盤頭當下便悟，出家受法。禪宗尊為西天第二十一祖。㊴摩拏羅尊者　那提國常自在王之次子。遇婆修盤頭尊者，得授佛法。禪宗尊為西天第二十二祖。㊵鶴勒那尊者　月氏國人。年廿二歲出家為僧，後遇摩拏羅尊者，得受正法眼藏。禪宗尊為西天第二十三祖。㊶師子尊者　中印度人。遇鶴勒那尊者而得法，遊化罽賓國，後為彌羅崛王所殺。禪宗尊為西天第二十四祖。㊷婆舍斯多尊者　罽賓國人。原名斯多，據云前生為童子時名婆舍，因而改名婆舍斯多。遇師子尊者密授心印，後到南印度一帶傳法。禪宗尊為西天第二十五祖。㊸不如蜜多尊者　南印度天德王之次子。國王聽信外道，不如蜜多因進諫被囚。後出家，得婆舍斯多所授佛法。禪宗尊為西天第二十六祖。㊹般若多羅尊者　東印度人。幼失父母，不知名氏，人或稱為纓絡童子。不如蜜多尊者說他是大勢至菩薩轉世，給他取名為般若多羅。禪宗尊為西天第二十七祖。㊺菩提達摩尊者　南天竺國香至王第三子，原名菩提多羅，得般若多羅授法，後改此名。南朝宋末航海來到中國，宣傳大乘佛法。傳說在嵩山少林寺面壁九年。被尊奉為西天禪宗第二十八祖、東土禪宗初祖。㊻慧可大師　洛陽武牢人。俗姓姬，初名神光，追隨菩提達摩從學六年，得傳心印。有〈答向居士書〉傳世，被尊為東土禪宗二祖。㊼僧璨大師　隋代僧人，從慧可學法，得以開悟，撰有〈信心銘〉傳世。被尊為東土禪宗三祖。㊽道信大師　隋、唐時僧人。曾拜僧璨為師，奉侍九年，得其衣缽。後入蘄州黃梅破頭山建立道場，開農禪結合之風氣，門徒甚眾，被推崇為東土禪宗四祖。㊾弘忍大師　蘄州黃梅人，俗姓周氏。七歲從道信出家，後得道信所傳衣缽，開東山法門。被推崇為東土禪宗五祖。參見〈行由品〉注。

【語　譯】先天二年七月八日，慧能大師忽然對門徒說：「我現在要回到新州去，你們趕快去準備好舟船。」

眾門徒苦苦哀求，堅決請求大師留下。慧能大師說道：「諸位佛祖來到人間，最後也都顯示涅槃之相，離開人世。有來必定有去，這是當然之理。我的有形之體，必然要有適當的歸宿。」

眾門徒問道：「大師此次去後，何時可以再回來？」

慧能大師回答：「我是葉落歸根，來時無口相告。」

眾門徒又問道：「禪宗妙旨、正法眼藏，傳付給何人呢？」

慧能大師回答：「領悟佛道者自得，能無心者自通。」

眾門徒又問道：「在大師身後，莫非有禍難嗎？」

慧能大師回答：「我去世之後五、六年，會有一人前來盜取我的首級。且聽我的預言道：頭上須養親，口裏須進餐。遇滿來作難，楊與柳為官。」大師又說道：「我去世之後七十年，有二位菩薩從東方而來。一位是出家僧人，一位是在家居士。他們二人同時振興佛法教化，弘揚禪宗門風，營造整修寺院，使佛事昌隆，傳之不絕。」

眾門徒又問道：「不知道自從遠古佛祖出世以來，一共傳授了多少代？祈願大師為弟子們開導指示。」

慧能大師回答：「遠古佛祖出世來到人間，為數甚多，不可計量。現在我就從七佛開始。在過去莊嚴劫，有毘婆尸佛、尸棄佛、毘舍浮佛，在今賢劫有拘留孫佛、拘那含牟尼佛、迦葉佛、釋迦牟尼佛，這就是七位佛祖。釋迦牟尼佛首傳第一代祖師是摩訶迦葉尊者，第二是阿難尊者，第三是商那和修尊者，第四是優婆毱多尊者，第五是提多迦尊者，第六是彌遮迦尊者，第七是婆須蜜多尊者，第八是佛馱難提尊者，第九是佛馱蜜多尊者，第十是脇尊者，第十一是富那夜奢尊者，第十二是馬鳴大士，第十三是迦毘摩羅尊者，第十四是龍樹大士，第十五是迦那提婆尊者，第十六是羅睺羅多尊者，第十七是僧伽難提尊者，第十八是伽耶舍多尊者，第十九是鳩摩羅多尊者，第二十是闍耶多尊者，第二十一是婆修盤頭尊者，第二十二是摩拏羅尊者，第二十三是鶴勒那尊者，第二十四是師子尊者，第二十五是婆舍斯多尊者，第二十六是不如蜜多尊者，第二十七是般若多羅尊者，第二十八是菩提達摩尊者，第二十九是慧可大師，第三十是僧璨大師，第三十一是道信大師，第三十二是弘忍大師，慧能我是第三十三代祖師。以上各位祖師，都有授受、傳承的關係。你們向後，也要一代一代地流傳下去，不要使佛法的傳承發生錯誤。」

大師先天二年癸丑歲❶，八月初三日，於國恩寺齋罷，謂諸徒眾曰：

「汝等各依位坐，吾與汝別。」

法海白言：「和尚留何教法，令後代迷人得見佛性？」

師言：「汝等諦聽！後代迷人，若識眾生，即是佛性❷。若不識眾生，萬劫覓佛難逢。吾今教汝識自心眾生❸，見自心佛性。欲求見佛，但識眾生。只為眾生迷佛，非是佛迷眾生❹。自性若悟，眾生是佛；自性若迷，佛是眾生❺。自性平等，眾生是佛❻；自性邪險，佛是眾生❼。汝等心若險曲，即佛在眾生中；一念平直，即是眾生成佛。我心自有佛，自佛是真佛。自若無佛心，何處求真佛？汝等自心是佛，更莫狐疑。外無一物而能建立，皆是本心生萬種法。故經云：心生種種法生，心滅種種法滅❽。吾今留一偈，與汝等別，名〈自性真佛偈〉。後代之人，識此偈意，自見本心，自成佛道。」

偈曰：

真如自性是真佛，邪見三毒是魔王❾。邪迷之時魔在舍，正見之時佛在堂。
性中邪見三毒生，即是魔王來住舍。正見自除三毒心，魔變成佛真無假。
法身報身及化身，三身本來是一身。若向性中能自見，即是成佛菩提因。
本從化身生淨性，淨性常在化身中❿。性使化身行正道，當來圓滿真無窮⓫。

婬性本是淨性因，除婬即是淨性身⑫。性中各自離五欲⑬，見性剎那即是真。
今生若遇頓教門，忽遇自性見世尊。若欲修行覓作佛，不知何處擬求真⑭？
若能心中自見真，有真即是成佛因。不見自性外覓佛，起心總是大癡人。
頓教法門已今留，救度世人須自修。報汝當來學道者，不作此見大悠悠⑮！

【章　旨】慧能臨終前傳授〈自性真佛偈〉，囑咐門徒要體悟自性，認識眾生所具佛性本來平等，克服世俗欲念，以修成佛道。

【注　釋】❶先天二年癸丑歲　唐玄宗先天二年，即癸丑年。十二月改元，故又為開元元年，即西元七一三年。❷若識眾生二句　若能認識到眾生皆是五蘊會合的假象，即是佛性的表現。❸自心眾生　指世間事物在心中的顯現，即世俗之心。〈懺悔品〉云：「心中眾生，所謂邪迷心、誑妄心、不善心、嫉妒心、惡毒心，如是等心，盡是眾生。」❹只為眾生迷佛二句　只是眾生之煩惱、六塵遮蔽了自身之佛性，而非佛性為煩惱、六塵所迷惑。意謂佛性本體不受迷惑。❺自性若迷二句　倘若心性為世俗沾染、迷惑，則佛為眾生。〈般若品〉云：「不悟即佛是眾生，一念悟時，眾生是佛。」與此意同。❻自性平等二句　認識到世人所具有的佛性是平等無二的，則眾生即是佛。《維摩詰經‧香積佛品》云菩薩成就八法之一是「等心眾生，謙下無礙」。❼自性邪險二句　不知世人自性平等，而待人起陰毒邪惡之意，則佛即是眾生。敦煌本云：「心險佛眾生，平等眾生佛。一生心若險，佛在眾生中。」❽心生種種法生二句　意謂一切事物皆因心的活動而生起，若心的活動停止，則一切事物也隨之消失。此二句出自《起信論‧解釋分》。❾邪見三毒是魔王　邪見，五惡見之一。三毒，指貪、瞋、癡，為煩惱之本。佛教傳說魔王波旬常率眷屬至人間破壞佛法，阻撓人們修行學佛。❿本從化身生淨性二句　意謂應從日常行為中自然產生、體悟清淨本身，則佛性即在化身之中了。化身，指世人日常行為之身。〈機緣品〉云：「千百億化身，汝之行也。」⓫當來圓滿真無窮　當能功德圓滿，智慧無窮。〈機緣品〉云：「圓滿報身，汝之智也。」⓬婬性本是淨性因二句　眾生欲性與佛性本一體，前者為後者之因。若能消除婬欲，即得清淨本性。此二句與「煩惱即是菩提」意旨略同。婬性，即男女之欲。淨性，即佛性。⓭五欲　指對色、聲、香、味、觸的欲望。⓮若欲修行覓作佛二句　若欲向外修行，尋求作佛之門，則不知何處可以覓得真佛。《人天寶鑒》云：「佛在你心頭，時人向外求。內懷無價寶，不識一生休。」與此意同。⓯悠悠　指世俗平庸之輩，懈怠懶散，浪費時日。高適〈漣上別王秀才〉：「行矣當自愛，壯年莫悠悠！」

【語譯】先天二年癸丑歲，八月初三這一天，慧能大師在國恩寺參加齋會後，對各位門徒說道：「你們都按照位置坐下，我同你們告別了。」

法海問道：「大師留下何種佛法教誨，使後代迷妄的人得見佛性呢？」

慧能大師說道：「你們仔細聽著！後代迷妄者若能認識到眾生皆是五蘊會合的假相，那就是佛性的顯現。如果不能認識眾生是五蘊會合的假相，那麼即使累生累世尋求作佛也難以得到。我現在教你們識破心中眾生的假相，悟見自心中的佛性。要想求得見佛，便須識破心中各種眾生的假相。只因為是眾生的煩惱、六塵遮蔽了佛性，而不是佛性為各種幻相煩惱所迷惑。若能悟得自身的佛性，眾生就能成佛；若是遮蔽了自身的本性，佛也就是眾生。認識到眾生的自性平等無二，眾生就是佛；若是心性陰險邪曲，佛也就是眾生。你們若是心性陰險邪曲，就是將佛處在眾生之中；若是一直懷著平等正直的心念，就是眾生成佛。我心之中自有佛，自心之佛是真佛。自己若是無佛心，何處可以求得真佛？你們的自身本心就是佛，對此不要再有懷疑了。心外沒有一件事物能夠離開自性而建立，一切世界萬物都是由自性而產生的。所以佛經上說道：自心思量則種種事物隨之而生，思量停止則各種事物亦隨之消失。我現在留下一首偈頌，與你們相別，這首偈頌名叫〈自性真佛偈〉。後代的人們，懂得了這首偈頌的大意，就能自己悟見本性，自己修成佛道。」

這首偈頌說道：

自身佛性是心中的真佛，邪見三毒是心中的魔王。邪見迷亂人心，好似魔王入室，正見指引人心，好似佛陀陞堂。

心中的邪見是三毒所生，那就是魔王住進了家門。正見清除了邪惡之念，魔化為佛離假為真。

法身、報身以及化身，名為三身實則一身。若能悟見自身的本性，那就是菩提覺悟的內因。

本從化身中生發清淨佛性，佛性清淨常存於萬千化身。佛性引導化身遵循正道而行，就會功德圓滿永無窮盡。

婬欲之性本是佛性的因緣，清除婬欲就得到清淨之身。在心中清除了婬欲之念，剎那間便得到清淨身。

今生能聽講此頓教法門，忽然間見到了心中的世尊。若向外去覓求成佛的途徑，不知道真佛向何處可尋？

若能在自己心中悟見真如，有真如那就是成佛之因。不見自性真如向外求佛，起此心念的就是大癡人。

頓教法門從今日已經留存，救世度人靠的是自己修行。告語那些學佛的信徒，不樹立此種見識就是白費光陰。

師說偈已，告曰：「汝等好住。吾滅度後，莫作世情悲泣雨淚，受人吊問，身著孝服，非吾弟子，亦非正法。但識自本心，見自本性，無動無靜，無生無滅，無去無來，無是無非，無住無往。恐汝等心迷，不會吾意，今再囑汝，令汝見性。吾滅度後，依此修行，如吾在日。若違吾教，縱吾在世，亦無有益。」

復說偈曰：「兀兀不修善，騰騰不造惡❶。寂寂斷見聞，蕩蕩心無著❷。」

師說偈已，端坐至三更，忽謂門人曰：「吾行矣！」奄然遷化❸。於時異香滿室，白虹屬地，林木變白❹，禽獸哀鳴。

十一月，廣、韶、新三郡官僚，洎❺門人僧俗，爭迎真身，莫決所之。乃焚香禱曰：「香煙指處，師所歸焉。」時香煙直貫曹溪。十一月十三日，遷神龕❻併所傳衣鉢而回。

次年七月二十五日出龕，弟子方辯以香泥上之。門人憶念取首之記，遂先以鐵葉漆布，固護師頸入塔。忽於塔內白光出現，直上沖天，三日始散❼。

韶州奏聞，奉敕立碑，紀師道行。師春秋七十有六，年二十四傳衣，三十九祝髮，說法利生三十七載❽。得旨嗣法者，四十三人❾，悟道超凡者，莫知其數。達摩所傳信衣、中宗賜磨衲、寶鉢，及方辯塑師真相，并道具等，主塔侍者尸❿之，永鎮寶林道場。流傳《壇經》，以顯宗旨，此皆興隆三寶、普利群生者。

【章　旨】記述慧能圓寂前的最終囑咐，圓寂時的神異景象，以及遺骸入塔、立碑的有關事項。

【注　釋】❶兀兀不修善二句　形容自性的存在無論靜止還是興起都超越了世俗之善惡。兀兀，靜止不動貌。騰騰，迅疾興起貌。❷寂寂斷見聞二句　形容自性的存在不染世間眾相，不見不聞，不沾不著。蕩蕩，水波蕩漾貌。❸奄然遷化　溘然而逝。奄然，忽然。遷化，指死亡。❹於時異香滿室三句　《荷澤神會禪師語錄》第五十五條云：「慧能死時，「風雲失色，林木變白，別有異香氳氳，經停數日」。❺洎　及。❻龕　僧人的木棺，形如塔狀。❼忽於塔內白光出現三句　《荷澤神會禪師語錄》第五十五條云：「安葬之時，「其龍龕前有白光出現，直上衝天，三日始前頭散」。❽年二十四傳衣三句　關於慧能生平，諸本載錄不一，此處所記乃諸說之一種。❾得旨嗣法者二句　《景德傳燈錄》卷五載有慧能法嗣四十三人之名，即：西印度崛多、韶州法海、吉州志誠、匾檐山曉了、河北智隍、洪州法達、壽州智通、江西志徹、信州智常、廣州志道、廣州印宗、青原行思、南嶽懷讓、溫州玄覺、司空山本淨、婺州玄策、曹溪令韜、西京慧忠、荷澤神會，以上十九人有傳。另有韶州祇陀等二十四人名單，共四十三人。❿尸　主管。

【語　譯】慧能大師說完偈頌後，又告訴各位弟子說：「你們好自珍重！我去世以後，你們不要像世俗之人一樣悲傷哭泣，接受別人弔唁。若是身穿孝服，那就不是我的弟子，也不合於正確的佛法。只要認識自己的本心，悟見自身本有的佛性，體會到佛性的存在不動亦不靜，不生亦不滅，不去亦不來，無是亦無非，不停住亦不前往。恐怕你們內心仍有迷惑，不能領會我的意旨，所以再次囑咐你們，使你們能夠悟見自己的本性。我去世以後，你們要依照我所講說的佛法修行，就像我在世的時候一樣。如果違背了我的教導，縱然我活在人世，也沒有益處。」

慧能大師又說偈頌道：「安然靜止不修世間之善，忽然興起不造世間之惡。寂然無聲斷絕世上見聞，如同水波蕩漾心無沾著。」

慧能大師念完偈頌，就一直端坐到三更時分。他忽然對門人說：「我走了。」於是溘然而逝。當時滿室瀰漫著奇異的香氣，一道白虹自天落地，將附近的林木染了一層白色的光輝，山林中的禽獸發出哀傷的啼鳴。

十一月，廣州、韶州、新州三郡的官員，以及慧能的門徒、僧尼與百姓，都爭著想要迎請大師的真身，因而難以決定究竟將真身安放何處。於是大家在一起點燃香燭，祈禱說：「香煙所指向的方位，那就是大師真身的回歸之所。」當時香煙飄向曹溪的方向。十一月十三日，眾人護送盛有慧能遺體的神龕以及五祖所傳的衣鉢回到了曹溪。

第二年七月二十五日，眾人將慧能大師的真身請出神龕，弟子方辯用香泥塗在大師的遺體上。此時門人弟子想起將來有人盜取大師首級的預言，於是先用鐵片與漆布牢固保護大師的頸部，然後才將大師的遺體安放進塔中。這時塔中忽然有白光出現，一直衝上天空，三天以後方才消散。

韶州地方長官將此事奏明朝廷，遵奉朝廷的意旨為大師立碑，記錄大師一生宣傳佛法的事蹟。慧能大師享年七十六歲，他二十四歲時接受五祖傳法授衣，三十九歲剃髮出家，宣講佛法、度越眾生共計三十七年。他的嗣法弟子有四十三人，另外聽大師講經而悟道的，更是不計其數。達摩祖師所傳作為佛法信物的袈裟，中宗所賞賜的磨衲衣、水晶缽，以及方辯所塑大師的雕像，還有大師所用修道的法器，都由守護墓塔的侍者負責保管，永遠作為寶林道場的鎮寺之寶。鈔寫《壇經》流傳於世，以宣傳禪門宗旨，這些都是弘揚佛法、尊崇三寶、普遍造福眾生的事情。

師入塔後，至開元十年壬戌，八月三日，夜半，忽聞塔中如拽鐵索聲。眾僧驚起，見一孝子從塔中走出，尋見師頸有傷，具以賊事聞於州縣。縣令楊侃、刺史柳無忝，得牒切加擒捉。五日，於石角村捕得賊人，送韶州鞫問❶。云：「姓張，名淨滿，汝州梁縣人。於洪州開元寺，受新羅❷僧金大悲錢二十千，令取六祖大師首，歸海東❸供養。」柳守聞狀，未即加刑，乃躬至曹溪，問師上足令韜❹曰：「如何處斷？」韜曰：「若以國法論，理須誅夷。但以佛教慈悲，冤親平等❺。況彼求欲供養，罪可恕矣。」柳守加歎曰：「始知佛門廣大❻。」遂赦之。

上元元年，肅宗遣使就請師衣鉢歸內供養。至永泰元年，五月五日，代宗夢六祖大師請衣鉢。七日，敕刺史楊緘云：「朕夢感能禪師請傳衣袈裟，卻歸曹溪。今遣鎮國大將軍劉崇景頂戴而送。朕謂之國寶，卿可於本寺如法安置，專令僧眾親承宗旨者，嚴加守護，勿令遺墜。」後或為人偷竊，皆不遠而獲❼，如是者數四。

憲宗諡大鑑禪師，塔曰元和靈照❽。其餘事蹟，係載唐尚書王維、刺史柳宗元、刺史劉禹錫等碑❾。守塔沙門令韜錄❿。

【章　旨】這是篇末的〈附記〉，記錄了慧能去世以後所發生的有關事件。

【注　釋】❶鞫問　審問犯人。鞫，通「鞠」。❷新羅　朝鮮之古國名。❸海東　大海以東，這裏指新羅國。❹問師上足令韜　詢問慧能的高足弟子令韜。《景德傳燈錄》卷五云：「曹溪令韜禪師者，吉州人也，姓張氏。依六祖出家，未嘗離左右。祖歸寂，遂為衣塔主。唐開元四年，玄宗聆其德風，詔令赴闕，師辭疾不起。上元元年，肅宗遣使取傳法衣入內供養，仍敕師隨衣入朝。師亦以疾辭，終於本山，壽九十五。敕諡大曉禪師。」即此人。❺佛教慈悲二句　佛教對待冤仇與親人一律平等，慈悲為懷。❻佛門廣大　佛門慈悲之心，包容天下眾生，故云廣大。❼後或為人偷竊二句 《曹溪大師別傳》云：「大師滅後，法衣兩度被人偷將。不經少時，尋即送來，盜者去不得。」❽塔曰元和靈照 自「開元十年壬戌」至此，與《景德傳燈錄》卷五慧能傳文字全同。❾係載唐尚書王維句 即王維〈六祖能禪師碑銘〉、柳宗元〈賜謚大鑒禪師碑〉、劉禹錫〈大鑒禪師碑〉三文。❿守塔沙門令韜錄 從慧能去世到元和十年詔謚大鑒禪師，時隔一百多年。其時曹溪令韜早已去世。文中又稱「唐尚書」，亦似五代或宋人口吻。故此七字當為後人妄增。

【語　譯】慧能大師入塔後，到開元十年，即壬戌年，八月三日這天的夜半時分，忽然從墓塔中傳出如同拽鐵索的聲音。眾僧驚起，看見一人從墓塔中跑出，接著又發現大師遺體的頸部有傷痕。於是眾僧將此案情呈報到州縣兩級衙門。縣令楊侃、刺史柳無忝得到呈報的文書，下令加緊捉拿盜賊。五日，在石角村抓到作案的人，將他送到韶州審問。他供認道：「姓張，名叫淨滿，是汝州梁縣人。在洪州開元寺，得到新羅僧人金大悲的二十千錢，令取六祖大師的首級，送到新羅國供養。」刺史柳無忝聽了供詞，未曾用刑，就親自到曹溪，詢問慧能的高足弟子令韜說：「此案應該如何處理呢？」令韜回答道：「若是按照國法而論，犯人應該處死。但是佛法對待所有人，無論是冤是親一律平等，慈悲為懷。況且他是想將大師首級請去供養，其罪可以寬恕。」柳太守聽後，感歎道：「今日始知佛門廣大無際！」於是赦免了張淨滿的罪過。

上元元年，肅宗皇帝派遣使者將傳法衣缽請至京城宮中供養。至永泰元年五月五日，代宗皇帝夢見六祖大師請求送回衣缽。七日，代宗詔示刺史楊緘道：「朕夢見慧能禪師請求將傳法袈裟送歸曹溪。今特派遣鎮國大將軍劉崇景恭敬護送。朕認為此乃國寶，你可在寶林寺內按照宮中樣式安置，令曾親自承受教誨的僧人嚴加守護，不要讓寶物丟失。」此後寶物曾被人偷竊，但都不遠即被送回，這樣的事情發生了多次。

憲宗皇帝曾降詔，賜慧能謚曰大鑑禪師，其墓塔名曰元和靈照。其餘事蹟，都記錄在尚書右丞王維、刺史柳宗元、刺史劉禹錫所撰寫的碑文中。守塔沙門令韜筆錄。

附錄一

六祖壇經（敦煌本）

【簡　介】《六祖壇經》傳世的版本甚多，其中本世紀上半葉被發現的敦煌鈔本是現存最古老的本子。敦煌鈔本的發現，為人們研究慧能的思想、研究《壇經》的流傳與演變提供了可貴的資料，因此具有重要的文獻價值。

敦煌鈔本《六祖壇經》，全名是《南宗頓教最上大乘摩訶般若波羅蜜經六祖惠能大師於韶州大梵寺施法壇經》。這個長達三十二字的題目可以分為兩截來解讀。前十六字是說，這是南宗頓教所用、體現了至高無尚的般若智慧、用以普渡眾生到彼岸的經典。後十六字是說，這是六祖惠能大師在韶州大梵寺傳授佛法所用的壇經。原鈔本題下注云：「兼受無相戒弘法弟子法海集記」，說明此本是慧能之嗣法弟子法海記錄整理而成，所以有的學者又稱它為「法海本」。

這種法海本《六祖壇經》的主體部分，可能在慧能去世不久就寫定了。至於敦煌本的鈔寫時間，大約是在唐末至宋初這一段時期。

現已發現的《六祖壇經》敦煌本有兩種：一是保存於大英博物館、經由日本學者鈴木大拙等校訂整理的本子，學界稱之為敦煌本，本書簡注則稱為敦煌甲本；二是保存於中國敦煌博物館、經由中國學者楊曾文校寫的本子，學界稱之為敦博本，本書簡注則稱為敦煌乙本。據云，兩種敦煌本源於同一祖本，不過敦煌乙本鈔寫工整，字跡清晰，較少缺漏錯訛的字句。這與敦煌甲本的鈔寫草率、錯訛衍誤觸目皆是適成鮮明的對照。

現將兩種敦煌本相互對校，擇善而從，並參校以其他諸本，錄為《六祖壇經》(敦煌本)。為了方便讀者的閱覽，仍遵鈴木大拙之例，析全本為五十七節。具體之劃分，則依據對其內容聯繫之理解而稍有變易，讀者幸察焉。

一

惠能❶大師於大梵寺講堂中，昇高座，說摩訶般若波羅蜜法，授❷無相戒。

其時座下僧尼道俗一萬❸餘人，韶州刺史韋璩❹及諸官寮❺三十餘人，儒士三十餘人❻，同請大師說摩訶般若波羅蜜法。刺史遂令門人僧法海集記，流行後代與學道者，承此宗旨，遞相傳受，有所依約，以為稟承，說此《壇經》。

【簡注】❶惠能 即慧能。惠，通「慧」。❷授 敦煌原本均作「受」，據鈴木校本改。❸一萬 大乘寺本作「一千」。❹韋璩 敦煌甲本作「等據」，敦煌乙本作「違處」，據大乘寺本校改。❺寮 通「僚」。❻三十餘人 敦煌原本無「三十」二字，大乘寺本作「刺史官僚、儒宗學士六十餘人」，據改。

二

能大師言：善知識！淨心念摩訶般若波羅蜜法。

大師不語，自淨心神。良久乃言：善知識！淨❶聽：惠能慈父，本官❷范陽，左降遷流嶺南，作❸新州百姓。惠能幼小，父亦❹早亡。老母孤遺，移來南海。艱辛貧乏，於市賣柴。忽有一客買柴，遂領惠能至於官店。客將柴去，惠能得錢。卻向門前，忽見一客讀《金剛經》。惠能一聞，心明便悟。乃問客曰：「從何處來，持此經典？」

客答曰：「我於蘄州❺黃梅縣東馮墓山❻，禮拜五祖弘忍和尚。見今在彼門人有千餘眾。我於彼聽見大師勸道俗，但持《金剛經》一卷，即得見性，直了成佛。」

惠能聞說，宿業有緣，便即辭親，往黃梅馮墓山，禮拜五祖弘忍和尚。

【簡注】❶淨 通「靜」。❷官 或當作「貫」。王維〈六祖能禪師碑銘〉云：「禪師俗姓盧氏，本貫范陽人也。」《荷澤神會禪師語錄》云：能禪師，「先祖范陽人也」。❸作 敦煌原本無此字，據宗寶本補。❹亦 敦煌甲本作「小」，大乘寺本作「少」，鈴木校本作「又」。❺蘄州 敦煌原本誤作「新州」，據大乘寺本改。❻馮墓山 位於黃梅縣東北，又名馮茂山、東山，五祖弘忍講法之地。

三

弘忍和尚問惠能曰：「汝何方人，來此山禮拜吾？汝今向吾邊，復求何物？」

惠能答曰：「弟子是嶺南人，新州百姓。今故遠來禮拜和尚，不求餘物，唯求作佛法❶。」

大師遂責惠能曰：「汝是嶺南人，又是獦獠，若為堪作佛法❷！」

惠能答曰：「人即有南北，佛性即無南北。獦獠身與和尚不同，佛性❸有何差別？」

大師欲更共議❹，見左右在傍邊，大師更便不言。遂發遣惠能令隨眾作務。時有一行者，遂差❺惠能於碓房踏碓八箇餘月。

【簡注】❶唯求作佛法　意謂只求修得佛法。大乘寺本為「唯求作佛」。❷若為堪作佛法　怎能修得佛法。大乘寺本為「若為堪作佛」。❸性　敦煌原本作「姓」，據大乘寺本改。❹議　鈴木校本疑當作「語」。❺差　敦煌乙本作「著」。

四

五祖忽於一日喚門人盡來。門人集已❶，五祖曰：「吾向汝說，世人生死事大。汝等門人終日供養，衹求福田，不求出離生死苦海。汝等自性迷，福門何可求❷？汝等❸總且歸房自看，有智惠者自取本性般若之知❹，各作一偈呈吾。吾看汝偈，若悟大意者，付汝衣法，禀為六代❺。火急作！」

【簡　注】❶集已　敦煌原本均作「集記」，鈴木本改為「已集」，郭朋《壇經校釋》作「集訖」。❷福門何可求　福門，郭朋疑當為「福田」。求，敦煌甲本作「救」。❸汝等　敦煌原本均作「汝汝」，據大乘寺本校改。❹之知　敦煌甲本作「知之」。❺禀為六代　繼承衣法，成為六代祖師。

五

門人得處分，卻來各至自房，遞相謂言：「我等不須呈心❶用意作偈，將呈和尚。神秀上座是教授師，秀上座得法後，自可依止，偈❷不用作。」諸人息心，盡不敢呈偈。

大師堂前有三間房廊。於此廊下供養，欲畫楞伽變❸，並畫五祖大師傳授衣法，流行後代為記。畫人盧珍看壁了，明日下手。

【簡 注】❶呈心　大乘寺本作「澄心」，疑當作「逞心」。❷偈　敦煌原本均誤作「請」。❸楞伽變　指佛祖釋迦牟尼在獅子國楞伽山演說佛法之圖畫。大乘寺本、鈴木校本均作「楞伽變相」。

六

上座神秀思惟：諸人不呈心偈，緣我為教授師。我若不呈心偈，五祖如何得見我心中見解深淺。我將心偈上五祖呈意，即善求法❶。覓祖❷不善，卻同凡心奪其聖位。若不呈心❸，終不得法。良久思惟，甚難甚難。夜至三更，不令人見，遂向南廊下中間壁上題作呈心偈，欲求衣法。若五祖見偈，言此偈語，若訪覓我，我見和尚，即云是秀作。五祖見偈，若❹言不堪，自是我迷，宿業障重，不合得法。聖意難測，我心自息。秀上座三更於南廊中間壁上，秉燭題作偈，人盡不知。偈曰：

身是菩提樹，心如明鏡臺。時時勤拂拭，莫使有❺塵埃。

神秀上座題此偈畢，卻歸房臥，並無人見。

【簡　注】❶即善求法　鈴木校本改為「求法即善」。❷覓祖　尋求獲得六祖之位。❸呈心　鈴木校本補一偈字，作「呈心偈」。❹若　敦煌原本無此字，據大乘寺本補。❺有　大乘寺本作「染」，宗寶本作「惹」。

七

五祖平旦遂喚盧供奉來南廊下畫楞伽變。五祖忽見此偈，請記❶。乃謂供奉曰：「弘忍與供奉錢三十千，深勞遠來，不畫變相也。《金剛經》云：凡所有相，皆是虛妄。不如留此偈，令迷人誦。依此修行，不墮三惡❷。依法修行，有大利益。」

大師遂喚門人盡來，焚香偈前。眾人見已，皆生敬心。

「汝等盡誦此偈者❸，方得見性。依此修行，即不墮落。」

門人盡誦，皆生敬心，喚言「善哉」！

五祖遂喚秀上座於堂內問：「是汝作偈否？若是汝作，應得我法。」

秀上座言：「罪過！實是神秀作。不敢求祖位❹，願和尚慈悲，看弟子有少智惠、識大意否？」

五祖曰：「汝作此偈見解，只到門前，尚未得入。凡夫依此偈修行，即不墮落。作此見解，若覓無上菩提，即不可得。要入得門，見自本性。汝且去，一兩日思惟，更作一偈來呈吾。若入得門，見自本性，當付汝衣法。」

秀上座去數日，作偈不得。

【簡注】❶請記　郭朋《壇經校釋》疑當作「讀訖」。❷三惡　當指貪、嗔、癡。通行諸本均作「三惡道」，而敦煌原本無「道」字。❸汝等盡誦此偈者　大乘寺本作「汝等盡須誦取，悟此偈者」。❹不敢求祖位　敦煌甲本無「位」字，敦煌乙本缺「祖位」二字，此據大乘寺本。

八

有一童子於碓坊邊過，唱誦此偈。惠能及一聞，知未見性，即識大意。能問童子：「適來誦者，是何言偈❶？」

童子答：「你不知，大師言生死事大，欲傳衣法，令門人等各作一偈，來呈吾看。悟大意，即付衣法，稟為六代祖。有一上座名神秀，忽於南廊下書〈無相偈〉一首。五祖令諸門人盡誦。悟此偈者，即見自性。依此修行，即得出離。」

惠能答曰：「我此踏碓八箇餘月，未至堂前。望上人引惠能至南廊下見此偈禮拜，亦願誦取，結來生緣，願生佛地。」

童子引能至南廊下，能即禮拜此偈。為不識字，請一人讀。惠能聞已，即識大意。惠能亦作一偈，又請得一解書人❷於西間壁上題著，呈自本心。不識本心，學法無益。識心見性，即悟大意。惠能偈曰：

菩提本無樹，明鏡亦無❸臺。佛性常清淨❹，何處有❺塵埃？

又偈曰：

心是菩提樹，身為明鏡臺❻。明鏡本清淨，何處染塵埃❼？

院內徒眾見能作此偈，盡怪。惠能卻入碓房。

【簡　注】❶是何言偈　敦煌原本有「言」字，鈴木校本刪之。❷解書人　大乘寺本及諸通行本皆指此人為江州別駕張日用。❸無　大乘寺本、宗寶本均作「非」。❹佛性常清淨　大乘寺本、宗寶本均作「本來無一物」。❺有　宗寶本作「惹」。❻心是菩提樹二句　「心」、「身」二字誤倒。❼何處染塵埃　此偈不見於其他佛教典籍，疑為衍文。

九

五祖忽來廊下，見惠能偈，即知識大意❶。恐眾人知，五祖乃謂眾人曰：「此亦未得了。」

五祖夜至三更，喚惠能堂內說《金剛經》。惠能一聞，言下便悟❷。其夜受法，人盡不知。便傳頓教及衣，以為六代祖。將衣為信稟，代代相傳。法以心傳心，當令自悟。五祖言：「惠能！自古傳法，氣如懸絲❸。若住此間，有人害汝，即須速去！」

【簡　注】❶即知識大意　當即知慧能已識佛法大意。❷悟　敦煌甲本作「伍」，敦煌乙本作「吾」，皆誤。❸氣如懸絲　大乘寺本、宗寶本均為「命如懸絲」。

十

能得衣法，三更發去。五祖自送能至❶九江驛，登時便別❷。五祖處分❸：「汝去努力！將法向南，三年勿弘此法。難起已後❹，弘化善誘。迷人若得心開，與悟無別❺。」

辭違已了，便發向南。兩月中間，至大庾嶺。不知向後有數百人來，欲擬捉❻惠能，奪衣法。來至半路，盡總卻迴。唯有一僧，姓陳名惠順❼，先是三品將軍❽，性行粗惡。直至嶺上，來趁把❾著。

惠能即還法衣，又不肯取。言：「我故遠來求法，不要其衣。」

能於嶺上，便傳法惠順。惠順得聞，言下心開。能使惠順即卻向北化人。

【簡注】❶至　敦煌甲本作「於」。❷別　敦煌甲本作「悟」，誤。❸處分　吩咐；囑咐。❹難起已後起，敦煌甲本作「去」。已，敦煌甲本作「在」。❺與悟無別　與，敦煌甲本誤作「汝」。本句鈴木校本為「與吾無別」。❻捉　敦煌甲本作「頭」，顯然錯訛。❼惠順　大乘寺本、宗寶本均作「惠明」。《五燈會元》卷二載：袁州蒙山道明禪師，初名慧明，以避六祖上字，故名道明，即此人。❽三品將軍　大乘寺本、宗寶本均作「四品將軍」。據《五燈會元》卷二，此人乃陳宣帝後裔，國亡之後，流落民間，因受虛號，非實授將軍之職。❾把　敦煌甲本作「犯」。

十一

惠能來於❶此地，與諸官寮、道俗，亦有累劫之因❷。教是先聖所傳，不是惠能自知。願聞先聖教者，各須淨心聞了。願自除迷，如先代悟❸。

（下是法❹）

惠能大師喚言：善知識！菩提般若之智，世人本自有之。即緣心迷，不能自悟。須求大善知識示道❺見性。善知識！愚人智❻人，佛性本亦無差別。只緣迷悟，迷即為愚，悟即成智。

【簡注】❶於　敦煌甲本作「衣」。❷累劫之因　累生累世之因緣。累劫，佛教極言時間之長久。❸願

自除迷二句　大乘寺本作「願自除疑，如先代聖人無別」。❹下是法　此三字原為小字書寫，當為後人所注。❺示道　指示；引導。道，大乘寺本作「導」。❻智　敦煌乙本作「知」，二字相通。

十二

善知識！我此法門，以定惠❶為本。第一勿迷言定惠❷別。定惠體一不二❸，即定是惠體，即惠是定用。即惠之時定在惠，即定之時惠在定。善知識！此義即是定❹惠等。學道之人作意，莫言先定發惠，先惠發定，定惠各別。作此見者，法有二相。口說善，心不善，定惠❺不等。心口俱善，內外一種，定惠即等。自悟修行，不在口諍❻。若諍先後，即是迷人。不斷勝負，卻生法我❼，不離四相❽。

【簡　注】❶惠　古籍多以智慧之「慧」寫作「惠」，二字相通。以下不另出注。❷定惠　敦煌原本均作「惠定」，據大乘寺本正之。❸體一不二　楊曾文校寫敦煌乙本作「體不一不二」。❹定　敦煌原本均缺此字，據大乘寺本補。❺定惠　敦煌原本均作「惠定」。❻諍　通「爭」。❼法我　指法執與我執。❽四相　指我相、人相、眾生相、壽者相。《金剛經》云：「若菩薩有我相、人相、眾生相、壽者相，即非菩薩。」

十三

一行三昧者，於一切時中行、住、坐、臥，常行直心❶是。《淨名經》云：直心是道場❷，直心是淨土❸。莫行心諂曲，口說法直。口說一行三昧，不行直心❹，非佛弟子。但行直心，於一切法上無有執著，名一行三昧。迷人著法相，執一行三昧，直言❺坐不動，除妄不起心，即是一行三昧。若如是，此法同無情❻，卻是障道因緣❼。

道須通流，何以卻滯？心不住法，道即通流❽，住即被❾縛。若坐不動，是維摩詰不合呵舍利弗宴坐林中❿。

善知識！又見有人教人坐，看心看淨，不動不起，從此置功。迷人不悟，便執成顛倒⓫。即有數百般如此教道者，故知大錯。

【簡注】❶直心　敦煌原本均作「真心」，據大乘寺本改。❷直心是道場　敦煌原本均作「真心是道場」，據《維摩詰經・菩薩品》改。❸直心是淨土　敦煌原本均作「真心是淨土」。《維摩詰經・佛國品》云：「直心是菩薩淨土」，據以校改。❹直心　敦煌原本均作「真心」，據文意改。❺直言　敦煌原本均作「真言」，據大乘寺本改。❻此法同無情　如此則同於無情之物。❼障道因緣　無明、煩惱，皆障礙佛道之修行。❽心不住法二句　敦煌甲本作「心住在即通流」，敦煌乙本作「心在住即通流」，皆有錯訛，此據宗寶本改。❾被　敦煌原本均作「彼」。❿維摩詰不合呵舍利弗宴坐林中　事見《維摩詰經・弟子品》。⓫顛倒　指妄見。凡夫執著於無常、苦、無我、不淨，為常、樂、我、淨，稱為四顛倒。

十四

善知識！定惠猶如何等？如燈光。有燈即有光，無燈即無光。燈是光之體❶，光是燈之用。名❷即有二，體無兩般。此定惠法，亦復如是。

【簡注】❶燈是光之體　敦煌甲本無「燈」字，「之」字作「知」，敦煌乙本不誤。❷名　敦煌甲本缺此字，敦煌乙本不缺。

十五

善知識！法無頓漸，人有利鈍❶。迷即漸勸❷，悟人頓修。自識本心❸，是❹見本性。悟即元無差別，不悟即長劫輪迴❺。

【簡注】❶鈍　敦煌甲本作「頓」，誤。❷漸勸　漸次勸導，修行佛法。鈴木校本改「勸」作「契」，似不必。❸自識本心　敦煌乙本作「識自本心」。❹是　敦煌原本均作「是」，鈴木校本改為「自」，似可不必。❺長劫輪迴　六道輪迴，累生累世，苦海無際。

十六

善知識！我此❶法門從上已來，頓漸皆立無念為宗，無相為體，無住為本。何名為相無相？於相而離相❷。無念者，於念而不念。無住者，為人本性，念念不住，前念、今念❸、後念，念念相續，無有斷絕。若一念斷絕，法身即離色身❹。念念時中，於一切法上無住。一念若住，念念即住，名繫縛。於一切法上念念不住，即無縛也。此是❺以無住為本。

善知識！外離一切相，是無相。但能離相，性體清淨，是以無相為體。

於一切境上不染，名為無念。於自念上離境，不於法上念生❻。若百物不思，念盡除卻，一念斷即死❼，別處受生。學道者用心，莫不識法意。自錯尚可，更勸他人迷。不自見迷，又謗經法。是以立無念為宗，即緣迷人於境上有念，念上便起邪見，一切塵勞妄念從此而生。

然此教門立無念為宗，世人離境，不起於念。若無有念，無念亦不立❽。無者無何事，念者念何物？無者離二相諸塵勞❾，念者念真如本性❿。真如是念之體，念是真如之用。自⓫性起念，雖即見聞覺知，不染萬境，而常自在。《維摩經》云：外能善分別諸法相，內於第一義而不動⓬。

【簡　注】❶此　敦煌原本均作「自」，據大乘寺本校改。❷何名為相無相二句　鈴木校本作「何名為相？無相者於相而離相」，中增一「者」字，似誤。❸今念　敦煌原本均作「念念」，據大乘寺本校改。❹法身即離色身　謂人之死亡，則形神分離。❺此是　敦煌原本缺此二字，據鈴木校本增補。❻念生　敦煌原本如此，鈴木校本作「生念」，亦可通。❼死　敦煌原本均作「無」，據鈴木校本改。❽若無有念二句　人若斷絕一切心念即身死，身死則無念之境界亦不可立。❾二相諸塵勞　因人間是非、有無而引起之諸般煩惱。世俗事物有如塵埃，污染身心，生起煩惱，故曰塵勞。❿念者念真如本性　敦煌原本無此七字，據大乘寺本、鈴木校本增補。⓫自　敦煌原本均無此字，據大乘寺本、鈴木校本增補。⓬外能善分別諸法相二句　諸法相，指外在諸事物境相。第一義，指真如。語見《維摩詰經・佛國品》。

十七

善知識！此法門中，坐禪原不著心，亦不著淨，亦不言不❶動。若言看心，心元是妄❷，妄如幻故，無所看也。若言看淨，人性❸本淨，為妄念故，蓋覆真如。離妄念，本性淨。不見自性本淨，起心看淨，卻生淨妄❹。妄無處所，故知看者，看卻是妄也。淨無形相，卻立淨相，言是功夫。作此見者，障自本性，卻被淨縛❺。若修❻不動者，不❼見一切人過患，是性不動。迷人自身不動，開口即說人是非，與道違背。看心看淨，卻是障道因緣。

【簡注】❶不　敦煌原本缺此字，據大乘寺本增補。❷心元是妄　五蘊和合，故曰心是妄。❸人性　人之本性，即真如之性。❹淨妄　虛妄之淨境；非真淨。❺卻被淨縛　為淨繫縛，而生煩惱。《荷澤神會禪師語錄》十一條云：「若修靜住靜，被淨縛；若修寂住寂，被寂縛。」與此意同。❻修　敦煌原本無此字，據大乘寺本補。❼不　敦煌原本無此字，據大乘寺本補。

十八

今既❶如是，此法門中，何名坐禪？此法門中，一切無礙，外於一切境界上念不起為坐，見本性不亂為禪。何名為禪定？外離相曰禪，內不亂曰定。外若著相，內心即亂。外若離相，內性不亂❷。本性自淨自❸定。祇緣觸境，觸即亂，離相不亂即定。

外離相即禪，內❹不亂即定。外禪內定，故名禪定。《維摩經》云：即時豁然，還得本心。《菩薩戒經》❺云：本原自性清淨❻。

善知識！見自性自淨，自修自作自性法身，自行佛行，自作自成佛道。

【簡注】❶既　敦煌原本作「記」字，此據鈴木校本。❷外若著相四句　敦煌原本均作「外若有相，內性不亂」，當脫中二句，據大乘寺本、鈴木校本補正。❸自　敦煌乙本作「曰」字。❹內　敦煌原本均作

「內外」，據大乘寺本刪「外」字。❺菩薩戒經 即《佛說梵網經》。敦煌原本均缺一「經」字，據大乘寺本補。❻本原自性清淨 大乘寺本此句作「我本元自性清淨」，鈴木校本依之。「我」疑「戒」字之訛。

十九

善知識！總須自體，與授❶無相戒。一時逐惠能口道，令善知識見自三身佛：於自色身，歸依清淨法身佛；於自色身，歸依千萬億化身佛；於自色身，歸依當身圓滿報身佛。（已上三唱❷）

色身是舍宅，不可言歸。向者三身，自在法性，世人盡有，為迷不見。外覓三身如來❸，不見自色身中三身❹佛。善知識，聽與善知識說，令善知識於自色身見自法性有三身佛❺。此三身佛，從自性上生。

【簡注】❶授 敦煌原本均作「受」，據宗寶本校改。❷已上三唱 此四字當為注文，敦煌甲本作小字。❸三身如來 敦煌甲本缺一「身」字，敦煌乙本作「三世如來」。❹三身 敦煌甲本作「三性」，敦煌乙本作「三世」，據宗寶本校改。❺三身佛 敦煌原本均作「三世佛」，據契嵩本校改。

二十

何名清淨法身❶佛？善知識！世人性本自淨，萬法在自性。思惟一切惡事，即行於惡行；思量一切善事，便修於善行。知如是一切法盡在自性。自性常清淨，日月常明，只為雲覆蓋，上明下暗，不能了見日月星辰。忽遇惠風❷吹散，卷盡雲霧，萬像參羅❸，一時皆現。世人性淨，猶如清天。惠如日，智如月，智惠常明。於外著境❹，妄念浮雲蓋覆，自性不能明。故遇善知識，開❺真正法，吹卻迷妄，內外明徹，於自性中萬法皆現❻。

一切法在自性，名為清淨法身。自歸依者，除不善心及不善行，是名歸依。

【簡注】❶法身　敦煌原本脫一「法」字，據大乘寺本補。❷惠風　和風，比喻善知識所演說之佛法。

❸參羅　紛然羅列之貌。參，鈴木校本改為「森」。❹著境　敦煌原本均作「看境」，據大乘寺本校改。❺開　大乘寺本、宗寶本均作「聞」。❻於自性中萬法皆現　萬物之景象與事理，一一呈現於自性之中。

二十一

何名為千百億化身佛？不思量，性即空寂，思量即是自化。思量惡法❶，化為地獄；思量善法❷，化為天堂。毒害化為畜生，慈悲化為菩薩。智惠化為上界，愚癡化為下方。自性變化甚多，迷人自不知見。一念善，智惠即生❸。

【簡注】❶惡法　惡事、惡物。❷善法　善事、善物。❸智惠即生　大乘寺本此下有「此是自性化身佛」七字，鈴木校本補「此名自性化身」六字。

二十二

一燈能除千年闇，一智能滅萬年愚。莫思向前，常思於後❶。常後念善，名為報身❷。一念惡，報卻千年善亡❸。一念善，報卻千年惡滅❹。

無常已來，後念善，名為報身❺。

從法身思量，即是化身。念念善，即是報身。自悟自修，即名歸依也。皮肉是色身、舍宅❻，不言歸依也。但悟三身，即識大意。

【簡注】❶莫思向前二句　意謂莫思既往，常思未來。大乘寺本此二句作「莫思向前已過，常思於後，念念圓明，自見本性」。❷報身　慧能之所謂報身，從體悟自性而得回報之作用立義，故以除闇、滅愚、念善為報身佛，與傳統之理解不同。❸一念惡二句　大乘寺本作「自性起一念惡，報滅萬劫善因」。亡，敦煌原本作「心」，據鈴木校本改。❹一念善二句　大乘寺本作「自性起一念善，報得河沙惡盡」。❺無常已來三句　大乘寺本作「直至無上，念念自見，不失本念，名為報身」。❻皮肉是色身句　意謂皮肉有形之身如同暫時寄住之房舍。大乘寺本作「皮肉是色身，色身是舍宅」。

二十三

今既歸依三身佛已，與善知識發四弘大願❶。善知識！一時逐惠能道：

眾生無邊誓願度❷，煩惱無邊誓願斷❸。法門無邊誓願學❹，無上佛道誓願成❺。（三唱❻）

善知識！眾生無邊誓願度，不是惠能度。善知識！心中眾生，各於自身自性自度。何名自性自度？自色身中邪見、煩惱、愚癡、迷妄，自有本覺性❼，只本覺性，將正見度。既悟正見般若之智，除卻愚癡、迷妄，眾生各各自度。邪來正度，迷來悟度，愚來智度，惡來善度，煩惱來菩提度。如是度者，是名真度。

煩惱無邊誓願斷，自心除虛妄。

法門無邊誓願學，學無上正法。

無上佛道誓願成，常下心行，恭敬一切，遠離迷執，覺智❽生般若，除卻迷妄，即自悟佛道，成行誓願力。

【簡　注】❶大願　大乘寺本、宗寶本均作「誓願」。❷眾生無邊誓願度　大乘寺本作「自心邪迷眾生誓願度」，宗寶本作「自心眾生無邊誓願度」。❸煩惱無邊誓願斷　大乘寺本、宗寶本此前均有「自心」二字。

❹法門無邊誓願學　大乘寺本、宗寶本均作「自性法門無盡誓願學」。❺無上佛道誓願成　大乘寺本作「無上自性佛道誓願成」，宗寶本作「自性無上佛道誓願成」。❻三唱　此二字為小注。❼本覺性　眾生本有覺悟之性，即佛性。《仁王經》云：「自性清淨心名本覺性。」❽覺智　覺悟之智。即佛智。

二十四

今既發四弘誓願，說與善知識無相懺悔，滅❶三世罪障。

大師言：善知識！前念、後念及今念，念念❷不被愚迷染，從前惡行一時自性若除，即是懺悔。前念、後念及今念，念念不被愚癡❸染，除卻從前矯誑❹，雜心永斷，名為自性懺。前念、後念及今念，念念不被疽疫❺染，除卻從前嫉妬❻心，自性若除即是懺。（以上三唱❼）

善知識！何名懺悔？懺者終身不作❽，悔者知於前非、惡業，恆不離心。諸佛前口說無益，我此法門中永斷不作，名為懺悔。

【簡注】❶滅　敦煌原本無此字，據大乘寺本補。❷念念　敦煌原本不重念字，據大乘寺本補。❸愚癡　大乘寺本作「誑妄」，宗寶本作「憍誑」。❹矯誑　敦煌甲本作「諂誑」，敦煌乙本缺「誑」字，大乘寺本作「憍慢」，宗寶本作「憍誑」。❺疽疫　敦煌甲本作「疽疾」，敦煌乙本作「疽疫」，宗寶本作「嫉妒」。❻嫉妬　敦煌原本均作「疾垢」，據鈴木校本改。❼以上三唱　此四字為小注。❽懺者終身不作　敦煌原本缺「懺」字。不作，敦煌甲本作「不為」。

二十五

今既懺悔已，與善知識授❶無相三歸依戒。

大師言：善知識！歸依覺，兩足尊❷；歸依正，離欲尊❸；歸依淨，眾中尊❹。從今已後，稱佛為師，更不歸依邪迷外道。願自三寶❺慈悲證明。

善知識！惠能勸善知識歸依自性三寶❻。佛者，覺也；法者，正也；僧者，淨也。自心歸依覺，邪迷不生，少欲知足，離財離色，名兩足尊。自心歸依正，念念無邪故，即無愛著，以無愛著，名離欲尊。自心歸依淨，一切塵勞妄念雖在自性，自性不染著，名眾中尊。

凡夫不❼解，從日至日，受三歸依戒。若言歸佛，佛在何處？若不見佛，即無所歸，既無所歸，言卻是妄。善知識！各自觀察，莫錯用意。經中只言自歸依佛，不言歸依他佛。自性不歸，無所依❽處。

【簡 注】❶授 敦煌原本均作「受」，據鈴木校本改。❷歸依覺兩足尊 意謂歸依於自心之覺悟，即佛。兩足尊，為佛之尊號。❸歸依正離欲尊 意謂歸依於正法，即為離欲之尊者。正，正念；正道。❹歸依淨眾中尊 意謂歸依於自心清淨，即為眾中之尊者。淨，指自心不受煩惱污染，故得清淨。❺自三寶 佛教以佛、法、僧為三寶，慧能以覺、正、淨與之對應，稱為自性三寶。❻自性三寶 敦煌甲本缺「自性」二字，敦煌乙本作「身三寶」，據大乘寺本校改。❼不 敦煌原本缺「不」字，據大乘寺本增補。❽依 敦煌原本缺「依」字，據大乘寺本增補。

二十六

今既自歸依三寶，總各各至心，與善知識說摩訶般若波羅蜜法。善知識！雖念不解，惠能與說，各各聽。

摩訶般若波羅蜜者，西國梵語❶，唐言大智惠到彼岸❷。此法須行，不在口念。口念不行，如幻❸如化。修行者，法身與佛等❹也。

何名摩訶？摩訶者是大。心量廣大，猶如虛空。若空心禪❺，即落無記空❻。世界虛空❼，能含日月星辰、大地山河，一切草木、惡人善人、惡法善法、天堂地獄，盡在空中。世人性空，亦復如是。

性含萬法是大，萬法盡是自性。見一切人及非人、惡之與善、惡法善法，盡皆不捨，不可染著，猶❽如虛空，名之為大。此是摩訶行❾。迷人口念，智者心行❿。又有迷人空心不思，名之為大，此亦不是。心量大，不行是小⓫。莫口空說，不修此行，非我弟子。

【簡注】❶西國梵語　古印度國之梵語，相傳為梵天王所造。❷到彼岸　敦煌原本作「彼岸到」，據大乘寺本校正。❸幻　敦煌原本缺此字，據大乘寺本補。❹修行者法身與佛等　大乘寺本作「口念心行，即心口相應，本性是佛，離性無別佛」。❺若空心禪　敦煌甲本作「莫定心座」，敦煌乙本作「莫定心禪」，大乘寺本作「若空心淨坐」，鈴木校本作「若空心坐」。❻無記空　指有覆無記，空之心念，障蔽自性，妨礙修行。❼世界虛空　敦煌原本缺此四字，據大乘寺本補。❽猶　敦煌原本作「由」，同音而訛。❾摩訶行　偉大、美好之行。摩訶，有大、勝之義。敦煌原本有「行」字，鈴木校本刪之，不宜。❿行　敦煌原本缺此字，據大乘寺本補。⓫心量大不行是小　大乘寺本作「心量大事，不行小道」。

二十七

何名般若？般若是智惠。一切❶時中，念念不愚，常行智惠，即名般若行。一念愚即般若絕，一念智即般若生。世人❷心中常愚，自言❸我修般若。般若❹無形相，智惠性即是。

何名波羅蜜？此是西國梵音，唐言到彼岸❺，解義離生滅。著境生滅起，如水有波浪，即是於❻此岸。離境無生滅，如水永長流❼，故即名到彼岸，故名波羅蜜。迷人口念，智者心行。當念時有妄，有妄即非真有。念念若行，是名真有。悟此法者，悟般若法，修般若行。不修即凡，一念修行，法身等佛❽。

善知識！即煩惱是菩提。前念迷即凡，後念悟即佛。

善知識！摩訶般若波羅蜜最尊、最上、第一，無住、無去、無來，三世諸佛從中出，將大智惠到彼岸。打破五陰❾、煩惱、塵勞，最尊、最上、第一。讚最上乘法，修行定成佛。無去、無住、無來往，是定惠等❿。不染一切法，三世諸佛從中出⓫，變三毒為戒定惠。

【簡　注】❶切　敦煌原本無此字，據大乘寺本補。❷世人　敦煌原本無此二字，據大乘寺本補。❸自言　敦煌原本無此二字，據大乘寺本補。❹般若　敦煌原本無此二字，據大乘寺本補。❺到彼岸　敦煌原本作「彼岸到」，據大乘寺本校正。❻於　為。鈴木校本改字作「為」，實不必。❼如水永長流　敦煌甲本作「如水承長流」，敦煌乙本作「如水水長流」，大乘寺本作「如水常通流」。❽法身等佛　自體法性之身，等同佛身。宗寶本作「自身等佛」。❾五陰　即五蘊，包括色蘊、受蘊、想蘊、行蘊、識蘊。❿定惠等　定惠一體，等同無二。⓫出　敦煌原本無此字，據大乘寺本、宗寶本補。

二十八

善知識！我此法門，從一般若生❶八萬四千智惠。何以故？為世人有八萬四千塵勞。若無塵勞，般若常在，不離自性。悟此法者，即是無念、無憶、無著❷。莫起誑妄❸，即是真如性❹。用智惠觀照，於一切法不取不捨，即見性，成佛道。

【簡注】❶一般若生　敦煌原本均缺此四字，據大乘寺本增補。❷無念無憶無著　大乘寺本作「無念無憶，無著無妄」。❸誑妄　敦煌乙本作「雜妄」，大乘寺本作「誑妄用」。❹即是真如性　敦煌乙本作「即自是真如性」，宗寶本作「用自真如性」。

二十九

善知識！若欲入甚深法界❶，入般若三昧❷，直須修般若波羅蜜行。但持《金剛般若波羅蜜經》一卷，即得見性，入般若三昧。當知此人❸功德無量，經中分明讚歎，不能具說。此是最上乘法，為大智上根人說。小根智人❹若聞法，心不生信。何以故？譬如大龍，若下大雨，雨於閻浮提❺，城邑聚落，悉皆漂流❻，如漂草葉。若下大雨，雨於大海，不增不減。若大乘者❼聞說《金剛經》，心開悟解。故知本性自有般若之智，自用智惠觀照，不假文字❽。譬如其雨水，不從天有，元是龍王於江海中將身引此水，令一切眾生、一切草木、一切有情無情，悉皆蒙潤。諸水眾流，卻入大海，海納眾水，合為一體。眾生本性般若之智，亦復如是。

【簡　注】❶法界　法性；佛性。❷般若三昧　指般若智慧精妙之義，即定慧一體之境界。❸此人　誦讀《金剛經》之人。宗寶本作「此經」。❹小根智人　指對佛法悟解力差、智慧低下者。小，敦煌原本作「少」。大乘寺本作「小根小智人」。❺閻浮提　佛教說世界分為四大洲，其一南瞻部洲，即閻浮提，代指人世間。❻城邑聚落悉皆漂流　敦煌原本均無此八字，據宗寶本、鈴木校本增補。❼大乘者　指大智慧、上根人。大乘寺本、宗寶本均作「大乘人」。❽不假文字　般若智慧全在自心，不從佛經、講論之文字獲得。

三十

小根❶之人，聞說此頓教，猶如大地草木根性自小者❷，若被大雨一沃，悉皆自倒，不能增長。小根❸之人，亦復如是。有般若之智，與大智之人亦無差別，因何聞法即不悟？緣邪見障重，煩惱根深，猶如大雲蓋覆於日，不得風吹，日無能現。般若之智亦無大小。為一切眾生，自有迷心❹，外修覓佛，未悟自性，即是小根人。聞其頓教，不信❺外修，但於自心，令自本性常起正見，一切邪見、煩惱、塵勞眾生，當時盡悟❻，猶如大海納於眾流，小水大水合為一體，即是見性。內外不住，來去自由，能除執心，通達無礙。心修此行，即與《般若波羅蜜經》❼本無差別。

【簡　注】❶小根　敦煌原本作「少根」，據大乘寺本改。❷草木根性自小者　指小草、小木。小，敦煌原本作「少」。❸小根　同❶。❹自有迷心　自有迷妄之心。大乘寺本作「自心迷悟不同」。❺不信　大乘寺本作「不執」，鈴木校本改為「不假」。❻當時盡悟　宗寶本作「常不能染」。❼般若波羅蜜經　即《金剛般若波羅蜜經》，簡稱《金剛經》。

三十一

一切經書及文字，大小二乘、十二部經❶，皆因人置，因智惠性故，故然能建立。若無世人❷，一切萬法本亦不有❸。故知萬法，本從人興，一切經書，因人說有。緣在人中，有愚有智。愚為小人❹，智為大人。迷人問❺於智者，智人與愚人說法，令彼❻愚者悟解心開，與大智人無別。故知不悟，即佛是眾生；一念若悟，即眾生是佛。故知一切萬法，盡在自身心中。何不從於自心，頓現真如本性？《菩薩戒經》云：我本源自性清淨❼。識心見性，自成佛道。《淨名經》云❽：即時豁然，還得本心。

【簡注】❶大小二乘句　統稱大乘、小乘之全部經典。十二部經，全部佛典之十二類別。❷若無世人　敦煌原本作「我若無智人」，據大乘寺本校改。❸本亦不有　敦煌甲本作「本無不有」，敦煌乙本作「本亦不有」，大乘寺本作「本自不有」，鈴木校本作「本元不有」。❹小人　敦煌甲本作「少故」，敦煌乙本作「小故」，據大乘寺本改。❺迷人問　敦煌原本作「問迷人」，據鈴木校本正之。❻彼　敦煌原本作「使」，大乘寺本作「其」，據鈴木校本改。❼我本源自性清淨　謂人之自性，本源清淨。我，疑「戒」字之訛。❽淨名經云　敦煌原本無此四字，據宗寶本增補。《淨名經》，即《維摩詰經》。

三十二

善知識！我於忍和尚❶處一聞，言下大悟，頓見真如本性。是故將此教法❷流行後代。今❸學道者頓悟菩提，各自觀心，令自本性頓悟。若不能❹自悟者，須覓大善知識❺示道見性。

何名大善知識？解最上乘法，直示正路，是大善知識，是大因緣，所為化道❻，令得見佛❼。一切善法，皆因大善知識能發起故。三世諸佛，十二部經，在人性中本自具有。不能自悟，須得善知識示道見性。若自悟者，不假外求善知識。若取外求善知識，望得解脫，無有是處。識自心內善知識，即得解脫。若自心邪迷，妄念顛倒，外善知識即有教授，救不可得❽。汝若不得自悟，當起般若觀照，剎那間妄念俱滅，即是自真正善知識，一悟即至佛地。

自性心地，以智惠觀照，內外明徹，識自本心。若識本心，即是解脫。既得解脫，即是般若三昧，即是無念。何名無念？無念法者，見一切法，不著一切法；遍一切處，不著一切處。常淨自性，使六賊❾從六門❿走出，於六塵⓫中不離不染，來去自由，即是般若三昧，自在解脫，名無念行。莫⑫百物不思，當今念絕，即是法縛⑬，即名邊見⑭。悟無念法者，萬法盡通。悟無念法者，見諸佛境界。悟無念頓法者，至佛位地。

【簡注】❶忍和尚　五祖弘忍大師。❷將此教法　敦煌甲本作「汝教法」，敦煌乙本作「以教法」，據大乘寺本校改。❸今　鈴木校本改為「令」。❹不能　敦煌原本缺「不」字，據大乘寺本語意改。❺大善知識　大師；大德。大乘寺本、宗寶本此下尚有「解最上乘法者」，以為說明。❻所為化道　為之教化、導引。大乘寺本作「直示正路」。為，大乘寺本作「謂」。❼見佛　敦煌本均作「見佛」，大乘寺本作「見性」。❽救不可得　敦煌原本缺此四字，據大乘寺本增補。❾六賊　譬喻之辭，指六識所對之色、聲、香、味、觸、法六塵，能劫掠人之功德，害人善法，故比喻為六賊。大乘寺本、鈴木校本作「六識」。❿六門　指眼、耳、鼻、舌、身、意六根。⓫六塵　指色、聲、香、味、觸、法六種境相，能污染心識，故名。⓬莫　敦煌本均作「莫」，鈴木校本改為「若」。⓭法縛　執著於法，為法所繫縛。⓮邊見　片面之見，違背中道，是五種惡見之一。

三十三

善知識！後代得吾法者，常見吾法身不離汝左右。善知識！將此頓教法門於❶同見同行❷，發願受持，如事❸佛故，終身受持而不退者，欲❹

入聖位❺，然須傳受從上已來默然而付於法❻，發大誓願，不退菩提，即須分付❼。

若不同見解，無有志願，在在處處❽，勿妄宣傳。損彼前人，究竟無益。若愚人不解，謗此法門，百劫千生，斷佛種性。

【簡注】❶於　敦煌原本無「於」字，據宗寶本補。❷同見同行　信念相同，修行相同。指志同道合者。❸事　敦煌原本作「是」，據大乘寺本改。❹欲　宗寶本作「定」。❺聖位　聖者之位。佛、菩薩、阿羅漢等，皆可稱聖者。❻從上已來默然而付於法　指歷代祖師以心印心之禪法。❼分付　指傳授、交付頓教法門。❽在在處處　所在之處；任何處所。

三十四

大師言：善知識！聽吾說〈無相頌〉❶，令汝迷者罪滅，亦名〈滅罪頌〉。頌曰：

愚人修福不修道，謂言修福便❷是道。布施供養福無邊，心中三惡❸元來造❹。

若將修福欲滅罪，後世得福罪元在❺。若解向心除罪緣❻，各自性中真懺悔。

若悟大乘真懺悔，除邪行正即無罪。學道之人能自觀❼，即與悟人同一例❽。

大師今傳此頓教❾，願學之人同一體❿。若欲當來覓本身⓫，三毒惡緣心裡洗⓬。

努力修道莫悠悠，忽然虛度一世休。若遇大乘頓教法，虔誠合掌志心求⓭。

大師說法了，韋使君、官寮、僧眾、道俗，讚言無盡，昔所未聞。

【簡注】❶無相頌　無相，代指佛法。這首〈無相頌〉在宗寶本被收入〈懺悔品〉。❷便　敦煌原本作「如」，據大乘寺本改。❸三惡　指欲覺、瞋覺、害覺，合稱三惡覺。或指貪、瞋、癡三毒，亦可通。三惡，敦煌乙本作「三業」。❹造　敦煌原本作「在」，據大乘寺本改。❺在　敦煌原本作「造」，據大乘寺本改。❻罪緣　罪惡之緣由，指三惡覺，或三毒。❼自觀　觀照自心，體悟自性。大乘寺本此句作「學道常於自性觀」。❽即與悟人同一例　大乘寺本作「即與諸佛同一例」。一例，宗寶本作「一類」。❾大師今傳此頓教　大乘寺本作「五祖唯傳此頓法」。❿願學之人同一體　大乘寺本作「普願見性同一體」。⓫本身　真身。大乘寺本作「法身」。⓬三毒惡緣心裡洗　大乘寺本作「離諸法相心中洗」。三毒惡緣，即貪、嗔、癡三毒，為所有一切罪惡之緣由。⓭志心求　宗寶本、鈴木校本均作「至心求」。

三十五

使君禮拜。白言：「和尚說法，實不思議❶。弟子嘗❷有少疑，欲問和尚。望意和尚大慈大悲，為弟子說。」

大師言：「有疑即問，何須再三？」

使君問：「和尚所說❸法，可不是西國第一祖達摩祖師宗旨？」

大師言：「是。」

使君曰❹：「弟子見說達摩大師化❺梁武帝，帝❻問達摩：朕一生已來造寺、布施、供養，有功德否？達摩答言：並無功德。武帝惆悵，遂遣達摩出境。未審此言，請和尚說。」

六祖言：「實無功德，使君勿疑。達摩大師言武帝著邪道❼，不識正法。」

使君問：「何以無功德？」

和尚言：「造寺、布施、供養，只是修福，不可將福以為功德。功德在法身，非在於福田。自法性有功德。見性是功，平直是德❽。佛性外行恭敬❾，若輕一切人，吾我❿不斷，即自無功德。自性虛妄⓫，法身無功德。念念行平等真心⓬，德即不輕。常行於敬，自修身即功，自修心即德。功德自心作，福與功德別。武帝不識正理，非祖大師有過。」

【簡　注】❶實不思議　大乘寺本作「實不可思議」。❷嘗　敦煌原本作「當」，疑形近而訛。大乘寺本、鈴木校本改作「今」，亦可通。❸和尚所說　敦煌原本缺此四字，據大乘寺本增補。❹使君曰　敦煌原本缺此三字，據大乘寺本增補。❺化　敦煌甲本作「伐」，敦煌乙本作「代」，皆形近而訛。❻帝　敦煌原本無「帝」字，據大乘寺本補。❼著邪道　為邪門外道所迷惑。❽見性是功平直是德　敦煌原本無「見性是功」四字，據大乘寺本增補。平直，宗寶本作「平等」。❾佛性外行恭敬　鈴木校本作「內見佛性，外行恭敬」。⓾吾我　即我執，對於我的執著。⓫自性虛妄　敦煌乙本作「自性無功德」，大乘寺本作「自性虛妄不實」。⓬真心　敦煌原本作「真心」，鈴木校本改為「直心」。

三十六

使君禮拜。又問：「弟子見僧道俗常念阿彌陀佛，願往生西方。請和尚說，得生彼否？望為破疑。」

大師言：「使君！聽慧能與說。世尊在舍衛城說西方引化，經文分明，去此不遠。只為下根說遠❶，說近只緣上智❷。人自兩種，法無兩般❸。迷悟有殊，見有遲疾。迷人念佛生彼，悟者自淨其心。所以佛言：隨其心淨，則佛土淨❹。

「使君！東方但淨心無罪，西方心不淨有愆❺。迷人願生東方、西方❻者，所在處並皆一種。心地但無不淨，西方去此不遠。心起不淨之心，念佛往生❼難到。除十惡❽即行十萬，無八邪❾即過八千。但行直心❿，到如彈指。使君！但行十善[11]，何須更願往生？不斷十惡之心，何佛即來迎請？若悟無生頓法，見西方只在剎那。不悟頓教大乘，念佛往生路遙，如何得達？」

六祖言：「惠能與使君移西方剎那間，目前便見。使君願見否？」

使君禮拜：「若此得見，何須往生？願和尚慈悲，為現西方，大善！」

大師言：「一時見西方，無疑即散。」

大眾愕然，莫知何事。

大師曰：「大眾作意聽！世人自色身是城，眼、耳、鼻、舌、身即是城門，外有五[12]門，內有意門。心即是地，性即是王。性在王在，性去王無。性在身心存，性去身心[13]壞。佛是自性作，莫向身外[14]求。自性迷，佛即是眾生。自性悟，眾生即是佛。慈悲即是觀音，喜捨名為勢至[15]，能淨是釋伽[16]，平直即是彌勒[17]。人我即是須彌[18]，邪心即是海水，煩惱即是波浪，毒心即是惡龍，塵勞即是魚鱉，虛妄即是鬼神，三毒即是地獄，愚癡即是畜生。十善即是天堂。無人我⑲，須彌自倒。除邪心，海水竭。煩惱無，波浪滅。毒害除，魚龍絕。自心地上覺性如來，施大智惠光明，照耀六門清淨，照破六欲諸天下⑳。照三毒若除，地獄一時消滅。內外明徹，不異西方。不作此修，如何到彼？」

座下聞說，讚聲徹天，應是迷人了然便見。使君禮拜，讚言：「善哉，善哉！普願法界眾生，聞者一時悟解。」

【簡注】❶只為下根說遠　敦煌原本「遠」作「近」，大乘寺本、宗寶本作「遠」，據改。❷說近只緣上智　敦煌原本「近」作「遠」，大乘寺本、宗寶本作「近」，據改。❸法無兩般　敦煌乙本缺「兩」字，據大乘寺本補。敦煌甲本作「法無不一」。❹隨其心淨則佛土淨　語見《維摩詰經・佛國品》。❺東方但淨心無罪二句　此二句宗寶本云：「東方人但心淨即無罪，雖西方人心不淨亦有愆。」語意更明白。❻西方　敦煌原本無「方」字，據大乘寺本語意補。❼往生　離去塵世，前往西天極樂世界，乃佛門常用語。❽十惡　指殺生、偷盜、邪淫、妄語、綺語、兩舌、惡口、貪欲、嗔恚、愚癡，佛門視為十惡。❾八邪　指邪見、邪思維、邪語、邪業、邪命、邪方便、邪念、邪定，總稱八邪。❿直心　敦煌原本作「真心」，大乘寺本作「平直」，鈴木校本作「直心」。⓫十善　與十惡相反，即不殺生、不偷盜等。⓬五　敦煌原本作「六」，據大乘寺本改。⓭心　敦煌原本無「心」字，據大乘寺本補。⓮外　敦煌原本無「外」，大乘寺本此句為

「莫向外求」，據補。⓯勢至　大勢至菩薩，為西方三聖之一。⓰釋伽　即佛祖釋迦牟尼。⓱彌勒　彌勒菩薩，繼承釋迦牟尼而在人間成佛。大乘寺本作「彌陀」，即阿彌陀佛。⓲人我即是須彌　人見、我見，有如須彌山。⓳無人我　敦煌甲本作「我無人」，敦煌乙本作「無我人」，大乘寺本作「除人我」，鈴木校本作「無人我」。⓴六欲諸天下　欲界有六重天，即四天王天、忉利天、夜摩天、兜率天、樂變化天、他化自在天。

三十七

大師言：「善知識！若欲修行，在家亦得，不由在寺。在寺不修，如西方心惡之人。在家若修行，如東方人修善。但願自家修清淨，即是西方。」

使君問：「和尚，在家如何修？願為指授。」

大師言：「善知識！惠能與道俗作〈無相頌〉❶。盡誦取，依此修行，常與惠能❷一處無別。」

頌曰：

說通及心通❸，如日處虛空。惟傳頓教❹法，出世破邪宗。
教即無頓漸，迷悟有遲疾。若學頓法門，愚人不可迷❺。
說即雖萬般，合理還歸一。煩惱闇宅中，常須生惠日。
邪來因煩惱❻，正來煩惱除。邪正悉不用，清淨至無餘❼。
菩提本清淨❽，起心即是妄。淨性於妄中，但正除三障❾。
世間若修道，一切盡不妨。常見在己過❿，與道即相當。
色類自有道⓫，離道別覓道。覓道不見道，到頭還自懊。
若欲覓真道，行正即是道。自若無正心，暗行不見道。
若真修道人，不見世間過⓬。若見世間非，自非卻是左⓭。
他非我不罪⓮，我非自有罪。但自去非心，打破煩惱碎。
若欲化愚人，事須有方便。勿令彼有⓯疑，即是菩提見。
法元在世間，於世出世間。勿離世間上，外求出世間。
邪見在⓰世間，正見出世間。邪正悉打卻，菩提性宛然⓱。

此但是頓教，亦名為大乘⑱。迷來經累劫，悟即剎那間。

【簡注】❶無相頌　宗寶本收此篇頌偈入〈般若品〉。❷惠能　敦煌原本此下有「說」字。❸說通及心通　通達佛理、能自在演說佛法為說通，自得內證、修行圓滿為心通。❹頓教　大乘寺本、宗寶本均作「見性」。❺迷　大乘寺本、宗寶本均作「悉」。❻邪來因煩惱　大乘寺本作「邪來煩惱至」。❼清淨至無餘　清淨極致，無絲毫殘餘之煩惱。❽菩提本清淨　大乘寺本作「菩提本自性」。❾三障　修行以求解脫之三大障礙，即煩惱障、業障、報障。❿常見在己過　大乘寺本作「常自見己過」。⓫色類自有道　眾生自身本有佛法。色類，指眾生。⓬過　敦煌甲本作「愚」，敦煌乙本作「遇」。⓭自非卻是左　自己行為亦屬不當。左，偏邪；不正。⓮不罪　敦煌甲本作「有罪」，敦煌乙本作「不罪」，大乘寺本作「不非」，鈴木校本作「無罪」。⓯彼有　敦煌原本作「破彼」，據大乘寺本校正。⓰在　敦煌甲本作「出」，敦煌乙本作「在」，鈴木校本作「是」。⓱菩提性宛然　敦煌原本缺此五字，據大乘寺本補之。⓲亦名為大乘　宗寶本此句作「亦名大法船」。

三十八

大師言：「善知識！汝等盡誦取此偈，依此偈修行，去惠能千里，常在能邊❶。依此不修，對面底❷千里遠。各各自修，法不相待。眾人且散，惠能歸漕溪山。眾生❸若有大疑，來彼山間，為汝破疑，同見佛性。」

合座官寮、道俗，禮拜和尚，無不嗟歎：「善哉大悟，昔所未聞。嶺南有福，生佛在此，誰能得知❹！」一時盡散。

大師住漕溪山，韶、廣二州行化四十餘年。若論門人，僧之與俗，約有三五千人，說不可盡。若論宗旨，傳授《壇經》，以此為依約。若不得《壇經》，即無稟受。須知去處❺、年月日、姓名，遞❻相付囑。無《壇經》稟承非南宗弟子也。未得稟承者，雖說頓教法，未知根本，終不免諍❼。但得法者，只勸修行。諍是勝負之心，與佛道違背。

【簡　注】❶常在能邊　大乘寺本作「如常在吾邊」。❷底　疑當作「抵」。❸眾生　「生」疑為衍文。❹誰能得知　能，郭朋《壇經校釋》疑當作「不」，則句作「誰不得智」，猶言「無不開悟」。❺去處　敦煌原本作「法處」，據大乘寺本校正。❻遞　敦煌原本作「遍」字，據大乘寺本校改。❼未知根本終不免諍　大乘寺本作「未契本心，終不免諍」。諍，通「爭」。

三十九

世人盡傳南能北秀❶，未知根本事由。且秀禪師於南荊府❷當陽縣玉泉寺住持修行，惠能大師於韶州城東三十五里漕溪山住。法即一宗，人有南北，因此便立南北。何以❸頓漸？法即一種，見有遟疾，見遟即漸，見疾即頓。法無頓漸，人有利鈍❹，故名漸頓。

【簡　注】❶南能北秀　敦煌原本作「南宗能比宗」，據大乘寺本校改。❷南荊府　大乘寺本作「荊南府」，即荊州府。❸以　大乘寺本作「名」。❹人有利鈍　人之稟賦，根器有的聰敏穎悟，有的遲鈍愚暗。

四十

神秀師常見人說惠能法疾，直指見路❶。秀師遂喚門人志誠曰：「汝聰明多智，汝與❷吾至漕溪山到惠能所禮拜，但聽莫言吾使汝來。所聽得意旨，記取卻來與吾說。看惠能見解，與吾誰疾遟。汝第一早來，勿令吾怪。」

志誠奉使歡喜，遂行。半月之間，即至漕溪山。見惠能和尚，禮拜即聽，不言來處。志誠聞法，言下便悟，即契本心。起立即禮拜，白❸言：「和尚，弟子從玉泉寺來。秀師處，不得契悟，聞和尚說，便契本心。和尚慈悲，願當教示❹。」

惠能大師曰：「汝從彼來，應是細作。」

志誠曰：「不是。」

六祖曰：「何以不是？」

志誠曰：「未說時即是，說了即不是。」

六祖言：「煩惱即是菩提，亦復如是❺。」

【簡　注】❶直指見路　敦煌甲本作「直旨路」，敦煌乙本作「直旨見路」，大乘寺本作「直指見性」。❷與　為。❸白　敦煌甲本作「自」。❹和尚慈悲二句　大乘寺本作「和尚大慈悲，弟子生死事大，又恐輪迴，願當教示」，語意較詳。❺煩惱即是菩提二句　以「說破細作」比擬「悟破煩惱」，一旦悟破煩惱本空，即是菩提覺悟。

四十一

大師謂志誠曰：「吾聞汝禪師教人唯傳戒定惠。汝和尚教人戒定惠如何？當為吾說。」

志誠曰：「秀和尚言戒定惠：諸惡不作名為戒，諸善奉行名為惠，自淨其意名為定。此即名為戒定惠。彼作如是說，不知和尚所見如何？」

惠能和尚答曰：「此說不可思議，惠能所見又別。」

志誠問：「何以別？」

惠能答曰：「見有遲疾❶。」

志誠請和尚說所見戒定惠。大師言：「汝聽吾說❷，看吾所見處：心地無非❸自性戒，心地無亂❹自性定，心地無癡❺自性惠。」

大師言：「汝師戒定惠勸小根智人，吾戒定惠勸上智人。得悟自性❻，亦不立戒定惠。」

志誠言：「請大師說不立如何？」

大師言：「自性無非、無亂、無癡，念念般若觀照，常離法相❼，有何可立？自性頓修，亦無漸次，所以不立❽。」

志誠禮拜，便不離漕溪山，即為門人，不離大師左右。

【簡注】❶見有遲疾　大乘寺本作「悟解不同，見有遲疾」。❷汝聽吾說　敦煌原本「汝」前多一「如」字，據大乘寺本刪。❸無非　敦煌原本「無」下有「疑」字，據大乘寺本刪。❹無亂　敦煌原本此下有「是」字，據大乘寺本刪。❺無癡　同❹。❻得悟自性　敦煌原本缺「性」字。大乘寺本作「若悟自性，亦不立菩提涅槃，亦不立解脫知見」。❼常離法相　敦煌原本「常」作「當」。大乘寺本作「常離法相，自由自在，縱橫盡得」。❽亦無漸次二句　敦煌甲本作「立有漸此，契以不立」，敦煌乙本作「立有漸次，所以不立」，鈴木校本作「亦無漸次，所以不立」。

四十二

又有一僧名法達，常誦《妙法蓮華經》七年，心迷不知正法之處。

來至漕溪山禮拜，問大師言：「弟子常誦《妙法蓮華經》七年，心迷不知正法之處，經上有疑。大師智慧廣大，願為除疑。」

大師言：「法達，法即甚達，汝心不達。經上無疑，汝心自疑❶。汝心自邪，而求正法。吾心正定，即是持經。吾一生已來，不識文字。汝將《法華經》來，對吾讀一遍，吾聞即知。」

法達取經，對大師讀一遍。六祖聞已，即識佛意，便與法達說《法華經》。六祖言：「法達！《法華經》無多語，七卷❷盡是譬喻因緣。如來廣說三乘，只為世人根鈍❸。經文分明，無有餘乘，唯有一佛乘❹。」

大師言❺：「法達！汝聽一佛乘，莫求二佛乘❻，迷卻汝性。經中何處是一佛乘？吾與汝說。經云：諸佛世尊，唯以一大事因緣故，出現於世❼。（以上十六字是正法❽）此❾法如何解，此法如何修？汝聽吾說。人心不思本源空寂，離卻邪見，即一大事因緣。內外不迷，即離兩邊❿。外迷著相，內迷著空。於相離相，於空離空，即是不迷⓫。若悟此法，一念心開。出現於世，心開何物？開佛知見。佛猶覺也，分為四門：開覺知見，示覺知見，悟覺知見，入覺知見。開、示、悟、入，從[12]一處入，即覺知見。見自本性，即得出世。」

大師言：「法達！吾常願一切世人心地，常自開佛知見，莫開眾生知見。世人心邪[13]，愚迷造惡，自開眾生知見；世人心正，起智慧觀照，自開佛知見。莫開眾生知見，開佛知見，即出世。」

大師言：「法達！此是《法華經》一乘法，向下分三[14]，為迷人故。汝但依一佛乘。」

大師言：「法達！心行轉《法華》，不行《法華》轉。心正轉《法華》，心邪《法華》轉。開佛知見轉《法華》，開眾生知見被《法華》轉。」大師言：「努力依法修行，即是轉經。」

法達一聞，言下大悟，涕淚悲泣，白言：「和尚！實未曾轉《法華》，七年被《法華》轉。已後轉《法華》，念念修行佛行。」

大師言：「即佛行是佛[15]。」

其時聽人，無不悟者。

【簡注】❶汝心自疑　敦煌原本無此四字，據大乘寺本增補。❷七卷　《法華經》譯本，有七卷與十卷兩種，法達所誦讀者，當為七卷本。❸如來廣說三乘二句　意謂如來因為世人根器遲鈍，因而以三乘來多方比喻。《法華經》以羊車、鹿車、牛車比喻聲聞乘、緣覺乘、菩薩乘，故云。❹一佛乘　諸佛說法之種種方便、譬喻之辭，本懷只有一個，即啟發眾生覺悟，引導眾生成佛，此為唯一佛乘。❺言　敦煌原本缺此字，據鈴木校本補。❻莫求二佛乘　聲聞乘、緣覺乘，合稱二乘。《法華經．方便品》云：「十方佛土中，唯有一乘法。無二亦無三，除佛方便說。」❼諸佛世尊三句　語見《法華經．方便品》。❽以上十六字是正法　此為小字注文。❾此　敦煌本缺「此」字，據大乘寺本補。❿即離兩邊　既不著於相，亦不著於空，得其中道。⓫即是不迷　鈴木校本作「即是內外不迷」。⓬從　敦煌原本作「上」，大乘寺本作「從上」，鈴木校本作「從」。⓭邪　敦煌原本無「邪」字，據大乘寺本補。⓮向下分三　方便說法，分為羊車、鹿車、牛車。⓯即佛行是佛　奉行佛法，具備佛行，即是佛。

四十三

時有一僧名智常，來漕溪山禮拜和尚，問四乘❶法義。智常問和尚曰：「佛說三乘，又言最上乘。弟子不解，望為教示。」

惠能大師曰：「汝自身心見❷，莫著外法相。元無四乘法，人心不量四等❸，法有四乘。見聞讀誦❹是小乘，悟法❺解義是中乘，依法修行是大乘。萬法盡通，萬行俱備，一切不離❻，但離法相，作無所得❼，是最上乘。最上乘是行義❽，不在口諍。汝須自修，莫問吾也。」

【簡注】❶四乘 《法華經》分別以羊車、鹿車、牛車喻三乘，又以大白牛車喻最上乘，故曰四乘。❷汝自身心見 你向自心領會悟見。大乘寺本作「汝向自心見」。❸人心不量四等 意謂人心領悟佛法有利鈍之別，可分為四等。大乘寺本作「人心自有四等」。❹讀誦 大乘寺本作「轉讀」。❺悟法 敦煌原本缺「法」字，據大乘寺本補。❻一切不離 敦煌甲本作「一切無離」，大乘寺本作「一切不染」，鈴木校本作「一切無雜」。❼作無所得 宗寶本作「一無所得」。❽最上乘是行義 敦煌甲本作「乘是最上行義」，敦煌乙本作「最上乘是行義」，大乘寺本作「乘是行義」，鈴木校本作「最上乘是最上行義」。

四十四

又有一僧名神會，南陽❶人也。至漕溪山禮拜，問言：「和尚坐禪，見不見？」

大師起，把打神會三下❷，卻問神會：「吾打汝，痛不痛？」

神會答言：「亦痛亦不痛。」

六祖言曰：「吾亦見亦不見。」

神會又問大師：「何以亦見亦不見？」

大師言：「吾亦見❸，常見自過患，故云亦見。亦不見者，不見天地人過罪❹。所以亦見亦不見也。汝亦痛亦不痛如何？」

神會答曰：「若不痛，即同無情木石。若痛，即同凡夫❺，即起於恨❻。」

大師言：「神會，向前！見不見是兩邊，痛不痛是生滅。汝自性且不見，敢來弄人！」

神會禮拜，更不敢❼言。大師言：「汝心迷不見，問善知識覓路。汝心悟自見，依法修行。汝心迷不見自心，卻來問惠能見否？吾不自知❽，代汝迷不得。汝若自見，代得吾迷❾？何不自修，問吾見否？」

神會作禮，便為門人，不離漕溪山中，常在左右。

【簡注】❶南陽　《宋高僧傳》卷八云：「釋神會，姓高，襄陽人也。」宗寶本云：神會為「襄陽高氏子」。❷把打神會三下　大乘寺本作「師以拄杖打三下」。❸吾亦見　大乘寺本作「吾之所見」，鈴木校本作「吾亦見者」。❹不見天地人過罪　大乘寺本作「不見他人是非、好惡」。❺凡夫　敦煌原本無「夫」字，據大乘寺本補。❻即起於恨　大乘寺本作「應生瞋恨」，宗寶本作「即起恚恨」。❼敢　敦煌原本無此字，據大乘寺本補。❽吾不自知　大乘寺本作「吾見自知」。❾代得吾迷　大乘寺本作「不代吾迷」。

四十五

大師遂喚門人法海、志誠、法達、智常、智通、志徹、志道、法珍、法如、神會。

大師言：汝等十弟子近前！汝等不同餘人。吾滅度後❶，汝各為一方師。吾教汝說法，不失本宗。舉三科法門，動用❷三十六對，出沒即離兩邊。說一切法，莫離於性相❸。若有人問法，出語盡雙，皆取對法❹，來去相因。究竟二法盡除❺，更無去處。

三科法門者：陰❻、界、入。陰是五陰，界是十八界，入是十二入。何名五陰？色陰、受陰、想陰、行陰、識陰是。何名十八界？六塵、六門、六識。何名十二入？外六塵、中六門。何名六塵？色、聲、香、味、觸、法是。何名六門？眼、耳、鼻、舌、身、意是。法性起六識❼：眼識、耳識、鼻識、舌識、身識、意識，六門，六塵❽。自性含萬法，名為含藏識❾，思量即轉識❿。生六識，出六門，見⓫六塵，是三六十八⓬。由自性邪，起十八邪；若自性正⓭，起十八正。若⓮惡用即眾生，善用即佛。用由何等？由自性。

【簡注】❶吾滅度後　大乘寺本此下有「凡為人師，改易者多」八字。❷動用　敦煌原本無「用」字，據大乘寺本補。❸莫離於性相　性指實性，相指相狀。佛教通常認為性相為因緣關係，為一體之二面。大乘寺本此句作「莫離自性」。❹皆取對法　敦煌原本作「皆取法對」，據大乘寺本改。❺究竟二法盡除　最終完全消除有無、生滅之類對立二相之區別。❻陰　敦煌甲本作「蔭」，以下所舉皆同。陰，通常譯作「蘊」。

❼法性起六識　佛教所稱法性，包含多種寓意，此指遍於一切有情之物的不變體性。由此體性，生起六識。

❽六門六塵　此承「法性起六識」而言，意謂有六門，相對六塵之境相。❾含藏識　又名藏識、阿賴耶識，

唯識宗認為含藏識是一切現象的種子，蘊藏萬法。❿轉識　佛教唯識宗認為含藏識是根本心識，其他如眼識、耳識等都是轉識。⓫見　敦煌原本無此字，據大乘寺本補。⓬三六十八　指六塵、六門、六識共成十八界。⓭若自性正　敦煌原本此句作「含自性」，大乘寺本作「含自性正」。⓮若　敦煌甲本作「含」，敦煌乙本作「合」，鈴木校本作「若」。

四十六

對。外境無情對有五：天與地對，日與月對，暗與明對，陰與陽對，水與火對。語與言對、法與相對❶有十二對❷：有為無為對，有色無色對，有相無相對，有漏無漏對，色與空對，動與淨❸對，清與濁對，凡與聖對，僧與俗對，老與少對，長與短對，高與下對。自性居起用對❹有十九對❺：邪與正對，癡與慧對，愚與智對，亂與定對，戒與非對，直與曲對，實與虛對，嶮與平對，煩惱與菩提對，慈與害對，喜與瞋對，捨與慳對，進與退對，生與滅對，常與無常對，法身與色身對，化身與報身對，體與用對，性與相對，有情與無親對。

言語與法相對有十二對，外境無情有五對❻，自性居起用有十九對❼，都合成三十六對也。此三十六對法，解用通一切經，出入即離兩邊。如何自性起用三十六對？共人言語，出外於相❽離相，入內於空離空。著空則惟長無明❾，著相即惟長邪見❿。謗法，直言不用文字。既言不用文字，人不合言語，言語即是文字。自性上說空，正語言本性不空⓫。迷人自惑⓬，語言除故。暗不自暗，以明故暗。明不自明⓭，以暗故明。以明變暗，以暗現明，來去相因。三十六對，亦復如是。

【簡　注】❶語與言對法與相對　大乘寺本作「法相語言」，鈴木校本作「語言法相對」。❷有十二對　敦煌原本在「老與少對」之後，有「大與少對」，實有十三對。大乘寺本有「語與法對」、「大小對」，無「長與短對」、「高與下對」，共十二對。❸淨　大乘寺本、鈴木校本均作「靜」，二字可通。❹自性居起用對　大乘寺本、宗寶本均作「自性起用」。❺有十九對　敦煌原本實為二十對。大乘寺本多出「長短對」、「悲苦對」，無「體與用對」、「性與相對」、「有情與無親對」，共為十九對。❻外境無情句　敦煌原本作「內外境有無五對」，參照前文改。❼自性居起用句　敦煌原本作「三身有三對」，參照前文改。❽於相　敦煌原本無「相」字，據大乘寺本補。❾著空則惟長無明　無明即心地暗昧、愚癡。大乘寺本此句作「若執全空，即長無明」。❿著相即惟長邪見　敦煌原本此句作「著相惟邪見」，宗寶本此句作「若全著相，即長邪見」。

⓫自性上說空二句　自性空、語言不空，即不落二邊的中道之義。《維摩詰經・觀眾生品》云：「言說文字皆解脫相」，「無離文字說解脫也。」與此意同。⓬迷人自惑　敦煌原本作「迷自惑」，據楊曾文校寫本改。⓭明不自明　敦煌原本作「暗不自暗」，乃承上而訛，據楊曾文校寫本改。

四十七

大師言：十弟子！已後傳法，遞相教授一卷《壇經》，不失本宗。不稟受《壇經》，非我宗旨。如今得了，遞代流行。得遇《壇經》者，如見吾親授❶。

大僧得教授已，寫為《壇經》，遞代流行。得者必當見性❷。

【簡注】❶得遇壇經者二句　宗寶本云，師曰：「吾於大梵寺說法以至於今，鈔錄流行，目曰《法寶壇經》。汝等守護，遞相傳授，度諸眾生。但依此說，是名正法。」與此意略同。❷得者必當見性　大乘寺本此句作「若看《壇經》，必當見性」。

四十八

大師先天二年八月三日滅度。七月八日喚門人告別。大師先天元年於新州國恩寺造塔，至先天二年七月告別。大師言：「汝眾近前，吾至八月欲離世間。汝等有疑早問，為汝破疑，當令迷盡，使汝安樂。吾若去後，無人教汝。」

法海等眾僧聞已，涕淚悲泣，唯有神會不動，亦不悲泣。六祖言：「神會小僧，卻得善不善等❶，毀譽不動❷。餘者不得，數年山中，更修何道？汝今悲泣，更憂❸阿誰？憂吾不知去處在？若不知去處，終不別汝。汝等悲泣，即不知吾去處。若知去處，即不悲泣。性本無生無滅，無去無來❹。」

【簡注】❶善不善等　意謂視善與不善為一，即中道之義。《維摩詰經·不二法門品》云：「善、不善為二。若不起善、不善，入無相際而通達者，是為入不二法門。」敦煌原本無「不善」二字，據大乘寺本補。❷毀譽不動 宗寶本此下有「哀樂不生」四字。❸憂 敦煌原本作「有」，據大乘寺本改。❹性本無生無滅無去無來 敦煌乙本作「性無生滅，無去無來」，大乘寺本作「法性體無生滅去來」，宗寶本作「法性本無生滅去來」。

四十九

「汝等盡坐，吾與汝一偈：〈真假動靜❶偈〉。汝等盡誦，取見此偈，意與吾同。依此修行，不失宗旨。」

僧眾禮拜，請大師留偈，敬心受持。偈曰：

一切無有真，不以見於真。若見於真者，是見盡非真。

若能自有真。離假即心真，自心不離假，無真何處真？

有情即解動，無情即無動❷。若修不動行❸，同無情不動。

若見真不動，動上有不動❹。不動是不動，無情無佛種❺。

能善分別相❻，第一義不動❼。若悟作此見，則是真如用。

報諸學道者，努力須用意。莫於大乘門，卻執生死智❽。

前頭人相應❾，即共論佛義。若實不相應，合掌禮勸善❿。

此教本無諍，若諍失道意⓫。執迷諍法門，自性入生死⓬。

【簡　注】❶靜　敦煌原本作「淨」，可通。❷有情即解動二句　謂有情之生靈即有動作，唯無情之木石則無動作。有情，敦煌原本均作「有性」，據大乘寺本改。❸不動行　指枯坐不動、觀心觀淨之修行法。❹若見真不動二句　謂世間事物變動不已，而真如法性不動，是真不動。❺無情無佛種　無情之物，自身不具有佛性。❻分別相　敦煌乙本作「分別性」。❼第一義不動　堅持佛教之第一義而不動搖。第一義，指最高真諦、真如。❽生死智　指小乘法之生滅四諦。小乘法門追求個人超越生死，將人之生死視為實生實滅，而禪宗卻以獲得佛智、覺悟為第一義。❾前頭人相應　大乘寺本此句作「若言下相應」。❿合掌禮勸善　大乘寺本此句作「合掌令歡喜」。⓫若諍失道意　敦煌甲本此句作「無諍失道意」，大乘寺本作「諍即失道意」。⓬自性入生死　自性受遮蔽，而墮入生死海中。

五十

眾僧既聞，識大師意，更不敢諍，依法修行。一時禮拜，即知大師不久住世。上座法海向前言：「大師！大師去後，衣法當付何人？」

大師言：法即付了，汝不須問。吾滅後二十餘年，邪法撩亂❶，惑我宗旨。有人出來，不惜身命，定佛教是非，豎立宗旨❷，即是吾正法。衣不合傳，汝不信，吾與誦先代五祖《傳衣付法頌》❸。若據第一祖達磨頌意，即不合傳衣。聽吾與汝頌曰——

第一祖達磨和尚頌曰：

吾本來唐國❹，傳教❺救迷情。一花開五葉，結果自然成。

第二祖惠可和尚頌曰：

本來緣有地，從地種花生。當本元無地，花從何處生❻？

第三祖僧璨和尚頌曰：

花種雖因地，地上種花生。花種無生性，於地亦無生❼。

第四祖道信和尚頌曰：

花種有生性，因地種花生。先緣不和合，一切盡無生❽。

第五祖弘忍和尚頌曰：

有情來下種，無情花即生。無情又無種，心地亦無生❾。

第六祖惠能和尚頌曰：

心地含情種，法雨即花生。自悟花情種，菩提果自成❿。

【簡注】❶撩亂　敦煌原本作「遼亂」，乙本改為「繚亂」，「撩」與「繚」通。❷有人出來四句　大乘寺本云「有一南陽縣人出來，不惜身命定於佛法，豎立宗旨，即是吾法弘於河洛，此教大行」，皆暗示神會於開元年間在滑臺大雲寺與北宗學者辯論，確立南宗正統地位一事。❸傳衣付法頌　大乘寺本作「傳衣偈」。頌，敦煌原本作「誦」。❹吾本來唐國　大乘寺本作「吾本來東土」，《五燈會元》卷一作「吾本來茲土」。❺傳教　大乘寺本作「說法」，《五燈會元》作「傳法」。❻本來緣有地四句　地喻本身固有之稟性、根器，花喻所講說之正法。本無根器，故不能得到佛法。《五燈會元》卷一此偈作：「本來緣有地，因地種華生。本來無有種，華亦不曾生。」❼花種雖因地四句　謂雖然稟性根器不凡，然而所得非佛正法，亦不能開花結果。《五燈會元》卷一此偈作：「華種雖因地，從地種華生。若無人下種，華地盡無生。」❽花種有生性四句　謂既有卓越之稟性，又有佛之正法，尚須因緣和合，不得因緣，亦難結佛果。《五燈會元》卷一此偈作：「華種有生性，因地華生生。大緣與性合，當生生不生?」❾有情來下種四句　《五燈會元》卷一此偈作：「有情來下種，因地果還生。無情既無種，無性亦無生。」宗寶本〈行由品〉所引與《五燈會元》略同。❿心地含情種四句　謂因自身之稟性，更聞佛之正法，頓時開悟，即可得菩提之果。《五燈會元》卷一此偈作：「心地含諸種，普雨悉皆生。頓悟華情已，菩提果自成。」

五十一

能大師言：汝等聽吾作二頌，取達磨和尚頌意。汝迷人依此頌修行，必當見性。

第一頌曰：

心地邪花放，五葉逐根隨。
共造無明業❶，見被業風❷吹。

第二頌曰：

心地正花放，五葉逐根隨。
共修般若慧，當來佛菩提❸。

六祖說偈已了，放眾人散❹。門人出外思惟，即知大師不久住世。

【簡注】❶無明業　愚昧、癡暗之作為。業，敦煌原本作「葉」，乃訛字。❷業風　因造惡業所起之大風，使人輪迴不已，以及吹地獄之風，皆曰業風。業，敦煌原本訛作「葉」。❸共修般若慧二句　謂修般若智慧之行，則可結菩提之果，超脫生死輪迴。般若慧，與「無明業」相對。❹放眾人散　敦煌原本作「放眾生散」，大乘寺本作「令門人散」，據改。

五十二

六祖後至八月三日，食後，大師言：「汝等著位坐，吾今共汝等別。」

法海問言：「此頓教法傳授❶，從上已來，至今幾代？」

六祖言：「初傳授❷七佛。釋迦牟尼佛第七，大迦葉第八，阿難第九，末田地❸第十，商那和修第十一，優婆鞠多第十二，提多迦第十三，佛陀難提第十四❹，佛陀蜜多第十五，脇比丘❺第十六，富那奢❻第十七，馬鳴第十八，毗羅長者❼第十九，龍樹第二十，迦那提婆第二十一，羅睺羅❽第二十二，僧伽那提❾第二十三，僧伽耶舍❿第二十四，鳩摩羅馱⓫第二十五，闍耶多第二十六，婆修盤多⓬第二十七，摩拏羅第二十八，鶴勒那第二十九，師子比丘⑬第三十，舍那婆斯⑭第三十一，優婆堀⑮第三十二，僧伽羅⑯第三十三，須婆蜜多⑰第三十四，南天竺國王第三子菩提達摩⑱第三十五，唐國僧惠可⑲第三十六，僧璨第三十七，道信第三十八，弘忍第三十九，惠能自身當今受法第四十。」

大師言：「今日已後，遞相傳受，須有依約，莫失宗旨。」

【簡　注】❶授　敦煌原本作「受」，據宗寶本改。❷授　敦煌原本作「受」，據文意改。❸末田地　大乘寺本、宗寶本均無此人。末田地，亦譯為末田底迦，阿難之弟子，得證阿羅漢果。❹佛陀難提第十四　大乘寺本此前尚有彌遮迦尊者、波須密多二人，敦煌本均缺。❺脇比丘　大乘寺本作「脇尊者」。❻富那奢　大乘寺本作「富那夜奢」。❼毗羅長者　大乘寺本作「迦毗羅尊者」，《五燈會元》、宗寶本均作「迦毗摩羅尊者」。❽羅睺羅　大乘寺本、《五燈會元》均作「羅睺羅多」。❾僧伽那提　《五燈會元》、宗寶本均作「僧伽難提」。❿僧伽耶舍　《五燈會元》、宗寶本均作「伽耶舍多」。⓫鳩摩羅馱　《五燈會元》、宗寶本均作「鳩摩羅多」。⓬婆修盤多　大乘寺本、宗寶本均作「婆修盤頭」。⓭師子比丘　《五燈會元》、宗寶本均作「師子尊者」。⓮舍那婆斯　大乘寺本、宗寶本均作「婆舍斯多」。⓯優婆堀　大乘寺本、宗寶本均為「不如蜜多」。優婆堀，即前面所列之「優婆鞠多」，重出。⓰僧伽羅　大乘寺本、宗寶本刪去此人，易為「般若多羅」。⓱須婆蜜多　當作「婆須蜜多」，大乘寺本作「波須密多」，置於佛陀難提之前，為第十四祖。⓲南天竺國王第三子菩提達摩　敦煌乙本作「南天竺國王子第三太子」，據《五燈會元》卷一正之。⓳唐

國僧惠可　慧可為南北朝時人。大乘寺本作「北齊惠可」。

五十三

法海又白：「大師今去，留付何法，令後代人如何見佛？」

六祖言：汝聽！後代迷人但識眾生，即能見佛❶。若不識眾生，覓佛萬劫不可得也。吾今教汝識眾生見佛，更留〈見真佛解脫頌〉。迷即不見佛，悟者乃見。

法海願聞，代代流傳，世世不絕。

六祖言：汝聽！吾與汝說。後代世人，若欲覓佛，但識佛心眾生❷，即能識佛。即緣有眾生，離眾生無佛心。

迷即佛眾生，悟即眾生佛❸。愚癡佛眾生，智惠眾生佛。
心嶮佛眾生，平等眾生佛❹。一生心若嶮，佛在眾生中。一念悟即平，即眾生自佛。

我心自有佛，自佛是真佛。自若無佛心，向何處求佛？

【簡　注】❶但識眾生即能見佛　認識到世間萬般事物皆是五蘊和合而生成，即得佛性。此之眾生，指世上萬物、萬相。❷佛心眾生　佛心目中之眾生萬物，一切皆虛幻不真。❸迷即佛眾生二句　大乘寺本云：「自性若悟，眾生是佛；自性若迷，佛是眾生。」與此二句意同。❹心嶮佛眾生二句　大乘寺本云：「自性平直，眾生是佛；自性邪險，佛是眾生。」與此二句意同。

五十四

大師言：汝等門人好住！吾留一頌，名〈自性見真佛解脫頌〉❶。後代迷人識❷此頌意，即見自心自性真佛。與汝此頌，吾共汝別。

頌曰：

真如淨性是真佛，邪見三毒是真魔。邪見之人魔在舍❸，正見之人佛則過❹。

性中邪見三毒生，即是魔王來住舍。正見忽除三毒心，魔變成佛真無假。

化身、報身及法身，三身元本是一身。若向身中覓自見❺，即是成佛菩提因。

本從化身生淨性，淨性常在化身中❻。性使化身行正道❼，當來圓滿真無窮❽。

婬性本是淨性因❾，除婬即無淨性身❿。性中但自離五欲，見性剎那即是真。

今生若悟頓教門，悟即眼前見世尊。若欲修行求覓佛，不知何處欲覓真？

若能心中自有真⓫，有真即是成佛因。自不求真外覓佛，去覓總是大癡人。

頓教法者是西流⓬，救度世人須自修。今報世間學道者，不於此見大悠悠⓭！

【簡　注】❶自性見真佛解脫頌　大乘寺本題作〈自性真佛偈〉。❷識　敦煌原本均作「門」，據大乘寺本改。❸邪見之人魔在舍　邪見之人，魔王在心。大乘寺本此句作「邪迷之時魔在舍」。❹正見之人佛則過　正見之人，有佛在心。過，來訪。❺若向身中覓自見　謂向自身中，自見本性。大乘寺本此句作「若向性中能自見」。❻淨性常在化身中　即從日常行為中，體會並貫徹清淨之佛性。❼性使化身行正道　性指佛性、淨性。不離清淨本性，則行為皆符合正道。❽當來圓滿真無窮　當使功德圓滿，智慧無窮。❾婬性本是淨性因　世俗之淫性與清淨之佛性同體，前者為因，可致佛果。❿除婬即無淨性身　謂佛法本在世間，故不求離世以成佛。除婬，指出世。宗寶本此句作「除淫即是清淨身」，從反面立說。⓫若能心中自有真　大乘寺本作「若能心中自見真」。⓬頓教法者是西流　謂此頓教法門，乃自西方流傳而來。大乘寺本此句作「頓教法門今已留」。⓭悠悠　懈怠散漫；虛度歲月；浪費光陰。

五十五

大師說偈已了，遂告門人曰：「汝等好住，今共汝別。吾去已後，莫作世情悲泣，而受人弔問❶、錢帛，著孝衣，即非聖法❷，非我弟子。如吾在日一種❸，一時端坐。但無動無靜，無生無滅，無去無來，無是無非，無住無往❹，坦然寂靜，即是大道。吾去已後，但依法修行，共吾在日一種。吾若在世，汝違吾教，吾住無益。」

大師云此語已，夜至三更，奄然遷化。大師春秋七十有六。

【簡注】❶問　敦煌原本作「門」，據大乘寺本正之。❷聖法　佛所說之法；佛法。大乘寺本作「正法」。❸一種　一樣；同樣。❹無往　敦煌原本缺此二字，據興聖寺本增補。

五十六

大師滅度之日，寺內異香氛氳❶，數日不散❷。山崩地動，林木變白，日月無光，風雲失色❸。八月三日滅度，至十一月迎和尚神座於漕溪山葬。在龍龕❹之內，白光出現，直上衝天，三日始散。韶州刺史韋璩❺立碑，至今供養。

【簡注】❶異香氛氳　敦煌甲本作「異香氳氳」，敦煌乙本作「異年日氛氛」，據大乘寺本校改。❷數日不散　大乘寺本作「經于七日」。❸風雲失色　大乘寺本云「天地失色，群鹿鳴悲，至夜不絕」。❹龍龕　嵌佛像之神櫝，此指安放僧人屍體之木棺，形如塔狀。❺韋璩　敦煌甲本作「韋處」，敦煌乙本作「韋據」，據大乘寺本卷首校改。

五十七

此《壇經》，法海上座集。上座無常❶，付同學道際❷。道際無常，付門人悟真❸。悟真在嶺南漕溪山法興寺，見今傳授此法。

如付此法，須得上根智，深信佛法，立於大悲❹，持此經以為稟承，於今不絕。

和尚本是韶州曲江縣人❺也。

如來入涅槃，法教流東土。

共傳無住法❻，即我心無住。

此真菩薩說，真實示行喻。

唯教大智人，示旨於凡度。

誓修行，遭難不退，遇苦能忍，福德深厚，方授此法。如根性不堪，材❼量不得，雖求此法，違立❽不得者，不得妄付《壇經》。告諸同道者，令知密意❾。

【簡　注】❶無常　圓寂；去世。❷道際　敦煌甲本作「道漈」。❸付門人悟真　大乘寺本載《壇經》初期傳承云：「洎乎法海上座無常，以此《壇經》付囑志道，志道付彼岸，彼岸付悟真，悟真付圓會，遞代相傳付囑。」系統不同。❹大悲　願救度世人，悲心廣大。❺和尚本是韶州曲江縣人　此說有誤，慧能非曲江縣人。縣，敦煌原本作「懸」。❻無住法　敦煌原本無「法」字，楊曾文校寫敦煌乙本補此字，今從之。❼材　敦煌原本作「林」，形近而訛。❽違立　敦煌甲本作「達立」。❾令知密意　敦煌甲本訛為「令諸蜜意」，敦煌乙本訛作「令智蜜意」。

附錄二

六祖能禪師碑銘

王 維

【簡 介】本文是王維應神會的請求，為慧能禪師所撰寫的碑銘，是有關慧能生平與思想最早的系統記載。

王維與神會的交往，大約始於開元二十八年（西元七四〇年）。這一年王維受朝廷派遣主持「南選」，途經南陽時，認識了作為慧能弟子的神會。王維問神會：「若為修道得解脫？」神會答道：「眾生本自心淨。若更欲起心有修，即是妄心，不可得解脫。」王維對神會的說法甚感驚奇，他對人讚道：「此南陽郡有好大德，有佛法甚不可思議！」

天寶四載（西元七四五年），神會受兵部侍郎宋鼎的邀請入洛陽荷澤寺，繼續大力宣傳慧能的自性頓悟學說，並與北宗信徒展開激烈的論辯。天寶十二載，神會受人誣告，被迫離開洛陽。大約在此期間，王維接受神會的請求，寫作了這篇碑銘。

無有可捨，是達有源❶。無空可住，是知空本❷。離寂非動❸，乘化用常❹。在百法而無得，周萬物而不殆❺。鼓枻海師，不知菩提之行❻。散花天女，能變聲聞之身❼。則知法本不生，因心起見。見無可取，法則常如。世之至人，有證❽於此，得無漏不盡漏❾、度有為非無為❿者，其惟有曹溪禪師乎？

【簡　注】❶無有可捨二句　世間萬象之存在謂之有。無有可捨，則達於妙有。一切皆是遊戲三昧也。❷無空可住二句　諸法究竟無所有，是為空義。不住於空，則知空之本性即佛性、真如。❸離寂非動　真如佛性不執著於寂，亦不執著於動。❹乘化用常　隨緣變化，歸依於常。常，指永恆之佛性。❺周萬物而不殆　佛性遍周萬物，不可窮盡。❻鼓枻海師二句　意謂大海浩瀚無際，船師鼓枻，而不知險難，須由導師指引，方能順利渡越。菩薩積集無量功德，有菩提智慧，即渡生死海之大導師也。見《除蓋障菩薩所問經》。❼散花天女二句　《維摩詰經・觀眾生品》載：散花天女以神通力將舍利弗變為天女，又自變女身為舍利弗。二句讚頌佛法具有無上偉力，不可思議也。❽證　修行；證得。❾得無漏不盡漏　謂不離世事而超脫世俗之煩惱。漏者煩惱之異名，無漏為超離煩惱而不染。亦即超越有漏、無漏兩邊。❿度有為非無為　超越有為的世間境界，卻不守空住寂於無為之境。亦即超越有為無為兩邊。

禪師俗姓盧氏，某郡某縣人也。名是虛假，不生族姓之家❶。法無中邊，不居華夏之地❷。善習表於兒戲❸，利根發於童心。不私其身，臭味於耕桑之侶❹。苟適其道，羶行於蠻貊之鄉❺。年若干，事黃梅忍大師。願竭其力，即安於井臼❻。素刳其心❼，獲悟於稊稗❽。每大師登座，學眾盈庭，中有三乘之根❾，共聽一音之法❿。禪師默然受教，曾不起予⓫，退省其私，迥超無我⓬。其有猶懷渴鹿之想⓭，尚求飛鳥之跡⓮，香飯未消，弊衣仍覆⓯，皆曰「升堂入室」。測海窺天⓰，謂得黃帝之珠⓱，堪受法王之印⓲。大師心知獨得，謙而不鳴。天何言哉，聖與仁豈敢⓳！子曰「賜也，吾與汝弗如」⓴。臨終，遂密授以祖師袈裟，而謂之曰：「物忌獨賢，人惡出己，吾且死矣，汝其行乎！」

【簡注】❶名是虛假二句　意謂慧能並非望族後裔，而出生於平民之家。佛教認為一切名目皆虛假不實，故曰假名。❷法無中邊二句　慧能居住嶺南，而非中原華夏之地。法無中邊，謂佛法無論中原與邊裔，一律平等。❸善習表於兒戲　孩童時代，已有非常之善習。《曹溪大師別傳》云：慧能三歲而孤，「介然有方外之志」。❹臭味於耕桑之侶　與農桑之輩為同類。臭味，同類；氣味相同。❺羶行於蠻貊之鄉　意謂宣傳佛法於未開化之地域，而為眾人所仰慕。羶行，為人欽仰，如蟻之附羶。❻安於井臼　安心於汲水舂米之勞務。❼素刳其心　一向清洗雜念、澄心領悟。刳心，洗心。❽獲悟於稊稗　得以領悟佛法精微之妙旨。稊稗與禾苗葉相類似而結實不同，這裏借用以喻悟得正法之意。❾三乘之根　根器有下乘、中乘、上乘，即初根人、中根人、上根人。❿一音之法　《維摩詰經・佛國品》云：「佛以一音演說法，眾生隨類各得解。」即此語所本。⓫曾不起予　謂未曾有言語問詢。《論語・八佾》：「子曰：起予者商也。」⓬迴超無我　謂超然而登無我之境界。斷絕我執，為無我。⓭猶懷渴鹿之想　指尚有迷妄之心者。《楞伽經》卷二云：「渴鹿見春日陽氣浮動，以為水影，迷亂馳驅，不知非水。」⓮尚求飛鳥之跡　空中飛鳥無跡，尚求之不已，指追求虛妄無證者。⓯香飯未消二句　用《法華經・信解品》窮子之喻，謂並未領悟佛法，仍執世俗舊有之心態。香飯，喻佛法。弊衣，窮子所服除糞之衣，喻舊有之習性。⓰測海窺天　以世俗之心妄猜佛法，如以蠡測海，以管窺天。⓱黃帝之珠　喻道。《莊子・天地》云：黃帝遺其玄珠，而象罔得之。⓲堪受法王之印　能繼承衣缽，以為佛祖傳人。法王，佛之稱號。⓳天何言哉二句　此二句借用孔子之語，表述弘忍的心情。《論語・陽貨》云：「子曰：天何言哉！」〈述而〉云：「子曰：若聖與仁，則吾豈敢！」⓴子曰賜也二句　此二句亦借用孔子之語，寄寓讚美慧能之意。《論語・公治長》云：孔子曾對子貢說：「弗如也，吾與女弗如也。」

禪師遂懷寶迷邦❶，銷聲異域。眾生為淨土❷，雜居止於編人。世事是度門❸，混農商於勞侶。如此積十六載。南海有印宗法師，講《涅槃經》。

禪師聽於座下，因問大義，質以真乘❹。既不能酬，翻從請益。乃歎曰：「化身菩薩在此，色身肉眼凡夫，願開慧眼❺。」遂領徒屬，盡詣禪居。奉為掛衣，親自削髮❻。於是大興法雨❼，普灑客塵❽。乃教人以忍，曰：「忍者，無生方得，無我始成。於初發心，以為教首❾。」至於定無所入，慧無所依❿，大身過於十方，本覺超於三世⓫。根塵不滅，非色滅空⓬。行願無成，即凡成聖。舉足下足，長在道場⓭。是心是情，同歸性海⓮。商人告倦，自息化城⓯。窮子無疑，直開寶藏⓰。其有不植德本，難入頓門，妄繫空花之狂⓱，曾非慧日之咎⓲。常歎曰：「七寶布施，等恆河沙。億劫修行，盡大地墨⓳。不如無為之運，無礙之慈⓴。弘濟四生㉑，大庇三有㉒。」

【簡　注】❶懷寶迷邦　懷抱才德，隱逸而不求世用。❷眾生為淨土　雜居於眾生之間，以之為佛國淨土。語本《維摩詰經・佛國品》。❸世事是度門　謂隨時方便，以佛法濟度世人。度門，度人之法門。❹因問大義二句　詢問佛教正法、禪門真諦。❺願開慧眼　願聞佛法，以開慧眼。《無量壽經》云：「慧眼見真，能度彼岸。」❻奉為掛衣二句　謂授僧人之服，落髮出家。❼法雨　宣講佛法，普及眾生，清除心中世俗之塵污，有如雨水之清洗萬物。❽客塵　指世俗煩惱自外而至，故名為客，污染心性，故名曰塵。❾於初發心二句　謂初發求菩提之心，就要培養忍德，是為首要之教義。❿定無所入二句　即《壇經》所說定慧不二、定是慧體、慧是定用之義。⓫大身過於十方二句　真如之性，涅槃之理，遍及十方，貫通三世。十方，四方、四維、上下。⓬根塵不滅二句　認識到色即是空，從而身在塵世，而不為所染。⓭舉足下足二句　謂行住坐臥，皆在修行佛法。《維摩詰經．菩薩品》云：「舉足下足，當知皆從道場來，住於佛法矣。」⓮是心是情二句　謂一切心情，皆歸向於佛法。性海，佛性真如，深廣如海。⓯商人告倦二句　佛為引導眾人修行，說有寶藏，並於中途幻化出一座城廓，以使眾人休息後繼續前進。見《法華經．化城喻品》。⓰窮子無疑二句　佛說有子少年時捨父出走，長大後窮困不堪，以傭工度日。其父大富，財寶無量。窮子見父，乃畏懼奔走。後來為之傭工除糞，其父多方設法，才除其疑惑之心，而付以無量寶藏。見《法華經．信解品》。⓱妄繫空花之狂　謂繫心世俗，如執著眼前空花之幻影，不知其為虛妄。⓲曾非慧日之咎　日光普照，影無不現；若有破器，則不現日影。喻彼等不得頓悟，因其心濁，非佛法之過。⓳億劫修行二句　極言修行之長久。若以大地磨為墨，研成粉塵，一粒微塵即是一劫，盡大地墨則經歷無量無邊百千萬億劫。見《法華經．化城喻品》。⓴無礙之慈　慈心通達，無滯無礙，普及眾生。㉑四生　胎生、卵生、濕生、化生，指世上一切生靈。㉒三有　三界之異名，即欲界、色界、無色界。

既而道德遍覆，名聲普聞。泉館卉服之人❶，去聖歷劫；塗身穿耳之國❷，航海窮年。皆願拭目於龍象之姿❸，忘身於鯨鯢之口。駢立於戶外，趺坐於牀前。林是旃檀❹，更無雜樹。花惟薝蔔❺，不嗅餘香。皆以實歸，多離妄執。九重❻延想，萬里馳誠。思布髮❼以奉迎，願叉手❽而作禮。則天太后、孝和皇帝，並敕書勸諭，徵赴京城。禪師子牟之心，敢忘鳳闕❾；遠公之足，不過虎溪❿。固以此辭，竟不奉詔。遂送百衲袈裟及錢帛等供養。天王厚禮，獻玉衣於幻人⓫。女后宿因，施金錢於化佛⓬。尚德貴物，異代同符。

【簡　注】❶泉館卉服之人　指南方土著之人。泉館，傳說南方有鮫人，居住水中，稱泉客。卉服，織草為衣服。❷塗身穿耳之國　指遠方異域之國度。傳說東北有國，其民以豕膏塗身。又南域有國，其人皆穿耳垂環。❸拭目於龍象之姿　一睹高僧之容顏。龍象，佛教用指佛法精深之高僧。❹旃檀　即檀香樹。❺薝蔔　花名，一說為梔子花，一說為鬱金花。❻九重　指君王。❼布髮　因地潮濕，解髮舖地，供佛踐履，是崇佛的行為。❽叉手　即合十，雙手合掌，表示禮敬。❾子牟之心二句　《莊子・讓王》載：中山公子牟曾說：「身在江海之上，心居乎魏闕之下，奈何？」即此語所本。❿遠公之足二句　傳說晉代高僧慧遠居廬山東林寺三十餘年，影不出山，跡不入俗，游履送客，恆以虎溪為界。⓫天王厚禮二句　傳說周穆王時，有化人自西方來。穆王敬之若神，月月獻玉衣，旦旦薦玉食。見《列子・周穆王》。⓬女后宿因二句　女后以宿世因緣，施財錢於化身之佛。女后，隱喻武則天。

至某載月日中，忽謂門人曰：「吾將行矣。」俄而異香滿室，白虹屬地。飯食訖而敷坐，沐浴畢而更衣。彈指不留❶，水流燈焰❷。金身永謝，薪盡火滅❸。山崩川竭，鳥哭猿啼。諸人唱言：「人無眼目❹。」列郡慟哭，世且空虛！某月日，遷神於曹溪，安坐於某所。擇吉祥之地，不待青烏❺。變功德之林，皆成白鶴❻。

【簡注】❶彈指不留　彈指之間已逝。❷水流燈焰　如水之流，如燈之熄。❸薪盡火滅　燃木已盡，火自熄滅。佛離世日為薪盡日。❹人無眼目　人間失去具有大智慧者指引正道，如無眼目。❺青烏　漢代青烏子善相地風水之術，故後世稱堪輿術為青烏術。❻變功德之林二句　傳說佛祖涅槃時，其林木慘然變色，猶如白鶴。

嗚呼！大師至性淳一，天姿貞素。百福成相❶，眾妙會心。經行宴息，皆在正受❷。談笑語言，曾無戲論❸。故能五天重跡❹，百越稽首❺。修蛇雄虺❻，毒螫之氣銷。跳殳彎弓❼，猜悍之風變。畋漁悉罷，蠱酖知非❽。多絕羶腥，效桑門之食❾。悉棄罟網，襲稻田之衣❿。永惟浮圖之法，實助皇王之化。

【簡注】❶百福成相　謂積得多福，故三十二相具足。❷經行宴息二句　與一行三昧同意，謂行坐臥息皆在禪定之中。正受，定心不亂謂之正，佛法在心謂之受，乃禪定之異名。❸戲論　指一切不符合佛教義理、有礙證得佛法的言論。❹五天重跡　遠方之人，紛紛前來訪問。五天，五天竺之省稱，指古印度。重跡，足跡相重疊。❺百越稽首　百越之民，跪拜禮敬。百越，泛指江浙閩粵之地。❻修蛇雄虺　長蛇、毒蛇。雄虺，大毒蛇。❼跳殳彎弓　揮殳、射箭。跳，同「挑」。殳，古兵器，以竹製成，有棱無刃。❽蠱酖知非　以毒藥、邪術暗害他人者皆能改邪歸正。蠱，毒蠱；邪術。酖，毒酒。❾多絕羶腥二句　多效佛僧之素食。桑門，僧人。❿悉棄罟網二句　捕魚狩獵者都改而務農，不殺生也。罟網，狩獵捕魚之具。

弟子曰神會，遇師於晚景，聞道於中年。廣量出於凡心❶，利智踰於宿學❷。雖末後供❸，樂最上乘❹。先師所明，有類獻珠之願❺。世人未識，猶多抱玉之悲❻。謂余知道，以頌見託。偈曰：

五蘊本空，六塵非有。眾生倒計，不知正受❼。蓮花承足❽，楊枝生肘❾。苟離身心，孰為休咎？

至人達觀，與物齊功❿。無心捨有，何處依空？不著三界，徒勞八風⑪。以茲利智，遂與宗通⑫。愍彼偏方，不聞正法。俯同惡類，將與善業。教忍斷嗔，修慈捨獵。世界一花⑬，祖宗六葉⑭。大開寶藏，明示衣珠⑮。本源常在，妄轍遂殊。過動不動，離俱不俱⑯。吾道如是，道豈在吾？道遍四生，常依六趣⑰。有漏聖智⑱，無義章句。六十二種⑲，一百八喻⑳。悉無所得，應如是住。

【簡　注】❶廣量出於凡心　器量廣大，高出世俗平凡之輩。❷利智踰於宿學　智慧敏捷，超越了飽學之士。宿學，久習而博學。❸末後供　最後供養佛。神會在慧能去世前不久始追隨學法，故云。❹最上乘　最上等之佛法，指頓悟法門。❺先師所明二句　據云：海龍王女有智慧利根，深入禪定，了達諸法，功德具足，慈悲仁讓，她曾向佛獻上一顆價值三千大千世界的寶珠，釋迦牟尼當即接受。龍女便忽然成佛，坐寶蓮花，為眾生演說妙法。見《法華經・提婆達多品》。❻世人未識二句　用楚人和氏獻璧玉遭刖足一事。見《韓非子・和氏》。❼眾生倒計二句　謂眾生顛倒知見，不知歸依正法。❽蓮花承足　南朝齊東昏侯時，鑿金為蓮花貼地，令潘妃行其上，曰「此步步生蓮花也」，終至國破身亡。見《南史・齊紀下》。❾楊枝生肘　肘上生瘤，比喻生死、疾病之變化。《莊子・至樂》載：支離叔與滑介叔觀於冥伯之丘、崑崙之虛，俄而柳生其左肘。柳，假借為「瘤」。此云「楊枝」，與「柳」意同。⑩與物齊功　《全唐文》作「與佛齊功」。⑪不著三界二句　謂超出三界之外，不為世間是非榮辱所動。八風，指世俗之八事：可意之事曰利，失意之事曰衰，背後誹謗曰毀，背後讚美曰譽，當面頌揚曰稱，當面諷刺曰譏，逼迫身心曰苦，悅適心意曰樂。⑫宗通　指通過修行實證，超越一切虛妄，而通達佛性。⑬世界一花　用釋迦牟尼在靈山會上，拈花示眾，以正法眼藏、涅槃妙心付大迦葉一事，謂禪宗淵源，乃佛祖之心法也。⑭祖宗六葉　指達摩傳慧可，慧可傳僧璨，僧璨傳道信，道信傳弘忍，而慧能為東土禪宗六祖。⑮大開寶藏二句　佛經載：有人至親友家，醉酒而臥。親友因事離去，臨行前將無價寶珠繫於此人衣裏。此人醉臥，都無所知。後來為衣食所迫，此人四處奔波。雖然貧窮，而珠不曾失。一旦受人指示，此人方知身內本有寶珠。比喻眾生不識自身佛性，遇智者開示，方能識得心中無價寶藏。見《法華經・五百弟子授記品》。⑯過動不動二句　超越世間一切動與不動法，不執著俱與不俱，不落二邊，以獲得佛智。俱，同時併起而不相離。⑰道遍四生二句　意謂佛道常隨世間眾生而存在，煩惱即是菩提，不可脫離世間以求佛道。六趣，指地獄、餓鬼、畜生、阿修羅、人、天六道。⑱有漏聖智　不離世間、不斷煩惱，洞照世俗萬相之佛智。⑲六十二種　佛經所說各種邪見，有六十二種之多。⑳一百八喻　佛教認為人生有一百零八種煩惱，為斷除煩惱，有一百八法門，又念珠有一百八顆，晨昏鳴鐘一百八聲，皆多方譬喻之辭。

賜諡大鑒禪師碑

柳宗元

【簡 介】慧能去世後，南宗的思想經過荷澤神會的大力倡導，逐漸建立起在禪宗中的正統地位。又經過其眾多弟子的弘揚，形成了江西馬祖與湖南石頭兩大系，濟濟龍象，盛況空前，終於出現了「凡言禪皆本曹溪」的局面。

元和十年（西元八一五年），當時任嶺南節度使的馬總上疏朝廷，請求賜給慧能諡號。憲宗詔諡大鑒禪師，賜塔名曰靈照之塔。馬總於元和十二年改任御史大夫，隨裴度宣慰淮西。根據他的安排，請當時任柳州刺史的柳宗元撰寫了這篇碑文。

這篇碑文簡介了慧能得授衣鉢、隱遁南海以至出而弘法的概況，並略述了慧能的禪學思想，受到後世的重視。

扶風公廉問嶺南三年❶，以佛氏第六祖❷未有稱號，疏聞於上。詔諡「大鑒禪師」，塔曰「靈照之塔」。元和十年十月十三日下尚書祠部，符到都府❸。公命部吏洎❹州司功掾❺，告於其祠。幢蓋❻鐘鼓，增山盈谷。萬人咸會，若聞鬼神。其時學者千有餘人，莫不欣踴奮厲❼，如師復生；

則又感悼涕慕，如師始亡。因言曰：自有生物，則好鬥奪相賊殺，喪其本實，誖乖淫流❽，莫克返於初❾。孔子無大位，沒以餘言持世。更楊、墨、黃、老益雜，其術分裂。而吾浮圖說❿後出，推離還源，合所謂生而靜者⓫。

【簡注】❶扶風公廉問嶺南三年　馬總，字會元，扶風人，擔任嶺南節度使的第三年。廉問，察問，指任節度使。❷佛氏第六祖　慧能，禪宗東土六祖。❸符到都府　朝廷文書到節度府。都府，節度府。❹洎　及。❺司功掾　州府主管祭祀、禮樂的官吏。❻幢蓋　旌旗、傘蓋。❼欣踴奮厲　歡欣踴躍，精神奮發。踴，一作「躍」。❽誖乖淫流　違背、乖離本源，流蕩不返。誖，逆亂。❾莫克返於初　不能返歸人之本性。❿浮圖說　佛之言說；佛教。⓫合所謂生而靜者　與儒家所說人之本性為靜相符合。《禮記・樂記》曰：「人生而靜，天之性也。」

梁氏好作有為，師達摩譏之❶，空術益顯❷。六傳至大鑒。大鑒始以能❸勞苦服役，一聽其言，言希以究，師用感動，遂受信具❹。遯隱南海上，人無聞知。又十六年，度其可行，乃居曹溪，為人師，會學者來嘗數千人。其道以無為為有❺，以空洞為實❻，以廣大不蕩為歸❼。其教人，始以性善，終以性善，不假耘鋤，本其靜矣❽。中宗聞名，使幸臣再徵不能致❾，取其言以為心術❿。其說具在，今布天下，凡言禪皆本曹溪。

【簡　注】❶梁氏好作有為二句　梁武帝蕭衍見達摩，問曰：「朕即位已來，造寺寫經，度僧不可勝紀，有何功德？」達摩答曰：「並無功德。」二句所指，即此事。❷空術益顯　禪宗傳授，愈益顯明於世。空術，佛法，特指禪宗。❸能　或謂即「耐」字。❹信具　指祖師傳授之袈裟。❺以無為為有　佛性清靜無為，是為妙有。❻以空洞為實　佛性虛空澄澈，是為實相、真如。❼以廣大不蕩為歸　佛性廣大，蘊涵萬物而不浮蕩，是為歸依。❽不假耘鋤二句　自性本來清靜，只要保持不受污染，而不必外求。❾使幸臣再徵不能致　據《歷代法寶記》與《曹溪大師別傳》記載，朝廷曾多次徵召慧能入京，慧能皆託病不去。❿心術　明心、安心之術。

大鑒去世百有六年❶，凡治廣部❷而以名聞者以十數，莫能揭其號❸。乃今始告天子，得大諡，豐佐吾道❹，其可無辭？公始立朝，以儒重。刺虔州❺，都護安南❻，由海中大蠻夷，連身毒❼之西，浮舶聽命，咸被公德。受旂纛節戟❽，來蒞南海，屬國如林。不殺不怒，人畏無噩❾，允克光於有仁❿。昭列大鑒，莫如公宜。

【簡　注】❶大鑒去世百有六年　慧能於先天二年(西元七一三年)去世，至元和十三年(西元八一八年)，為一百零六年。❷廣部　指南海郡，治所廣州。❸莫能揭其號　未能請得朝廷恩賜封號。揭，標識，指諡號。❹豐佐吾道　壯大佛教之聲勢。❺刺虔州　《舊唐書》本傳載：元和初，馬總遷虔州刺史。❻都護安南　《新唐書》本傳載：元和中，馬總遷安南都護。❼身毒　古印度之音譯。❽旂纛節戟　指朝廷所授之符節、斧鉞、旗幟。旂纛，以犛牛尾作裝飾的旌旗。節戟，一作「節鉞」。❾無噩　不受驚擾。❿允克光於有仁　以仁德治理人民，政績卓然。《舊唐書》本傳云：馬總「敦儒學，長於政術，在南海累年，清廉不撓，夷獠便之」。

其徒之老，乃易石於宇下，使來謁辭。其辭曰：

達摩乾乾❶，傳佛語心。六承其授，大鑒是臨。

勞勤專默，終揖❷於深。抱其信器❸，行海之陰。

其道爰施，在溪之曹。厖合猥附，不夷其高❹。傳告咸陳，惟道之褒❺。

生而性善，在物而具❻。荒流奔軼，乃萬其趣❼。匪思愈亂，匪覺滋誤❽。由師內鑒，咸獲於素❾。不植乎根，不耘乎苗❿。中一外融，有粹孔昭⓫。在帝中宗，聘言於朝。陰翊王度，俾人逍遙⓬。百有六祀⓭，號諡不紀。由扶風公，告今天子。尚書既復，大行乃誄⓮。光於南土，其法再起。厥徒萬億，同悼齊喜。惟師教所被，洎扶風公所履⓯，咸戴天子！天子休命，嘉公德美。溢於海夷，浮圖是視。師以仁傳，公以仁理。謁辭圖堅，永胤不已⓰。

【簡　注】❶達摩乾乾　達摩為在東土弘揚禪法，而奔波不息。乾乾，不息之貌。❷揖　一作「挹」。❸信器　指祖師所傳之袈裟。❹厖合猥附二句　各種平凡百姓都紛紛前來依附，學習佛法，更顯示了慧能的崇高。厖，混雜不純。猥，出身卑下者。❺惟道之褒　只要符合佛道，便加以褒揚、倡導。❻生而性善二句　謂佛性本善，是人生來就具有的。❼荒流奔軼二句　因受世俗的污染，人性流蕩放逸，於是有了各種不同的趨向。奔軼，快跑。❽匪思愈亂二句　若非深思佛理，覺悟佛法，則更陷於迷亂、失誤。❾由師內鑒二句　因師之指引而明心見性，發現一切佛法，自心本來具有。❿不植乎根二句　《全唐文》作「不植胡根，不耘胡苗」。⑪中一外融二句　形容佛性內外圓融，純粹不雜，而光明澄澈。⑫陰翊王度二句　暗中輔助朝廷教化，使得人性清靜安閒而自在逍遙。翊，輔佐；贊助。王度，君王之政教。⑬百有六祀　一本「百」上有「越」字，據《全唐文》刪之。⑭大行乃誄　指慧能崇高的德行才得到朝廷的正式肯定。誄，累述死者的功德以示悼念。⑮惟師教所被二句　教，一本作「化」。此二句疑當作「師化所被，洎公所履」。⑯永胤不已　永遠流傳下去。胤，嗣；傳之後世。

曹溪六祖大鑒禪師第二碑

劉禹錫

【簡介】大約在柳宗元撰寫前碑文後的第三年，有僧人請求劉禹錫撰寫了這篇「第二碑」。這篇碑文簡述慧能生平曰「大鑒生新州，三十出家，四十七年而歿，百有六年而諡」，是研究慧能身世履歷的材料之一。碑文中又概述慧能的思想是「一言頓悟，不踐初地」，「無修而修，無得而得。能使學者，還其天識」，也值得人們重視。

另外，劉禹錫還撰寫了〈佛衣銘〉，以辯析「六祖置衣不傳之旨」。

元和十一年某月日，詔書追褒曹溪第六祖能公，諡曰大鑒。實廣州牧馬總以疏聞，繇是可其奏。尚道以尊名❶，同歸善善，不隔異教❷。一字之褒，華夷孔懷❸，得其所故也。馬公敬其事，且謹始以垂後❹，遂咨於文雄❺今柳州刺史河東柳君為前碑。後三年，有僧道琳率以其徒由曹溪來，且曰：「願立第二碑，學者志也。」

【簡注】❶尚道以尊名　崇尚其道，因而追賜諡號以尊重其名。❷同歸善善二句　無論何種教義，皆以導人向善為歸依。善善，提倡、引導向善。❸一字之褒二句　一字之褒獎，無論中原還是邊裔人民都十分關注、掛懷。孔懷，非常懷念。❹馬公敬其事二句　謂馬總對此事認真負責，他在調離嶺南節度使任後還對此後的事務作了安排。元和十二年，馬總調任御史大夫，隨裴度宣慰淮西，故云。❺文雄　著名作家；大手筆。

維如來滅後，中五百歲❶而摩騰❷、竺法蘭❸以經來華，人始聞其言，猶夫重昏之見昒爽❹。後五百歲而達摩以法來華❺，人始傳其心❻，猶夫昧旦之覩白日❼。自達摩六傳至大鑒，如貫意珠，有先後而無同異。世之言真宗者，所謂頓門。初達摩與佛衣俱來，得道傳付，以為真印❽，至大鑒置而不傳。豈以是為筌蹄❾邪，芻狗❿邪？將人人之莫己若，而不若置之邪？吾不得而知也。按大鑒生新州，三十出家，四十七年而歿，百有六年而諡。始自蘄之東山，從第五師得授記以歸。中宗使中貴人再徵，不奉詔，第以言為貢，上敬行之。

【簡注】❶如來滅後中五百歲　釋迦牟尼約於西元前四八六年去世，至漢明帝朝相距五百餘年。❷摩

騰 亦稱迦葉摩騰、攝摩騰。永平十年（西元六十七年）來華，居洛陽白馬寺，譯《四十二章經》，相傳為佛教正式入華之始。❸竺法蘭 古印度僧人。漢明帝永平十年，與摩騰同來中國，居白馬寺。摩騰死後，他又譯出《佛本生經》等佛籍。❹猶夫重昏之見昒爽 如同夜色深沉而至天將拂曉。昒爽，天色將曙而未明之際。❺後五百歲而達摩以法來華 南朝梁普通元年（西元五二〇年），達摩抵達廣州，上距摩騰來華近五百年。❻人始傳其心 禪宗傳涅槃妙心，重在心悟。❼猶夫昧旦之覩白日 如同由天色黎明而至旭日東升。昧旦，天未全明時。❽真印 真憑證；信物。❾筌蹄 筌是捕魚之器，蹄是捕兔之具，比喻為達到某項目的而使用的工具或手段。❿芻狗 古代祭祀所用之草狗，祭畢則棄之。

銘曰：

至人之生，無有種類。同人者形，出人者智。
蠢蠢南裔，降生傑異。父乾母坤，獨肖元氣。
一言頓悟，不踐初地❶。五師相承，授以寶器❷。
宴坐曹溪，世號南宗。學徒爰來，如水之東。
飲以妙藥，差其瘖聾❸，詔不能致，許為法雄❹。
去佛日遠，群言積億❺。著空執有❻，各走其域。

我立真筌，揭起南國❼。無修而修，無得而得。能使學者，還其天識❽。

如黑而迷，仰見斗極。得之自然，竟不可傳。

口傳手付，則礙於有❾。留衣空堂❿，得者天授。

【簡　注】❶一言頓悟二句　謂一旦悟得佛法，便不須循次漸修，而立即進入佛地。佛教有十地之說，其始為初地。❷授以寶器　傳以祖師袈裟，作為信物。❸飲以妙藥二句　宣傳佛法，如同以妙藥為人治病，使人之疾病苦痛，皆得以消除。差，病愈，音義同「瘥」。瘖聾，口啞耳聾之疾。❹法雄　佛法大師。❺群言積億　指闡說佛法的書籍越來越多。積億，累積至萬億，極言其多。❻著空執有　或執著於空，或執著於有。❼我立真筌二句　謂慧能因正確闡說佛法意旨，而使禪宗大興於南國。真筌，對於經典之正確解釋。同「真詮」。❽天識　指本性。❾口傳手付二句　劉禹錫認為佛法得之自然天授，靠口傳佛法、手授佛衣，仍屬有為之舉。❿留衣空堂　劉禹錫又有〈佛衣銘〉一文，認為祖傳袈裟的作用「如執符節，行乎復關」，「不有信器，眾生曷歸」？又說「初必有終，傳豈無已」，「先終知終，用乃不窮」，所以慧能將祖師袈裟止而不傳。

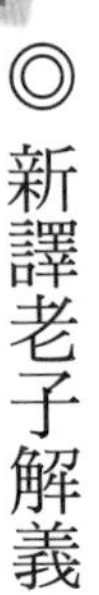

◎新譯無量壽經

邱高興／注譯

《無量壽經》是淨土宗極為重要的經典。此經介紹了西方淨土世界的成因、阿彌陀佛（即無量壽佛）成佛前所立的四十八弘願、西方淨土世界的美妙圖景與往生西方極樂世界的條件等等。透過注譯者深入淺出的說解，不但可以幫助讀者了解中國文化中「往生極樂」思想的來源，更有助於進一步掌握淨土思想的根源。

◎新譯圓覺經

商海鋒／注譯

《圓覺經》全名《大方廣圓覺修多羅了義經》，透過文殊師利等十二位菩薩與佛陀的問答，宣說如來圓覺妙理，揭櫫一切眾生具足圓覺妙心，是指引如何修行成佛的經典。《圓覺經》廣受唐代天台、華嚴、禪宗、密宗重視，北宋郭印提出佛教四書，清末吳坤修甄選釋氏十三經，它從未缺席，又早早流布高麗與鎌倉時代的朝鮮、日本。該經一卷之薄，允為東亞漢傳佛教「經中之睛」。是次新注新譯，深度利用東亞文獻以校勘、輯佚，紹述唐僧玄奘忠於原典及思想、語言原貌之傳統，從佛學乃至文學角度，予以精當闡釋，化深奧為易懂，內容至簡至要。研讀佛教經典者，切莫錯過。

◎新譯老子解義

吳　怡／著

有關《老子》的注解與著述，自古至今少說也有幾百種，對後人而言確實是一筆豐富的資產，但其中許多紛紜複雜的考證和妙絕言詮的玄談，往往使人望而卻步。本書跳脫一般古籍的注釋形式，吳怡教授以語譯和豐富的解義，透過不斷自問的方式，把問題一層層地剝開。有些問題也許並非老子所料及，但卻是通過老子的提示，用現代人的思考方式，面對現代人的環境而開展出來的。本書希望了解《老

◎新譯永嘉大師證道歌

蔣九愚／注譯

永嘉大師是與六祖慧能同時代的高僧，曾得到六祖之印證。《證道歌》是他抒發己身證道後的心境體悟，主要宏揚了慧能「禪非坐臥」、「不立文字」、「頓悟」、「般若行」等禪法思維，並體現身心清安、簡單易行的基本修證精神，對南宗禪影響甚大。透過本書清晰的注譯講解，能幫助您在吟詠誦讀之餘，更加深入體會永嘉大師的禪法精髓。

國家圖書館出版品預行編目資料

新譯六祖壇經／李中華注譯;丁敏校閱.——三版一刷.——臺北市：三民，2024
面；　公分.——(古籍今注新譯叢書)

ISBN 978-957-14-7784-8（平裝）
1. 六祖壇經 2. 注釋

226.62　　113004654

古籍今注新譯叢書

新譯六祖壇經

注譯者　李中華
校閱者　丁　敏

創辦人　劉振強
發行人　劉仲傑
出版者　三民書局股份有限公司(成立於1953年)

三民網路書店
https://www.sanmin.com.tw

地　址　臺北市復興北路386號　(復北門市)　(02)2500-6600
臺北市重慶南路一段61號(重南門市)　(02)2361-7511

出版日期　初版一刷1997年11月
二版十刷2021年9月
三版一刷2024年5月
書籍編號　S031480
ISBN　978-957-14-7784-8